U0948248

【第二辑】

中華文化大講堂

誠敬和◎主编

星云大师 等◎著

图书在版编目（CIP）数据

中华文化大讲堂. 第二辑 / 诚敬和主编；星云大师等著.
——北京：中国华侨出版社，2010.4

ISBN 978-7-5113-0359-2

Ⅰ.①中… Ⅱ.①诚… ②星… Ⅲ.①文化史－中国－通俗读物 Ⅳ.①K203-49

中国版本图书馆CIP数据核字（2010）第063344号

• 中华文化大讲堂. 第二辑

著　　者 / 诚敬和
责任编辑 / 王　晖
经　　销 / 新华书店
开　　本 / 787×1092毫米　16开　印张/18　字数/250千
印　　刷 / 三河市祥达印装厂
版　　次 / 2010年6月第1版　2010年6月第1次印刷
书　　号 / ISBN 978-7-5113-0359-2
定　　价 / 32.00元

中国华侨出版社　北京市安定路20号院3号楼305室　邮　编：100029
法律顾问：陈鹰律师事务所
编辑部：（010）64443056　传真：（010）64439708
发行部：（010）64443051
网　址：www.oveaschin.com
E-mail：oveaschin@sina.com

目 录

生财有道>>>

星云大师谈如何获得财富

——佛教对“经济问题”的看法

星云大师讲　弟子满义记录

人在世间生活，少不了衣食住行等资生物用，此中没有一项可以离开经济；所谓“一分钱逼死英雄汉”，可见金钱对人的重要。甚至人类从蛮荒时代就懂得以物易物，后来走出蛮荒，经过畜牧、农业、工业，乃至到了现在的资讯、科技时代，无一不与经济有关。因此，人类的生活运作，其实就是一部经济史。

经济强盛，必定带动国力；经济萧条，人民出国都会被人瞧不起。一个国家的经济繁荣，乃至政治清明、外交顺利、军事强盛、教育提升，都会带来国家的强盛壮大，所以每一个国家不只是个人生存要向“钱”看，国家的发展也莫不向“钱”看齐。因而国际间有所谓“经济高峰会议”、“世界联合贸易组织”、“国际关贸协定”等，无非都是希望共谋经济发展、稳定国计民生，让人类都能安定生活。

佛教也非常重视经济，主张发展净财、善财，甚至推广开来还有智慧财。佛教对财富的看法，非常重视均富、共有、施他、利济。佛陀当初实施僧侣托钵乞食制度，主要是因为他对财富的观念，主张“储财于信众”，让僧侣借托钵时，信徒布施饮食，僧侣施予教化，所谓“财法二施，等无差别”。

佛教重视有形的财富，也重视无形的财富；重视外在的财富，也重视内心的财富；重视现在的财富，也重视未来的财富。佛教把财富从前世到今生、来世，看成是一体连贯的；财富不能只看一时，要看各种因缘关系，所以人在开发自己的财富之余，更要创造全民的财富；唯有本着“同体共生”的观念，共创一个均富的社会，国家才能长治久安，人民才能安定生活。甚至在“经济全球化”的今日，国与国之间更要本着互惠的精神，彼此互助合作，唯有互助才能共谋人类的福祉，共创世界的和平。

以上是星云大师于2003年8月7日，在台北县三峡镇金光明寺举行的“佛教对经济问题的看法”时，提出的一些观点。以下就是当天的座谈纪实。

时　间：2003年8月7日下午1：30至3：30

地　点：台北县三峡镇金光明寺

主持人：星云大师

一、俗语说“巧妇难为无米之炊”，没有厚实的经济作后盾，国家的各项建设就难以开展。请问大师，如何发展国家的经济？如何创造全民的财富？

答：谈到经济，其实人类的生活运作，总括说来就是一部经济史。举凡日常的食衣住行育乐，没有一项可以离开经济。甚至从上古时代，蛮荒未化，人类就懂得以物易物；后来走出蛮荒，经过畜牧、农业、工业，乃至到了现在的资讯、科技时代，无一不与经济有关。

经济是一门“经世济民”的学问，经济与民生息息相关，一个国家如果不能厚实经济，富国裕民，则慈悲道德也难以获得重视，因此春秋时代管仲说：“仓廪实，知荣辱。”唯有经济繁荣，才能建设“富而好礼”的社会。

经济既是民生的命脉之所系，一个国家要厚植国力，就是要发展经济，经济充裕，国防自然有力量，教育自然会提升，社会生产力自然增加，人民生活自然好过。但是如何才能发展经济呢？

其实一个国家的盛衰，民族的兴亡，往往有所谓的经济问题、社会问题、教育问题、政治问题……但是总归一句，就是“人”的问题，如孟子说：“上下交征利，而国危矣！”人心不善，自私自利，世界就永无宁日。所以目前大家亟需努力的是，国家的政治要清明、制度要健全，在位的官员要勤政爱民，清廉而不贪污；社会的士农工商要讲信修睦，童叟无欺，人民要勤劳节俭，养成爱书读书的习惯，并且做好事、说好话、存好心，全民都是“三好”的实践者，共同建立一个通财好义、富而好礼的社会，让国民有所谓“真善美”的生活，如此社会一片祥和、安乐，每个人内心一片宁静、自在，这才是国家发展经济雄厚而有力的资源。

也就是说，国家的富强，“国”与“民”是分不开的，国不强，民不乐。是故未来朝野之间要有共识，不仅经济要富有，尤其人民要安乐，思想要自由，文化要保存，教育要提升，环保要做好，政治要民主，人权要重视，对国家的建设计划要用心，甚至各项预算要合理。相对的，社会大众则要从建设性上努力，而非破坏性的伤害，如：教育界要教好学生，传播界要作正面报道，工商界要改良品质，增加生产，大众对社会上有成就的人才要保护珍惜，因其成就是属于全民的，不要轻易摧毁。

谈到人才，一个国家的经济资源，除了石油、矿产、海洋、林木等自然资源之外，人才最重要，有人才才能发展科技、工业、管理、生产，才能与时俱进，甚至更能超越当代。

人才是国家发展的重要资源，先进国家莫不大力发展教育，以教育培养人才，但更重要的是要能留住人才，让人才能为国家所用，所以政府必须提高利民的建设，发展各种工程，提供人才发展的环境与条件。

佛经中告诉我们，一个良好的政府，治国之道首须导民以正，不但要注重民生经济，以种种方法提倡生产，使人民丰衣足食，生活不虞匮乏，除此还应注意下列六点：

(一)尊重法治：政府应该立法、具法、依法、敬法，一切以法为首，并且努力守护正法不坏。

(二)优礼贤士：政府应该尊敬德慧兼备的学者、专家、沙门等，并且常向他们咨询国家大事，宜行则行，宜舍则舍。

(三)照顾弱势团体：政府应该矜恤孤寡，照顾贫困无依的众生。

(四)敦厚民风：政府应该以十善来治理国家，让社会道德趋于纯善。

(五)提倡融和交流：政府应该放宽心胸，悲智双运，接应四方。

(六)施行民主政治：政府应以议会制度，推行民主法治来决定全民的利益。

另一方面，人民依附国家而生存，所以要与国家和合在一起，有力量者帮助生产，有技能者提升科技建设；有智慧者建言国事；有财力者善尽义务，每个人在自己岗位上尽忠职守，以报答国家庇护之恩。如此上下一心，同心同力，才能创造富强安乐的国家。

不过话又说回来，现在举世都在关心经济复苏的问题，然而社会的经济繁荣、工业进步，有时并不一定能带给人们精神上的快乐，现在社会上有太多“富有的穷人”，因为生活上没有满足感，心灵上没有资源宝藏，所以大家其实应该重新评估经济的价值，经济并非只有金钱财物，举凡健康、平安、和谐、智慧、慈悲、信仰，都是财富，因此希望全民不要只重视金钱世界，要注重精神愉快、心灵富有，要追求内心的安乐和幸福感，同时以勤奋、信义、道德、慈悲来提升个人的财富，继而本着“同体共生”的观念，发挥普世的价值，建设共有的胸怀，创造一个祥和、均富的社会，这才是我们应该努力开发的另类财富。

总之，世间一切都有变数，我们要的是和谐、安定，就要保有经济发展的成果，不可破坏各方面的成长，全民应该继续勤奋努力，重视社会秩序，净化大众贪心，尤其对环境保护应投下巨资，在种族和谐方面要以爱心消除怨恨，唯有在和平尊敬中，才能为我们的后代子孙建设一块人间净土，这也才是全民真正共有的财富。

二、刚才说，人类的历史其实就是一部经济史，人生时时刻刻都离不开金钱、财富的运用。请问大师，当居家发生经济困难，或是公司的财务一时周转不灵，乃至农业遭受自然灾害，甚至工商企业遇到世界性的经济不景气时，该怎么办？

答：佛经讲：“法不孤起，仗境方生。”世间上凡事都离不开“因果”关系。居家的经济发生困难，或是公司经营不善，周转不灵，这是结果，应该找出原因。为什么别人都有办法在社会上顺利发展，唯独我的财务发生困难？是我工作不够勤劳吗？是我没有储蓄应急吗？是我计划不周详吗？是我评估错误吗？还是我没有开源节流、不懂感恩惜福、缺少行善结缘呢？或者是我交友不慎吗？是我贪心过度吗？……总之必有一个原因使我的经济发生困难，因此要找出贫穷的原因，如《三世因果经》说：“有衣有食为何因？前世茶饭施贫人；无食无穿为何因？前世未施半分文。穿绸穿缎为何因？前世施衣济僧人；相貌端严为何因？前世采花供佛前。”能找出今生贫穷的原因，然后加以改进，为时不晚。

其实中国民间也有一句谚语说：“一枝草一点露”，意思是说“天无绝人之路”，一个人只要肯勤劳奋斗，公司经营不善，倒闭了，只要你勤劳，摆个地摊，做个小本生意，甚至从事资源回收，也能维持基本的生存所需。即使经商失败了，只要改善自己营运的方法，重新再来，所谓“炮灰也有再发热的时候”，一个人还怕会完全没有办法吗？最怕的是自己的贪欲无限，跟人计较、比较，过去贫穷的果还没有解决，又再增加新的障碍，例如失业的人如果贪求高薪，往往更加没有机会，自然难以东山再起。

曾经在网络上看过这么一则故事：有个老年人在公路旁开了一家小吃店，当时正逢经济不景气的年头。老人家眼力不十分好，耳朵又近乎全聋，但是他的运气很好。说他运气好，是因为眼力不行，所以不能看报读书；耳朵又重听，也难得和朋友们聊天，因此对外界的情况，他都不甚了解。因为他并不晓得经济不景气有多严重，照常干得很起劲。

他把小店的门面漆得漂漂亮亮，在路边竖起宣传的招牌，让人老远可以闻香下马，他店里预备的货色物美价廉，味道很好，甚至连一文莫名的人也不由自主地停下来在他那儿吃点东西。

老人家工作十分勤奋，赚了钱把儿子送进大学去读书。儿子在学校中选了经济学的课程，他对于整个美国经济的情形之糟了如指掌。

那年过圣诞节，儿子回家度假，看到店中业务仍然很兴旺，就对父亲说："爸爸，这地方有点儿不对劲，你不应该有这么好的生意呀！瞧您的兴致这样好，仿佛外面并没有经济不景气这回事一样。"于是他把经济萧条的前因后果费力地解说了一遍，并且说全美国的人都在拼命的节省、紧缩。

这时，老人家受到消极思想的影响，他对自己说："既然如此，我今年最好也不再油漆门面了。外面闹恐慌，我还是省下一点钱来最好。三明治里的肉饼应该缩小一点儿。再说，既然人人都没有钱，我又何必在路上去做招牌呢？"于是他把各种积极性的努力都停下来。结果后来生意果然一落千丈。当他那位大学生的儿子在复活节假期又回到家时，父亲对他说："孩子，我要谢谢你告诉我关于不景气的消息，那是千真万确的事，连我的小店也感受到了，儿啊，受大学教育实在太有用了。"

其实，这个故事给我们一个很大的启示，说明一个人有健康的观念、坚定的信心、诚信的待人、勤劳的做事，这些都是成功立业不可缺少的重要条件。

不过，世间上有的人靠劳力赚钱，有的人则靠智慧致富。曾经有一个牙膏制造工厂，因为产品滞销，公司营业受挫，负责人召告员工，如果有人献出智慧的妙计，能使公司的营业额增加，就可获得十万元奖赏。有一个员工只提供了一句："牙膏出口，放大一倍"，当下就轻易地获得了十万元奖金，而公司的营业额也从此增加何止百倍、千倍。

佛教里也有一个卖偈语的长者，他只记取一首四句偈，即价值十两黄金。《金刚经》说，三千大千世界的七宝，其价值都比不过一句智慧的偈语。因为，财宝有用罄的时候，智慧的偈语则是生生世世，受用无穷。

智慧是人类最大的财富，有时候惭愧也是财富，谦卑也是财富，知足也是财富。颜回居陋巷，一箪食，一瓢饮，人不堪其忧，而回也不改其乐。他有知足的财富；佛门的苦行僧，树下宴坐、洞中一宿，一样生活得非常惬意。

贫富只是比较性的说法，真正贫穷的人，内心安贫乐道，也不差于富者；富者天天妄想、贪欲，不知足，生活也不快乐。

有一对年轻夫妇，同在一所小学里教书，虽然待遇不高，但是每天夫唱妇随的上下班，倒也愉快。隔壁的大楼里，住了一位董事长，每天为钱苦恼，怕被偷、被抢，所以生活得很不自在。

有一天，他听到隔壁传来愉快的歌声，非常不高兴地说道："他们住的如此简陋，生活的如此清贫，还弹什么琴、唱什么歌？我住在高楼大厦，有地位、有财富，为什么这么苦恼呢？"

他的秘书忍不住开口："董事长，如果您嫌苦恼的话，可以把烦恼送给隔壁的夫妇啊！"

"怎么把烦恼送给他们呢？"

"您可以送给他们一百万元，反正一百万对您来说也只是九牛一毛。"董事长勉为其难地决定试一试。

这对甜蜜夫妻一夕之间得到一百万，欢喜得不得了，整个晚上无法安眠，不知道要将一百万藏在哪里，放在枕头下、床底下、抽屉里、橱子里，到处都不安全。就这样折腾了一夜，直到第二天天亮，这对夫妻终于有了一个醒悟，决定把这一百万元还给董事长，并说："这是您的烦恼，还是还给您吧！"

高楼上的董事长，天天忧烦股票的涨跌，天天计算支票的数字，天天挂碍金钱的有无，哪有陋屋里的人唱歌说笑为乐呢？所以经济没有绝对的贫富，再多的钱财，不知足就是富贵的穷人；一无所有的人，他能满足，就是穷人中的富者。

财富，要靠自己去开创，不管用金钱、人力、智慧、结缘、储蓄、置产、投资，或是将本求利做生意去赚钱，总之，人生要有未雨绸缪的忧患意识，晴时要准备雨伞，以应雨天所需，白天要备妥手电筒，以便夜晚所需。解决家庭的经济，要有预算，所谓“吃不穷，穿不穷，算盘不到一世穷。”

如果一时的经济周转困难，还是要本着自己勤劳的态度，对工作的热诚，例如莳花种菜，贩卖小吃，为人帮佣，有淡泊物欲、节衣缩食的美德，自助而后自然有人帮助，也会渡过难关。再者，能有克难精神，以及刻苦耐劳的毅力，则尽管人生路上风雨飘摇，任何苦难，都能安然度过。希望我们的社会，能让“克难”的精神再度复活！

三、在经济学上有一个千古不易的致富秘诀，那就是“开源节流”。请问大师，如何开源节流？

答：开源节流，这是经济学上千古不易的致富秘诀。开源节流，到底要开什么源，节什么流呢？

首先我们要开佛法之源，佛法就是我们的源头，有佛法就有慈悲，就有智慧。一个人即使物质生活欠缺，只要他有慈悲、有智慧，生命就会变得充实、富有。所以我们要有佛法，要点亮一盏欢喜的灯，点亮一盏信仰的灯，内心有了欢喜、信仰，比世界上有形的财富更为重要。

节流，节什么流？我们要节省我们的用钱，节制我们的贪心，不要好买。我一生自觉自已不要钱，我也不好买；因为我不要钱，我不好买，所以我有钱建设佛光山，建设世界。我“以无为有”，淡泊就是我的节流，爱惜时间就是我的节流，每一个信徒的发心，我珍惜它、宝贵它，就是我的节流。

开源节流其实不一定只朝金钱上看，每一个人的生涯规划里也都不能少了“开源节流”。创新一种事业，先要评估，在这项事业上我能开源节流吗？甚至国家政府一年高达千万亿元的预算，也不能只是把它当成纸上的数字，而是需要有人在实际情况里，要能确实有一套开源节流的方法，政府的各个部门才能顺利运作。

开源节流的方法很多，有的人在家中的庭院里，种上几棵菜蔬，偶尔锅中所煮，不必花钱购买，这是他“开源节流”的所得；有的人从山边引水到厨下，无须动用自来水，一年也能节省不少开支。甚至制造家庭的和谐、热情、幽默、赞美，使全家人都乐于工作；乃至人人奉公守法，不浪费社会成本，平时养成随手关灯的习惯，节约用水，这都是开源节流。

现在家家几乎都有冷气机，懂得把冷气设在一定的室温下，不要经常动用开关，或是加上窗帘、电扇，让温度不用调得太低，以致耗电量大，这也是节约能源的方法。团体里人多，每日垃圾量大，如果能够加以分类，不但减少处理垃圾的搬运费，还能资源回收，增加一笔额外收入呢！

开源节流也不一定只限于经济能源上，平时多结交一些朋友，多发心担任义工，多培养与别人互动的因缘，这也是社会人际关系的开源节流。

购买东西，分期付款，这是开源节流；不用的物品，能省则省，少了堆置的拥挤，多了空旷的简朴，这也是开源节流的良好习惯。甚至于对自己不当看的东西不看，免得视力疲倦；不当听的语言不听，免得听出是非烦恼；不当做的事不做，免得造业；不当想的不想，免得心烦意乱。节制我们的贪欲、嗔恨心，节制我们的口德，不要乱说话，这都是身体的节流。

此外，身体也可以开源。当看的人，不但要看，还要行注目礼，而且要看出个中的所以然来；当听的，不但听懂，而且要听出别人话中的弦外之音；应该想的，不但要思维前后、左右的因果关系，而且要竖穷三际、横遍十方，把宇宙万有、世界人生，都想在自己的心中。每天所思所想，都是道、都是德、都是学、都是扩大、都是普遍，这都是开拓自己能量的源流。

开源节流是管理财富的原则。在佛光山理财的人，不但有因果观念，更可贵的是不贪不私，点滴都为常住。佛光山从开山来，在经济方面每天都是在“日日难过日日过”的情况下度过，常常是明年的预算今年就把它用了，所以常有人说佛光山很有钱，其实佛光山不是很有钱，只是很会用钱，所以我曾说：“有钱是福报，会用钱才是智慧”、“钱用了才是自己的”、“用智慧庄严，不用要金钱堆砌”。不过我希望未来佛光山还是能在有计划、有制度的财务体系下，量入为出。

其实，开源节流固然是与资本、能量等外在的因缘条件有关，例如没有高山，又何能开采出金银宝藏？没有沙漠、海洋，又怎能开采出原油？但是也有许多的修道者，他们不看外界，专看内心；不想他方，只是思维本性。卧榻之上，一书在手，可以周游天下；蒲团之间，未尝不能开辟心中的天地？

说到开源节流，外在的天地，内心的世界，都可以开源节流。只是“工欲善其事，必先利其器”；拥有智慧、信仰、毅力、能量，乃至通达因缘所成、明白共有关系，这些都是开发能源的条件。尤其佛教讲“发心”，就是要开发我们的“心田”，我们的心田广大，心里的能量无穷，只要我们开发心里的惭愧，惭愧就是我们的财富；开发心中的感恩，感恩就是我们的财富；开发心底的勤劳，勤劳就是我们的财富。乃至开发人缘、开发感动、开发自己的真如佛性、开发我们的佛法大海、开发我们的信仰的宝藏。最重要的，我们要开发“无”的世界，不要只从有形有相上去开发。“有”是有限有量，“无”才是无穷无尽。

四、每一个国家的发展，大都重视城市，轻忽乡村，造成“城乡贫富”差距大。请问大师，如何改善这种现象？

答：一个国家的经济萧条，人民所得偏低，国家太穷了，固然是社会制度不好；过分的贫富不均，也是不完善的。

贫富不均，其实是古今中外存在已久的问题，根据经济学家米拉诺维奇为世界银行进行的一项“世界贫富分化形势”研究显示，全球贫富分化情况有急剧恶化的趋势，从1988年到1993年之间，全球贫富差距又增加了5%。目前全球人口中最富裕的1%（五千万个家庭）的平均收入是二万四千美元（约一万六千英镑），他们的总收入要高于收入较低的60%全球人口的总收入。

这项调查指出：84%的全球贫困人口只有16%全球富裕人口的收入，全球最富裕的10%人口的收入是最穷的10%人口收入的114倍，而这些差距可能还会扩大。

贫富不均是国家的隐忧，尤其城乡的贫富悬殊，一直是多数国家普遍存在的现象。

台湾英业达集团副董事温世仁先生经常到大陆考察，他发现大陆西部的乡村之所以落后，“人才外流”是一个重要的因素之外，在整个社会由农业转型到工业时代的过程中，西部农村一开始就没有来得及搭上“工业化的列车”，尤其现在举世已经进入资讯网络化时代，更令农民们望尘莫及。农民因为没有机会、能力获得各种资讯，与城市相比，在知识、资讯和机会上不对称，这都是造成他们继续贫困的原因。

针对于此，温先生想出了走资讯技术培训的道路，着手培育当地“知识工人”，发展网络经济，让“农业社会”转型为“网络社会”。他投资五千万美元在大陆西部开展“千乡万才”计划，赞助他们学习电脑，教他们如何利用电脑销售产品，因为网际网络是与全世界连线，只要一上网，即可打开销路，很快把产品卖完，慢慢就能改善经济，达到城乡均衡发展。

结果这项计划从 2000 年 7 月开始实施，三年来已成功地帮助位于甘肃河西走廊最东端的山村黄羊川走出贫穷，成为知识经济下乡成功的实例。这项成果于 2002 年秋在墨西哥举办的 APEC 会议上，温先生将之公诸于世，随即引来泰国政府表示，希望有二十所泰国学校加入“千乡万才”计划。

温先生一手发展的“千乡万才”计划，旨在把资讯网络科技引入农业社会的乡镇，促进当地发展知识型的经济，达到“就地创造财富，就地改善生活，就地发展文化”为目的。他认为硬体设施的改善，并不能从本质上解决落后、偏僻地区所遇到的问题；唯有把最新的观念和资讯传给他们，辅导他们掌握适应资讯社会的方法，才能让他们尽快缩短与发达地区的差距。尤其他觉得开发落后地区，建设的重点应该在“道路”与“网络”两方面，因为“道路”可以把有形的资源送到落后的地区，而“网络”则可以把无形的资讯快速传到落后地区，让学习能力更加快速。温先生的见解与做法，值得参考。

过去台湾因为地主与佃农贫富差距太大，所以实施“三七五减租”、“耕者有其田”、“住者有其屋”等措施，因而改善了经济。在佛教有所谓“利和同均”，也就是僧团中如果有施主财施供养，不可私自独享，要交由常住集中处理，大众共有，通过经济上的均衡分配，大众才能过着“利和同均”的经济生活，所以在佛光山，个人不要有钱，点滴归公，让团体有钱，才能有所发展。

这种“利益共用”的观念，现在企业界也普遍有此共识，不少企业主也懂得把利益分享员工，例如依公司盈余发放年终奖金，甚至有些公司让员工持股，员工自然以公司为家，发奋工作，努力经营，自能提高效率，创造利润，彼此共用。

“利和同均”的思想运用在社会上，让有钱的人帮助穷困的人，有力量的人扶助弱小的人，如此在没有经济的垄断、劳资的对立、贫富的悬殊等社会问题下，人人得其所应得，自然可以建立一个民有、民享，而且均平、富足的社会。

五、世界上有很多国家，为了保有自然的山水环境而拒绝发展工业，造成经济落后，请问大师，环保与开发，两者孰轻孰重？如何才能取得平衡发展？

答：现在是个环保意识抬头，也是个民意高涨的时代。关于环保与开发，两者孰轻孰重？这个问题让我想起多年前，比邻佛光山的擎天神公司，因为以制造工矿炸药为主，有一天不慎发生气爆，波及附近农宅，大树乡乡民基于居住安全为由，群起围厂抗争。数日后，代表厂方的郑健治经理及代表大树乡民的黄登勇乡长等人，在前高雄县长余陈月瑛的出面邀请下，到佛光山协议。

当天黄乡长提出，希望擎天神公司三年内能全部迁厂，但郑经理表示有困难，因为新的厂址觅地不易，谈判因此陷入胶着。我了解情形以后，主动向黄乡长表示，迁厂从评估、买地、开发、规划到建厂，三年期限的确太过仓促。之后我又对郑经理说，允诺迁厂就应该有实际行动，否则别人无法相信厂方的诚意。最后，我提议双方以五年为期，并且可以附加保证书：若五年未能如期迁厂，则每延后一年，由厂方提供一定金钱回馈乡民，如此逐年增加回馈金，直到迁厂为止。

至于厂址的选择，有人主张“产业东移”，但是我认为“己所不欲，勿施于人”，既然高雄县不要而要求迁厂，其他县市也不会欢迎，因此当时我向余陈县长建议，不如就在高雄县的甲仙、六龟、桃源等偏远山区另找地方建厂。虽然这样的建议也许让高雄县陷入环保与开发的两难，但凡事无法求得完美，只要对全民有利，将伤害减到最低程度，就是最好的方案。当时承大家不嫌我饶舌，一席话下来，三方面都欣然同意，欢喜而去。

我的意思是，世间事没有绝对的好与坏、对与错；有和空都是执著，都不合乎“中道”。这个世界，自然环境固然要保护，但人类也要生存，如果为了保护大自然，限制人类文化进步，也是一大挫折。不过由于过去人类过度滥垦滥伐，破坏大自然的生态，对未来的子孙不利，因此人类进步发展的同时，要兼顾大自然生态的保护，每有所作，要详细、周全的评估利弊，所谓“两权相害取其轻”，在此原则下，视情况不同而作抉择，并且尽量找出替代、补救之道，这才是明智之举。

例如，有“人间净土”之誉的新西兰，海洋、湖泊、森林、山岳、河流、火山、冰河、峡湾，以及广大的绿色草原，构成了他们特有的自然景观，世界上很少有这样地理景观多彩多姿的国家。新西兰为了保护如此天然美景，环保措施几乎是零污染，尤其政府规定，人民不得任意砍伐树木，若有需要，必得先行申请通过，并且每砍一棵树，同时要另种一棵树代替，因此有人说，“绿”是新西兰致命的吸引力，不但天空格外蔚蓝、湖水特别澄清，即使连呼吸都觉得清新愉快，因为空气中隐隐约约飘散着绿草的清香。新西兰保有天然美丽的环境，每年也能靠着观光而赚取不少外汇。

植树造林，这是国家的珍贵资源，也是人类生存的必要条件。根据统计，一棵树一天可以蒸发一百加仑的水量，它所调节的温度，等于五个冷气机开动二十个小时的功能。而林木对降雨有截流作用，能减少洪水，增加土壤孔隙，使水分容易渗透，补注地下水。但是种一棵树要花十年的时间，砍一棵树却只要几分钟。甚至一名婴儿从出生到二岁，所用的纸尿布，必须用掉二十棵树；而每回收一吨废纸，可以少砍长八公尺，直径十四公分的原木二十棵，若能以再生纸代替模造纸，每月可以少砍约四十万棵的原木。

因此，现在的开发固然不能不做，开发之余，如何节约更是重要。在我们日常生活中，随手一揉，都是在浪费大地资源，在不可避免的消耗下，若能积极配合“废纸回收”，让可用的资源再生，除可减少砍树量，亦可间接救水源，也是功德一件。再者，如果大家都能节约用水、用电，就可以少抽一些地下水，少建几座发电厂，不但避免地下水超抽，也可免去发展核能发电带来的污染问题。

总之，环保与发展，孰轻孰重？这是见仁见智的问题，重要的是，发展的同时，要注意水土保持及河川的疏导，如此才不会每逢雨季来临，乃至台风过后，往往一雨成灾，甚至造成土石流的严重灾情。尤其防范大自然的天灾之外，人为的战争更要避免，因为战争对环保的伤害最为严重。因此，维护世界和平，这才是对人类生存空间最有利的保障。至于如何才能促进世界和平？唯有人人心中有佛，世界才有和平可言。

六、世界上有不少国家由于社会福利制度太完善，反而导致国家的财政发生危机，请问大师对社会福利制度有何看法？

答：世界上愈是文明、先进的国家，政府愈是重视人民的公共福利。但是，国家的社会福利制度再好，有时还是很难周全的照顾到社会各个层面的需要，甚至综观目前世界上社会福利完善的国家，人民只靠政府救济，往往养成好逸恶劳，不思自力更生，甚至使得人心因贪而逐渐堕落。这是因为国家对民众只给鱼吃，却没有给他钓竿，也没有教他们钓鱼的方法。所以福利愈好，反而养成民众懒惰、贪心，不事生产，好吃懒做，只等国家救济，到最后一个国家失去了生产力，只有坐等救济的人民，当然国家会被拖垮，自然成为危机。

根本解决之道，要从教育做起，要教导民众勤劳奋发工作，要过简单朴实的生活，要有如佛教讲“佛观一粒米，大如须弥山”的惜福观念，要懂“如蜂采蜜，不损色香”的安贫人生。做人不但不贪吝，而且乐善好施，热心公益，从观念上建立正确的人生观与价值观，人人发挥自己的生命能量去助人，而不是坐等政府救济，能够发挥全民的力量彼此互助，政府自然不会感到吃力。

其实现在各国除了政府主导的社会福利事业以外，也有很多公益事业团体，通常是由民间发起的各种基金会、社团、财团，乃至各个宗教团体所从事。公益事业的推动，所表现的其实就是人类互助合作的美德，也是人性善良面的发挥，在佛教来讲，更是大乘佛教菩萨道的实践。

佛教从古至今一直很积极地从事社会福利事业，从古代的植树造林、垦荒辟田、凿井施水、维护泉源、利济行旅、兴建水利、设置浴场、兴建公厕、建立凉亭、经营碾硙、设佛图户，到现在的筑桥铺路、急难救助、施诊医疗、养老育幼、监狱教化、社区服务，乃至设校兴学等，真是不胜枚举。

不过，一般人所谓的公益事业，大多偏重于救济性质的社会服务，尤其社会各界总把佛教定位为慈善团体，所以政府对于直接从事慈善救济的寺院团体，总认定其“功”在社稷，每年都会颁奖表扬。其实，宗教并非仅止于慈善事业，宗教的真正目的在净化人心，改善社会风气，因此我曾建议政府，对于佛教的教育、文化事业，如人才的培植、书籍的出版、信仰的提升、风气的改善、人心的净化等，都应列在评估之内。否则如果社会各界把佛教局限在公益与慈善事业，如此佛教何异于狮子会、扶轮社等社会慈善团体呢？

遗憾的是，到现在一般社会大众的认知里，还是以为佛教慈悲为怀，因此总将佛教局限在慈善救济的框框里；殊不知佛教最大的功能，乃在于培养人才，并透过文化教育来传播佛法，净化人心，改善社会风气，这才是佛教对社会人民的贡献与职责所在。

尤其，慈善救济人人能做，但是推展教育来净化人心，则非人人可为。一所寺院道场，其功能并不亚于一所学校。寺院不但是善友往来的聚会所、是人生道路的加油站、是修养性灵的安乐场、是去除烦恼的清凉地、是采购法宝的百货店、是悲智愿行的学习处，更是一所疗治心灵的医院、维护社会正义的因果法庭、启发道德良知的教育学校、提升文化修养的艺术中心。因此，慈善救济虽然能够拯救肉身生命，济人燃眉之急，但是无法熄灭贪嗔痴三毒；唯有佛法真理的弘传，才能进一步净化心灵，拯救法身慧命，使人断除烦恼，了生脱死，其影响及于生生世世，是以佛教教育才是最彻底的慈善救济。

基于以上的理念，佛光山长久以来，积极以教育、文化弘扬佛法，并且在世界各地建寺弘法，把佛教推展到世界五大洲，不但落实人间佛教，尤其对国家社会，乃至对世界和平的促进，均发生全面性的影响与贡献，此与一般只着重推展慈善事业的团体，形成强烈而明显的分野。

但是也有人质疑，佛教建筑寺院，意义何在？如前所说，世间的钱财，只能拯救肉身生命，济人燃眉之急，但是无法息灭贪嗔痴三毒；佛法的布施，则能更进一步地净化心灵，孕育法身慧命，使人断除烦恼，了生脱死，其影响及于生生世世。因此，建造佛寺，等于建设学校，度众万千，这才是最彻底的慈善事业。

因此我常说，慈善是佛教的一环，甚至可以说佛教本身就是慈善事业；但是慈善工作并非佛教的全部，因为当一个人的信仰渐次升级以后，必定要从做善事修福中，进一步研究教义以求慧解，否则一个没有佛法的人，将如同迷失在汪洋中的舟航，找不到停靠的港湾；而佛法的重要，则往往一句话就可以给人生起信心，找到方向，终生受用不尽。所以，佛教虽然不偏废慈善救济，但仍以弘扬佛法为本，以传教为重，因为慈善救济终非究竟，“泛滥”的救济只会养成社会的贪心及虚浮伪善的心理。因此所谓的救济，应该是“救急”而不是“救贫”，应该是“救心”而不是“救人”，唯有宣扬教义、净化人心，这才是宗教的主旨所在。

是故，最好的慈善事业应该是与文教合而为一，因为文化可以净化心灵，升华人格；教育可以改变气质，根除烦恼。因此希望政府今后在鼓励慈善救济的同时，也能兼顾文化、教育，发挥宗教真正的意义和价值。如佛教所谓“诸供养中，法供养第一”，我们要肯定“文教重于慈善，有道重于有财”，我们也期盼政府的福利事业能从文化、教育方面来提升社会的道德水平，改善国民的生活品质，如此才是根本而究竟的福利事业。

七、中世纪欧洲的天主教会曾发行“赎罪券”，引人诟病，甚至成为后来宗教改革运动的导火线。在佛教里，也有一些人以非法取得的钱财来布施，借此求得心安。请问大师，如果以不法所得的钱财布施，其功过如何？

答：佛教讲“未成佛道，先结人缘”。人在世间生活，要靠许多的因缘成就才得以生存，所以平时要与人广结善缘。结缘之道，首在布施。布施不一定要捐输金钱财物，有的人虽然身无分文，但是一个真挚的笑容，可以令人生起信心；一个随手的帮忙，可以济人困难危急；甚至与人为善、一句赞美、一瓣心香等等，都是殊胜的布施因缘。

布施、结缘是人间最美好的事。在《大乘理趣六波罗蜜多经》说：布施能令众生安乐，是最容易修习的法门，有如大地一样，一切万物都依之生长，所以六度、四摄都以布施波罗蜜为上首。

布施可分为“有相布施”与“无相布施”两种。有相布施，指世间上一般人希求果报，执著人我的布施，所以又称为“世间布施”；此种布施只能得到有漏的人天福报，报尽又再堕落，所以不是究竟的布施。无相布施则与有相布施相反，在布施时，能体达施者、受者、施物三者当体皆空，而无所执著，因为能超越世间的有漏烦恼，所以称为“出世间布施”。

佛教分有世法、出世间法，世法牵涉到社会、群众、法律、道德、人格等问题，在社会上以不正当的手段取得财物，就是违法，必须负起刑责；而以非法所得来布施，佛教称为“不净施”。

佛教讲“净财”、“善财”，这是合法的财富，净财愈多愈好，有净财才能从事各种弘法事业，有净财才能布施结缘，但有的人以不当的所得来布施，例如“劫富济贫”，虽然不好，但总比不救济好，再说布施时当下的一念善心，虽然抢劫财富是不足效法，但布施的一念善念，或是一念惭愧之心，也不能说不可贵。

不过若要穷究以非法所得来布施的功过如何？只能说布施时依施者、受者、施物等“心田事不同，果报分胜劣”，问题十分复杂。一般正常而如法的布施，要衡量自己的能力，在不自苦、不自恼的情况下量入而为。现在社会上有很多富有的人，他们不知道布施种福田；但也有一些贫穷困苦的人，为了面子而强作金钱布施，这些都不是佛教所希望的。甚至有些人学佛，由于不合理的布施，导致家庭失和。譬如先生或妻子信佛以后，经常到寺院发心，布施做功德，却不管家里的生活，这样很容易造成家庭失去平衡、快乐，这都是不合理的处理钱财的方法。

其实布施也不一定要用金钱，只讲金钱的布施也是不合理的。本省有些信徒的信仰方式很值得商榷，他们说起来的确很发心，跑这个寺院布施一点，跑那个寺院又布施一点。有一天，金钱没有了，哪里也不去了，因为“钱用完了，没有钱不好意思到寺院去”。这种信佛的态度是不正确的。佛光山的所有道场，很多信徒都是一信就几十年，从来没有听说因为没有钱不好意思到寺院来。因为信佛不一定要用金钱布施，比金钱更重要的，是心香一瓣，随心、随力、随喜的布施才是最重要的。信佛要真实，不必打肿脸充胖子；更不能为了信仰反而导致家庭分裂，这在佛法来讲，都不是“正命”的生活。所以佛光山不募“不乐之捐”，而且主张要“储财于信徒”。

佛法讲布施，其实就是物我一如，同体共生的宏观，我的财物可以与人共用。布施，表面是“舍”，其实是“得”。没有舍去我们内在的悭贪，怎么得到无有恐惧的自在？无求的布施，令我们所行纯净，端严高贵；无悔的布施，令我们身心清净，人格升华。

布施结缘，就像深井汲水，你愈舍得提起桶水，给人灌溉，给人饮用，井里的水就愈是源源不断。所以人生不要只看到黄金白银，比黄金白银更宝贵的还有布施的温暖、结缘的感动。布施不是有钱人的专利，布施贵在发心的真伪。布施如播种，要有拔济奉献的精神。布施财富除了要不自苦、不自恼，而且要不勉强、不比较、不计较，要能做到随喜、随缘、随分布施，如此才不失布施的真义。

八、佛教的“八正道”里，“正业”与“正命”都是强调合理经济生活的重要。请问大师，放高利贷合乎“正业”吗？佛教所认可的财富有哪些？相反的，什么情况下所获得的钱财是非法所得呢？

答：人生世间，不能不工作赚钱；要工作赚钱，才能生活。有的人用劳力赚钱，有的人用时间计薪，有的人靠语言赚钱营生。不管从事什么样的工作，无论以何种方法赚取生活所需，重要的是要合乎正当性。正当的财富，就是要将本求利，勤劳赚取，无论是农牧收成，或是经商贸易、企业经营、投资生息所得等等，都是佛教所认可的经济营生。

反之，就是非法所得的财富，例如：窃取他物、违法贪污、抵赖债务、吞没寄存、欺罔共财、因便侵占、借势苟得、经营非法、诈骗投机、放高利贷等。此外，举凡违背国法，譬如贩毒、走私、转卖人口的职业，或者违反佛法的不当工作，例如屠宰、酒家、赌场等，都在禁止之列，也就是和佛教不杀生、不偷盗、不邪淫、不妄语、不吸毒等根本大戒触逆的职业，都是佛教所不允许的。

在《善生经》里也提到取财有六种非道，不可为之，即：

(一)种种戏求财物者为非道：如赌博、竞胜、比武等皆是。

(二)非时行求财物者为非道：非时行是指昼夜颠倒，不顾家庭眷属，如玩弄娼妓，不务正业，即世间的浪荡子。

(三)饮酒放逸求财物者为非道：酒能乱性，饮酒的人必多放逸，不事生产。

(四)亲近恶知识求财物者为非道：指亲近恶友不但不能得财，反而有倾家荡产，甚至丧命的灾祸。

（五）常喜妓求乐求财物者为非道：指性好歌舞娼妓，任意浪费。

（六）懒惰求财物者为非道：指性好游荡，不喜作业，凡寒热饥饱都有借口，不肯做事。

以上六种都是消耗财物，不事生产，不但现世劳神丧财、身败名裂，而且来生堕苦趣、失人身，所以说是非道，亦即非人伦善道也。

至于说到“放高利贷”是否合乎“正业”？佛教过去办有类似今日的“当铺”，只向百姓收取非常微薄的利息，甚至完全不取分厘，以帮助贫苦人士经济上的周转运用，譬如北魏的僧祇粟、南北朝的寺库、唐朝三阶教的无尽藏院，都是佛教为了便民利国的金融事业。只是佛教创典当制度，不同于今日一般当铺的高利放贷，佛教是本着来之于十方，用之于十方的精神，把社会的净财做一个集中，然后再一次发挥其整体的力量，回馈于社会，属于服务大众的慈善事业，而且具有繁荣经济的功能。

现代社会已有正规的金融事业，寺院为恐与信徒之间有金钱纠纷，应不与信徒共金钱来往。不过，人总有不时之需，当手头不方便时，一般人会向银行贷款，或是到当铺典当应急。现在社会上还有所谓“地下钱庄”，从事放高利贷行为，以超高的利率赚取不道德的利润，完全唯利是图；因高利贷而衍生的社会问题层出不穷，不仅对社会无益，而且有害，应属“邪命”的生活。

所谓“邪命”，就是用不正当的手段取得钱财，用经营不正当的事业所得来生活。譬如前面提到的开酒家、赌场、卖钓鱼器具、卖打猎的猎枪，或者是算命、卜卦、看相等都是邪命的经济生活。佛教不提倡看风水、择日期，《佛遗教经》曾指示佛教徒不应去仰观星宿、推算命运，因为这些都不是合乎因缘法则正命的经济生活，都是佛法所不允许的。

民初的印光大师曾在普陀山一住许多年。后来日本军阀侵华，有一位住在香港的在家弟子，有一座宽大豪华的别墅要供养大师，请大师到香港弘法。

印光大师看看因缘成熟，便想前往，但他知道那位信徒经营酒厂，是卖酒的，大师随即决定不去，并且告诉这位弟子说：“你要我去，你就不要卖酒，因为卖酒是邪命的生活，我不好意思接受你不净的供养。”

佛法虽然准许佛教徒经商开工厂、做各种事业，但是伤身害命、迷惑人性的事业是不准许的。所以八正道中有“正业”和“正命”两种，就是说明作为一个佛教徒，必须从事正当的职业，过正当的生活，用正当的方法取得钱财。如《杂阿含经》说：“营生之业者，田种行商贾，牧牛羊兴息，邸舍以求利。”《善生经》则说：“积财从小起，如蜂集众花；财宝日滋息，至终无损耗。”

总之，财富虽为人人所爱，但做人不要过分的贪图金钱，要过合理的经济生活。正常的经济生活对人生非常重要，因为世间上大部分的罪恶，都是从经济生活不正常而来；有了健全的经济生活，才能建设幸福美满的人生。所以佛经提到，我们若想获得现生的福乐，应该做到如下四件事：

(一)方便圆满：不论是务农、做工、畜牧、经商，或者是公务人员、教师等，一定要有谋生的正当技能，凭工作而得到生活。

(二)守护圆满：从工作中获得的财物，除了日常生活支出以外，要妥善保存，以免损失。

(三)善友圆满：要结交善友，切不可与凶险、放荡、虚伪的恶人做朋友。

(四)正命圆满：要量入为出，不可以奢侈浪费，也不可以过分的悭吝，要有合理的经济生活。

人生本来就有很多的不圆满，生命的意义就是从缺陷中追求圆满，佛教指导我们追求合理的财富，过着正常的经济生活，这是圆满人生的第一步，也是人生应走的坦途大道。

九、俗语说：“人为财死，鸟为食亡。”爱财既是人类的本性，请问大师，佛教对财富的看法如何？佛教对企业经营又有什么样的看法？

答：“企业”是社会现代化的名词，特别是强调企业内部的管理。为了更成功的经营企业，近年来衍生出“企业管理学”的显学。若就一般人所认识的企业，通常是指经营营利事业的组织体；但是从企业家的定义来了解，是指“于企业体内，订定一定的计划，以实践其创立该企业的理念和目的，并加以监督经营者”。可见企业的精神首重在理念的实践，透过成功的经营，以分享利润和喜悦。

企业的种类有工业、商业、文化事业、慈善事业，有国家经营的公企业、私人经营的私企业，有个人企业、公司企业等，不一而足。我认为企业的意义是要有目标、有计划、有组织、有办法、有系统，是心智的活动，是理念的管理；企业不一定是指工商财务才是企业，企业应该是有计划的组织体，如国家、社团、宗教、文化、慈善、教育等，用现代的意义来说，都可以说是企业体。

佛教是相当重视企业理念的，例如：佛陀当初创建僧团就是本着有组织、有计划的企业精神而成立的；唐代马祖创丛林，百丈立清规，也是具有企业思想；近代太虚大师整理僧伽制度，也是企业精神的展现；乃至佛光山倡导人间佛教，也是以有组织、有系统、有规划的企业精神，作为人间佛教事业的管理。因此，企业的定义不一定是指社会的工商企业。

其实佛教徒为了光大佛法，远绍如来家业，常有一句话说：“弘法为家务，利生为事业。”弘法，讲究权巧智慧、方便法门；利生，要考虑社会大众的需要。不论弘法或利生，都必须透过良好的组织与完整的规划，才能顺利地接引众生进入佛法的堂奥。

从另一个角度来看，出世的佛教虽然不以营利为弘法事业的日标，却不能因此否定佛教事业的成就和贡献，因为人间佛教是“以出世的精神，做入世的事业”，特别注重信徒现生的幸福安乐。纵然是不同的范畴，佛教与现代的社会企业，终究都离不开生活，离不开人事物的管理。两千多年历史的佛教，恰为企业界提供丰富的资源，而佛教有组织、有制度、有规划的教育、文化、慈善、修行事业，不仅续佛慧命，更促进社会的祥和进步，所以佛教的企业精神，实在不可以将之与一般的“商业行为”等同视之。

一般的商业化经营，是以营利、赚钱为目的；但是佛教讲究的是奉献、服务、布施、喜舍。佛教认为人生的目的不在赚取个人有限的金钱财富，甚至财富不只是有形的金银财宝，应该扩大来看。

佛教认为财富的种类有：狭义的财富、广义的财富，有形的财富、无形的财富，现世的财富、来生的财富，个人的财富、共有的财富，人为的财富、自然的财富，有价的财富、无价的财富，物质的财富、精神的财富，清净的财富、染污的财富，合法的财富、非法的财富，一时的财富、永久的财富。

狭义的财富是指金钱、房屋、土地、股票等；广义的财富包括健康、智慧、人缘、信用、口才等；有价的财富诸如声望、名誉、成就、历史等；无价的财富例如人格、道德、真心、本性等等。

佛教不但重视狭义的金钱财富，尤其重视广义的智慧之财；不但重视一时的现世财富，更重视永久的来生财富；不但重视有形的资用财富，更重视结缘积德等无形的财富；不但重视私有财富，更重视共有的财富，例如道路、公园、河川等公共设施，以及花草树木、日月星辰、天地万物的生态维护等；并且主张以享有代替拥有、以智慧代替金钱、以满足代替贪欲、以思想代替物质，发挥普世的观念，建设共有的胸怀。

佛教认为人生应该追求的财富，例如：明理、正见、勤劳、结缘、布施、喜舍、感恩、知足、道德等，这些才是真正的财富。因为这些财富不但现世受用，来世还可以受用；不但一时受用，终身都能受用；不但一人受用，大众也可以受用。因此佛教认为我们不能只看一时的财富，要看永生的财富；不要只看一人的财富，要看共有的财富；不要只看聚敛的财富，要看活用的财富；也不要只看形相上的财富，要看内心无形的财富。一个人拥有智慧、慈悲、信仰、欢喜、满足等，这些都是无价的财富。

由于佛教对财富有另类的看法，因此在佛教看来，世间上没有穷人，贫富只是从比较而来。例如，有时间的人，用时间去帮助别人，这就是时间的富者；善于言词，用语言来赞美鼓励别人，这就是语言的富者；用微笑、欢喜、礼敬待人，这就是一个内心充实的富者；用力气帮助别人，服务他人，这就是有力的富者。所以，贪心不足永远是贫穷的人，乐于助人则永远都是富贵的人。

佛教主张发展净财、善财、圣财，甚至推广开来还有智慧财。佛教对财富的看法，非常重视均富、共有、施他、利济。佛陀当初实施僧侣托钵乞食制度，主要是因为他对财富的观念，主张“储财于信众”，让僧侣借托钵时，信徒布施饮食，僧侣施予教化，所谓“财法二施，等无差别”。

佛教认为财富的获得，应从培福修德、广结善缘而来，一切都有“因缘果报”关系。因此寺院经济的管理人要有因果观念与常住观念，例如“有权不可管钱，管钱的没有权”；并且强调“要用智慧庄严世间，而不要用金钱来堆砌”；“要能运用财富，而不为财富所用”；尤其本着六和僧团的精神，重视“利和同均”，十分合乎现代人共有、共荣、共用的观念。这都是佛教经济观的特色。

过去佛门里有一些人，总认为贫穷才是有道行，谈“钱”就是粗俗。其实“巧妇难为无米之炊”，一个人除非不做事，要做事就离不开钱，金钱是学道资粮，是很现实的问题。因此佛教并不排斥钱财，佛教对钱财的看法是“非善非恶”，黄金是毒蛇，黄金也是弘法修道的资粮。根据经典记载，佛教的信众中不乏大富长者，如须达长者布施精舍、毗舍佉四事供养等，都受到佛陀的赞美。因此，佛教认为朴素淡泊用来自我要求是道德，用来要求别人则为苛刻。

再说，佛教徒本来就有在家与出家二众，一个在家修行的人如果没有钱财，如何孝养父母？如何安顿家庭的生活？何况修行办道、布施救济，都需要钱财作为助缘资粮。国家社会的各项发展，需要丰实的国库作为后盾，而佛教本身必须提供弘法利生、医疗慈善、教育文化等服务来净化社会，造福人群，如果没有净财，又怎能成办这些佛教事业呢？因此，佛教认为如何将信众布施的善财、净财、圣财，好好用在佛化事业上，这才是值得关心的事。

十、前面讲了那么多关于世间的财富，现在想请问大师，佛教有什么样的理财之道？佛教认为人生最大、最值得追求的财富是什么？

答：钱财是物质生活的基本条件，一般人莫不希求安乐富有。在经典中，佛陀固然以毒蛇比喻黄金，但也不反对以正当的方法赚取净财，所谓“有钱是福报，会用钱才是智慧”，钱财只要用于正途，都是累积福德的资粮。因此，佛教主张赚取正当的财富之外，更应进一步过合理的经济生活。

“合理的经济生活”包括拥有正当的职业、财富运用得当，以及懂得开源节流等。在《般泥洹经》、《杂阿含经》和《心地观经》中都提到，智者居家应“恭俭节用”，合理消费，一分作为日常家用，一分储存以备急需，一分帮助亲戚朋友，一分布施培德。如果“懒惰懈怠、赌博嬉戏、喝酒放逸、饮食无度、亲近恶人、邪淫浪荡”，钱财便会很快的耗用殆尽。

此外，佛经也告诉我们，财富为“五家共有”，终有散尽的时候，能够布施结缘，拥有“信、戒、惭、愧、闻、施、慧”，以及“六度”、“四摄”等法财，才是究竟的财富。

也就是说，学佛不一定要以穷苦为清高，佛教鼓励在家信众可以荣华富贵，可以营生聚财，如《大宝积经》说“在家菩萨如法集聚钱财，非不如法”。只要“平直正求”，而且有了财富以后要“给事父母妻子，给施亲友、眷属、知识，然后施法”。

有了金钱财富，还要懂得怎样处理自己的财富，这才是重要的课题。在《杂阿含经》里面有一首偈语说：“一分自食用，二分营生业，余一分藏密，以拟于贫乏。”意思是说：假如你每一个月有十万元的收入，应该拿出四万元来经营事业；两万元作为家庭生活所需；两万元储蓄以应不时之需；剩余的两万元用以布施，回馈社会，救济贫乏。

此外，在《大宝积经》中，佛陀以波斯匿王为例，告诉我们财富处理的方法。由于波斯匿王已经不需要为生活计算，因此分作三分：三分之一用来供养宗教；三分之一用来救济贫穷；三分之一用来奉献给国家作为资源。

在《涅槃经》中，对财富的处理方法则说，除了生活所需之外，分为四分：一分供养父母妻子，一分补助仆佣属下，一分施给亲属朋友，一分奉事国家沙门。

以上是佛教处理财富的方法。至于我个人的理财哲学是：把钱全部花在必要的开销上，没有钱了再努力赚回来，否则钱太多就会怠惰。我个人从小在贫困的家庭中长大，但我很会用钱，我经常把一个钱当作十个钱来用，甚至我把明年的钱，今年就用了。我们在"日日难过日日过"的生活下，将每一分净财都用在培养人才、弘法利生的佛教事业上。因此佛光山并不矫情的视金钱为罪恶，也不滥用金钱、积聚金钱，使金钱成为罪恶的渊源，我们的信念是要借着佛教的力量，把苦难的娑婆世界建设成富乐的人间净土。所以钱财的处理运用，不在有无多少，而在观念的正不正确，以及会不会用钱。有钱而不会用钱，和贫穷一样匮乏，因此我常说"有钱是福报，会用钱才是智慧"。

当初我创建佛光山的时候，一开始就先确立佛教处理钱财的方法。我告诉佛光山的徒众，佛教振兴之道，在于佛教有人才、有净财、有道业、有事业，否则"巧妇难为无米之炊"，缺乏净财，无法成事。此外，我手拟佛光人守则，明订佛光人不能私自化缘、私建道场、私置产业、私蓄钱财，而且申令管钱的人不可掌权，掌权的人不能管钱；大职事有权，小职事管钱；有钱，要为佛教和社会用了，不可以储存。

很多人看到佛光山一栋栋金碧辉煌的建筑，但很少有人知道佛光山经常无隔宿之粮，甚至一直举债度日。三十多年来，我最高兴的倒不是将十方信施净财用于建设道场，我最欢喜的事是将钱财培养了人才。一千多个僧众，他们弘教说法，长于解除信徒疑难；他们住持道场，善于行政法务；他们在世界各地参学，通晓各国语言；他们把佛教带向人间化、现代化、生活化、国际化，这是对信徒布施净财的最大回馈。

我也经常告诉信徒，应该追求另类的财富，从另外的角度来看待金钱。如果拥有了智慧、人缘、勤劳、信念、健康及平安也是财富；相反的，富裕的人如果烦恼很多、夫妻经常吵架，有钱又有什么用呢？

话说有一个平凡的农夫，经常告诉人家，说他是全国最有钱的富翁。税捐处听到之后，就想扣他的税，问他是不是自称为世上最富有的人？农夫确认之后，税务人员就问他：“你有哪些财富呢？”农夫说：“第一，我的身体很健康，再者我有一位贤慧的妻子，我还有一群孝顺的儿女，更重要的是，我每天愉快的工作，到了秋冬的时候，农产品都会有很好的收成，你说我怎么不是世上最富有的人呢？”一个人即使钱财不多，但是孩子聪明、夫妻相爱，这也是人生的财富。

多年前，我曾应邀在日本的朝日新闻纪念馆举行一场以“人心、命运、金钱”为主题的佛学讲座。当时我说，日本是一个经济大国，物质生活极为丰富，人们普遍关心前途、命运、金钱，较少重视心灵净化。其实这三者是互为因果关系的，心好命就好，命好钱就多，真正的财富在身体的健康、内心的满足、正确的信仰、包容的心胸、前途的美好、生活的幸福、眷属的和谐、灵巧的智慧及发掘自我本性的能源，只要心灵能够净化，这些内财自然具备。

这些观念透过慈惠法师的日文翻译，许多日本大众同表大梦初醒，内心感到无比欢喜。其中日中问题研究会矢野会长更表示：“过去时常自问，人生所为何来？不觉对自己的前途感到茫然。如今听大师一席开示后，知道命运操之在我，命运由自己创造，知道人生有轮回、有来生，无形中对未来充满了希望。”他说：“今生虽苦，但可以创造未来的人生。”一个人能对未来充满希望，这就是人生最宝贵的财富。

总之，佛教认为真正的财富，不一定要看银行里的存款，也不一定指土地、房屋、黄金、白银，这些都是五家所共有，个人无法独得；人生唯有佛法、信仰、慈悲、发心、满足、欢喜、惭愧、人缘、平安、健康、智慧等，才是人生真正值得追求的财富。

十一、经过全球性的经济风暴后，现在举世都在盼望经济早日复苏。请问大师，如何才能带动全球经济起飞？

答：2001 年世纪交替之际，一场世界性的经济风暴，像狂风一样席卷了全球，让举世各国同受其害。在这期间有很多人关心，全球经济衰退对佛光山是否会有影响？我说当然有影响。不过我认为这也是好事，可以让佛光山的人更有忧患意识，借此学习突破困境，这样对未来才有长远的打算。

其实，佛教讲“无常”，世间事就像潮水一样，起落有时，荣枯兴衰本是自然的循环。经济发展也有周期性，时盛时衰，全球经济衰退也是一时的现象，人民其实不必太过担忧，过一段时期自然会有好转。如台湾经济研究院副研究员赵文衡博士的观察，2001 年台湾的经济增长率虽然出现了 1960 年代以来首次的负增长，敬陪东亚国家的末座。但是他认为这只是台湾由“模仿”进入“创新”阶段必经的转型期，无须太过忧虑。他说这个过程即将结束，台湾也将启动另一波的经济增长。

虽然经济专家看好台湾的经济前景，不过由于现阶段经济衰退引发高失业率，造成很多人对前途感到茫然，因此在今年（2003）2 月 27 日，《人间福报》特与《天下文化》、《远见杂志》共同主办一场“提升执行力，创造全民财富”的经济高峰会谈，邀请社会上有高度影响力的人士，以高度的思考层次为台湾的经济把脉，共同为台湾找寻出路。

会中多位专家一致强调“执行力”的重要，如高希均教授说：“经济衰退，造成高失业率，继而引发许多社会问题，我们要想出各种办法创造财富，使社会能更积极参与。但是再崇高的理想、愿景，如果少了执行力，全成了夸大的空想。因此若问：“台湾的未来在哪里？”这个问题或许要从“执行力”找答案。

有人说，一个企业的成功，30%靠策略，40%靠执行力。“执行力”是什么？建华金控执行长卢正昕先生说：执行力的定义是积极参与，全力投入”，全力投入是身口意总动员。执行力的落实首先要“用对的人才”，其次得“采取对的策略”，最后是“完成对的营运”。他认为今天这个时代，单打独斗闯不出天下，一定要有一群具有共同目标、愿景，加上有强烈企图心和执行力的人，集合众人之力才能创造财富。

另外元智大学讲座教授许士军先生表示，过去一般人误认为执行力是通过严格执行，一个口令，一个动作；其实未来的趋势是“执行、策略合一”，站在第一线冲锋陷阵的人，不是被动地等待高层裁示，而是自己要有规划能力。他觉得今天若想发展经济，创造财富，就得利用本地区不会外移的优势，例如自然的风光、气候、文化、风俗习惯，加上知识、想像力、领导者的眼光，配合金融业、科技业的支持，这样就能以知识创造价值，增加财富。也就是说，台湾如果能善用本身优越的条件，加上知识、科技、政策的指引，我们也能销售高价位的产品，而能获得消费者青睐。

趋势科技资深执行副总经理陈怡蓁小姐也谈了她的亲身体验。她说去年与先生到日本本栖寺，看到寺里枫叶飘零，有位师姐不停地清扫，但是动作远不及落叶快速，分明是愈扫愈多。陈小姐的先生忍不住劝对方别扫了，没想到她幽默地说："愈多愈好，这样福报愈多！"陈小姐认为这就是佛光山执行力的源头，因为每个成员皆充满热诚、欢喜。如果每个企业的员工，都能如此热爱自己的工作，所追求的不只是金钱回馈，而是成就、满足感，相信所展现的必是持续不绝的执行力。

几位先生、小姐的发言，皆有所见，不愧为专家、学者。当时我也针对佛教把我们的心譬如田地，说明只要我们能开发心田，就有力量。所谓"愿无虚发"，心愿一发，所作皆办。尤其做任何事都要给主其事者一个远景、希望、未来，如此构想完成、步骤拟订，执行起来就容易多了。像今年（2003 年）佛光山的国际花艺特展，引起花农的热烈反响。执行布置的工作人员不眠不休、轮番上阵，不以为苦，这是因为他们有理念、有愿景。

甚至我在世界各地建立几百个道场，这是我给他们必定成功的信念。像彰化福山寺重建，困难重重，他们以资源回收筹募基金，如今已近十亿元款项，令我深受感动。因此"给人欢喜，给人希望，给人信心，给人方便"都是执行力的具体展现。"给"才有力量，我以此实践执行力，并且创造社会的财富。所谓"大块假我以文章"，随处皆可成为力量的泉源。我们的社会若想回复昔日风光，就要注重执行力的落实。

不过，讲到这里我又想到，现在台湾民众处处爱讲理由，光讲理是不够的，未必有力量。我认为有心才有力量，力量加上智慧、方法，只有正确的方法才能为我们带来执行力，能让我们创造全民的财富。

最后我也谈到，值此经济不景气的时刻，不但应该重新调整经济政策，更要留住台商，别让台商感叹台湾设厂空间小，而让资金外流；另一方面人民也要共体时艰，懂得开源节流，共同度过经济的低谷。只是比较令人忧心的是，如前所说，各地的经济纵然互有衰荣，就像潮水一般，具有周期性，不足为虑。反而大家所应该关心的是，由于经济全球化，影响所及，一些小型企业渐为大集团所垄断，一旦这些大的财团经营不善，造成骨牌效应，受害的何止千千万万人。所以，世界各国对于大集团应该要有所约束制衡，对于小企业则要加以辅助，让大小共存，如此才能让财富像活水一样流通，继而创造一个均富的社会。

金融危机的省思和出路

——大变局下找寻中国精神

主讲人：钟茂森博士

讲于北京友成文化论坛（友成企业扶贫基金会主办）

时间：2009年9月19日

地点：北京香港马会会馆

尊敬的王理事长、尊敬的各位领导、各位企业界、文化界的朋友们：

大家下午好！

非常感谢友成基金会和香港隆慈基金会邀请，能够在京城跟各位一起学习交流，这令末学感到无比荣幸。

今天，王理事长给末学的讲题是《金融危机的省思与出路——经济大变局下找寻中国精神》。

钟茂森博士，1999年（26岁）获美国金融博士学位，先后在美国德州大学及肯萨斯州州立大学商学院任教四年，获美国特批的“杰出教授与科研人才”绿卡。2003年起历任澳洲昆士兰大学商学院副教授及博士生导师，中山大学岭南学院、台湾成功大学兼职教授，美国加州州立大学研究员。

钟博士学习东方文化和智慧多年，深有心得。近年来，钟博士更是践行“学而时习之”的圣训，为全力弘扬中华传统文化，辞去厦门大学金融主席教授薪职，以全球巡回演讲及录制儒释道经典讲座挂网等形式从事传统文化教育。

这个讲题涉及金融和文化。末学原来在学术界是从事金融的研究，之后就专门从事文化这方面的学习，这个讲题对我个人也是一个很好的归纳和总结，把这段时间的学习心得跟大家作一次汇报。我今天首先从金融说起，然后回到文化上来。

首先谈谈这次金融危机的起因，相信在座的很多都是企业界、金融界的朋友，您对金融危机可能了解的比我更多，我们略略从这里做一个引言。

一、省思金融危机的根源

——次贷危机背后的道德危机

2007 年初，经济危机首先在美国显露出来，当时面对着华尔街 170 亿美元逼债，美国第二大次级抵押贷款公司：新世纪金融公司宣布破产，裁员 54%，这就拉开了金融危机的序幕，成为了 1929 年以来全世界（可以说是）最严重的一次危机。

它直接的现象是美国的房价大跌，房地产市场价格泡沫破裂，引发了整个建筑业的萎缩，乃至整个经济的衰退。真正发展成全球的危机是 2008 年 9 月份，美国大型的金融公司雷曼兄弟公司倒闭，这就标志着危机发展成全球的金融危机，扩展的层面涉及全世界所有的新兴市场国家，其实中国也受到了严重的影响。我们今天要讨论一下金融危机是怎么引起的。如果你翻开一些金融经济学的杂志，你可能会看到下面的一些解说——首先这个解说基本上是从经济的角度来进行分析的：美国金融危机是怎么引起的？这主要是一场次贷危机，就是次级贷款危机。美国的房地产市场非常发达，老百姓买房子绝大多数靠按揭，我们现在中国也基本上都朝这个方向发展了。按揭很简单：老百姓向商业银行去贷款，用他们的房屋作为抵押，就拿到钱了。然后每个月去供房，商业银行要提供大笔的资金，资金的来源是什么？当然除了存款以外，还需要其他资本，往往他要发行债券。

于是，美国有一些投资银行专门购买这些商业银行的债券，把这些资金提供给商业银行作为房屋抵押贷款。还有一些美国的所谓政府事业单位，像房地美、房利美，是很重要的购买房屋抵押贷款债券的单位。金融体系看起来非常正常。

这些投资银行他们的资金从哪儿来的？他们也要靠债券或者是股票进行融资。他们往往发行这些债券给老百姓，就是说把从商业银行那里买来的债券重新进行打包，重新发行新的债券，当然是以自己的名誉作为担保，然后又卖给了老百姓。把这个债券卖出去的同时把风险也就转移出去了，这个活动也是很正常的。这些投资银行为了保证债券低风险，他们甚至往往会请一些保险公司做保。所以，债券本身有投资银行的信誉担保和保险公司的双重担保，本来风险是极低的，老百姓都放心购买。

问题来了：假如美国的利率非常低，那么商业银行他们都很想从利益差价里面赚取他们的利润，所以他们的目标是尽量的做房屋抵押贷款。有一些老百姓的信誉比较差，他们的收入比较低，他们的风险比较大，本来是不能够贷到款的，但是往往这个时候商业银行为了增加利润，就还是把贷款贷给信誉程度比较低的这些贷款人。

如果利率一直保持很低，比如说从2002年一直到2004年这段时间，美国的利率是极低极低的，好像是没有什么太大的风险。可是，当美国政府调高利率之后，像2004年美国就开始调高利率了，随着利率的增加，贷款的利率也要增加，所以这个时候很多的原来靠低利率才能贷到款的人，现在要支付高利率了，他们的这些贷款就还不起本息了，这就会造成一连串的连锁的反应。因为房屋是抵押的，当他们还不起钱的时候房屋就给收回去了。地产市场就会有严重的供大于求的现象，所以价格就会低。房地产本身就存在着价格的泡沫，经这么一折腾，泡沫就破裂了，一破裂之后就会引出整个股市、整个金融市场乃至实体经济里面的大的萎缩。在这当中很多投资银行他们发行的债券来融资的时候，本来他们所贷款出去的风险是比较高的，但是他们可能做了一些手脚，就把那些风险高和风险低的债券混在一起，然后以他们自己的信誉做保，发行一些看起来比较好的债券，实际上债券里面是有水分的。

问题出现的时候债券也就没有办法支付本息了，而保险公司在担保的时候也因为图利润，所以对于债券的风险也没有进行严格的评估，所以在一连串有点类似于欺诈行为的现象里面，就导致了整个金融市场在利率升高的时候出现了金融危机。一般我们从杂志里面看到的金融危机可能就是次贷危机，就是因为有次级的贷款，就是所谓有问题的贷款，引发了金融危机。

我们今天所要探讨的是更深层次的原因，这不仅是表面的次贷危机，还有更深层的因素。

温家宝总理 2009 年 2 月 2 日在英国剑桥大学的演讲中谈到：

“道德缺失是导致这次金融危机的深层次原因。一些人见利忘义，损害公众利益，丧失了道德底线。”温总理一语道破了金融危机的根本原因。实际上我们刚才讲到的这种金融市场的借贷关系本身是一种正常的交易活动，光从制度本身来看，好像没有什么不正常。可是，操作制度的这些人见利忘义，不应该贷的款贷出去了，为了贪图高利润，不应该转移的风险又转移出去了，想用最低的风险获取最大利润的同时，他们道德的底线就破坏了，所以才会导致这样的危机。如果用两个字来解释金融危机深层次的原因，那就是“缺德”——道德底线崩溃了。

在来北京之前王理事长建议我看一本书（《金融的逻辑》），是一位美国著名大学的华裔教授写的，他的结论——发展金融是中国的唯一出路。当然作为一个金融教授这么提出来是可以理解的，我原来也是学金融的，如果是从前，当我看到这句话，会觉得挺引以自豪的，将来我们的工作就可以得到保证了。

但是，在这里我要对大家讲一下：在一个缺乏道德根基的社会里面，发展金融转嫁风险的系统越发达，金融危机就越有可能发生。正如本次在美国发展起来的危机一样。美国金融市场是全世界最发达的，可是危机却从里头滋生出来了。为什么？就是正如温总理所说的，缺乏了道德的底线。

所以，我们不是说要批判这些金融制度，制度本身没有好坏，但是，运作这种制度的人是关键。所以，中国真正根本的出路在于推进人的道德教育。我们从五个方面来分析。

儒家讲："仁、义、礼、智、信"称为五常。《左传》里面讲：人弃常则妖兴。人把五常给抛弃掉了，仁、义、礼、智、信没有了，妖魔鬼怪就出来了，危机就是一个妖魔鬼怪。那我们从这五个方面结合现在的经济跟大家作一个分析。

首先，金融危机深层次原因有五个，这基本上是诠释温总理的话。

第一是贪婪，贪婪是无仁。

第二是欺诈，欺诈是无义。

第三是骄奢，骄奢是无礼。

第四是盲从，就是无智。

第五是缺乏信用，这是无信。

没有仁、义、礼、智、信的时候，危机就会产生。

（一）贪婪——"仁"的缺失

首先谈第一个，贪婪。当然很多人说贪婪是人的本性，假如说没有贪婪经济就不能发展了，好像贪婪是经济发展的动力，必须要有贪婪才能推进经济的发展，实际上这种观点是很误导人的。

我先从传统文化来谈起，最基础的一个焦点，儒家的《弟子规》，做人的根本，小孩从小就要念的，"泛爱众"这章讲到："凡取与，贵分晓，与宜多，取宜少。"你该拿的才拿，不该拿的君莫取，而且该拿的也得少拿点，留有余地，不要拿尽了，给人的要多一点。《论语》里面有一句话是："子曰：君子欲而不贪。"这个"欲"就是说君子的希求。希求什么？欲仁，仁是我们所希求的。"欲仁而得仁，又焉贪？"我们所追求的是"仁"，又怎么会贪婪？如果贪婪，也就没有仁了。

我们结合金融体系一个基本的现象，上市公司的管理模式谈起。这里并不是批判这个模式本身，因为过去教金融，往往在硕士班第一堂课，就教上市公司的管理模式，有三种：一种是叫做独资的，一种是合作伙伴的，一种就是有限公司的。上市公司都是有限责任公司，什么叫有限责任？也就是说这个公司的拥有者，也就是股东，他们开公司的时候注入的资本就是他们全部的付出了。假如公司万一拖欠债务倒闭了，这些股东们所承担的债务也就是他们所付出的资本，你公司剩多少就还多少，跟股东本人无关了，这叫有限责任，而不叫无限责任。

不像中国传统观念里面讲的父债子还，你老爸欠的债儿子也得还，那是无限责任，但是有限公司不是这样的。这会导致一个什么现象？假如人缺乏了道德教育，他贪婪而没有懂得节制的时候，就会出现以下的现象：股东因为随时可以把股权转移出去——卖股票很简单，最容易转嫁自己的拥有权，贪婪心会导致他们有急功近利的思想，他们要求自己拥有股票的这段时间内，公司的管理层给他们付出最高额的回报，一种短期投资的心理。那么管理层本身，CEO 也是很希望得到在自己管理期内最大的报酬，所以他们跟股东的目的是一样的。因此，他们会往那些高风险，高收益的项目上投资。高收益当然是很好了，高风险本来是不好的，可是你要知道有限责任就使得风险承担有限了，反正我注入这么多钱，最多是亏掉了。我如果能够在短期内得到高额的利润，我就可以铤而走险，甚至会有欺诈产生。这个欺诈有隐性的也有显性的。显性的欺诈就是：偷税漏税，假报账目，金融丑闻那是显性欺诈。隐性欺诈是什么？风险太高的项目本来是不能投资的，但是为了高收益铤而走险，还是去投资。怎么投资？比如说靠借债，借债投资要是亏了怎么办？亏了可以跟债权人平分，分摊。也就是说股东本身他们投资多少，比如说我投资 1000 万，我最多亏 1000 万，但是我可能在项目当中得到 2000 万。风险可以跟债权人平分，赢了是我赢，亏了咱俩分，而且我是有限责任，这就是欺诈。

我举一个最直接的例子：今年年初 3 月份，在经济危机当中，美国政府出面救市，其中要救一个大的公司就是美国国际集团 AIG。美国政府提供了1700 亿美元。当时 AIG 公司本来接受了这样的救济，当然首先要解决公司的问题。可是没有想到公司的高管们竟要求支付給他们 2008 年的奖金 1.65 亿美元！要知道这个钱是纳税人的钱，血汗钱，为了救市，为了帮助你这个公司，可是这些高管们不但没有感恩的心理，而且竟然先想到自己口袋平安。所以美国总统奥巴马痛斥这种行为，叫“鲁莽且贪婪”。

《弟子规》讲了：“凡取与，贵分晓。与宜多，取宜少”——该拿的你才能拿，在这个时候，你还忍心拿这个钱中饱私囊吗？怨恨就产生了。你要是重财轻义，问题就自然会产生了。可见得这些公司高管们的道德的底线，我们可以想象在哪里。

另外一个案例中，去年美国第四大投资银行雷曼兄弟控股公司亏损 20 亿美金，我们知道现在它倒闭了，但是在当时是可以不倒闭的，因为英国巴克莱银行要收购雷曼兄弟。收购以后当然会对这个公司有很大的帮助，但是要知道收购以后，往往原公司的管理阶层都会被解雇掉的，取而代之的是新公司的管理阶层。这个公司的管理人员没有想到要救公司，而是先想到自己：趁机在收购当中自己捞一把。美国有一个所谓“金色降落伞”的公司法条款，就是保证在收购当中原公司的管理阶层不要受到很大的经济亏损，所以这是对他们的一种经济保证。有八名雷曼兄弟的高管，就要求英国巴克莱银行支付给他们 25 亿美元的红利，来给他们以经济的回报。当然这是不可能做到的事情，“我用 17 亿美元收购你们公司，怎么可能给你们八个人 25 亿美元的红利？”你看这贪婪心多么严重。所以，最后的结果当然就是雷曼兄弟破产了。这一破产对于整个金融体系的震撼就使得美国金融危机扩展到全世界了。

所以我们从这个现象当中得出结论，有限责任、短期化的薪酬方式，能够将人性贪婪放大到极致。假如人不能够自控的话，往往在这种金融体系里面可能造孽更深。这是讲贪婪。

（二）欺诈——“义”的缺失

第二个金融危机深层次的原因是欺诈，欺诈是无义，义就是应该做的，不应该做的是欺诈。《论语》里面有一句讲“子曰：君子喻于义，小人喻于利。”君子只讲道义，不谈名利，小人才在这个利益上面斤斤计较，在计较利益的同时也就忘记了道义。那我们想想，假如我们国家里面的金融市场像美国这种发达的金融市场里面是小人当令，由这种只喻于利，而不喻于义的人来掌控，就难免会出现欺诈。

最典型的一个例子：这是早在2001年的时候，我讲课里常常用这个例子，我觉得太典型了。曾经是美国财富杂志列为500强里面第七名的安然公司的金融丑闻，震惊世界。这个丑闻是因为公司的高管们做财务假账，欺骗投资者。所以使得这个公司的股票从历史最高点90美元一股一直跌到了不到1美元一股，最后的结果是公司破产了，数十亿美元付之东流，近万名美国的员工失去了他们的工作和保险金、退休金，很多人因此而轻生，震撼了整个美国股市，这是当时一个非常大的事件。

美国法院起诉公司的几位高管，起诉书长达65页，涉及了53项指控，包括骗贷、财务造假、证券欺诈、电邮诈欺、策划与参与洗钱，内部违规交易等等。其中三个最主要的罪魁祸首，他们的结果怎么样？这个公司的创始人，前CEO肯尼斯·莱，他将被判决监禁45年，当然他已经很老了，是没有这个命去坐这个牢了，得到这个信息之后，他就心脏病突发去世了，这45年我们想他来世还得补的。

另外一位前CEO杰夫·斯基林，被指控28项罪名，将面临着275年的有期徒刑，这几辈子都还不完的。那么副董事长约翰·巴克斯特在汽车里面自杀，拿着手枪向自己太阳穴开枪了，自杀身亡了。你看看，这是小人的结局。

要知道，见利忘义的人掌控了公司，掌控了市场，对整体的经济社会没有好处，他们自己也不会有什么好的下场的。道家的《太上感应篇》说得很好："取非义之财者，譬如漏脯救饥，鸩酒止渴，非不暂饱，死亦及之。""漏脯"就是把肉放在屋檐底下，雨水滴下来，泡着这个肉，这个肉就会变得很毒的，吃了它马上就死。鸩酒那是毒酒，饿了吃这种漏脯，渴了喝这种毒酒来止渴，那就还没有得到饱，死就来了。看到安然公司三位高管正应了这句话。

所以在这里我要再次重申：金融制度本身没有好坏，好坏在于谁来运作这个制度。如果是君子运作这个制度，那么这个制度越发达，对于社会是越有帮助；假如是小人在运作这个制度，那这个制度越发达，越可能被他们利用。

刚才提到这位美国著名大学的学者在书里面提出这样的观点：他说儒家的孝悌仁义的思想是抑制经济发展的，而金融市场的发展最终能打倒孔家店，成为推动未来中国的唯一出路。这是他的观点，十分的震撼。这个观点是以金融市场发展为本，跟中国提出的"以人为本"是相悖的。

我刚才举的例子，提出的观点是什么？金融市场发展本身没有什么好坏，当然你发展很好，不发展也不能说太差。因为什么？国家的稳定和繁荣，关键取决于人，要以人为本。有了好的人，大家都是君子，就有好的制度。那什么是好人？那是有德的人就是好人，所以国以人为本，而人以德为本。道德的危机才是真正的危机，金融本身不是什么危机。

（三）骄奢——"礼"的缺失

第三方面，跟大家谈一下奢侈。刚才讲了无仁，无义，现在讲无礼了。这个礼是讲礼节，待人以礼，待自己也要有节制，奢侈本身就不符合礼的。

我们现在的金融经济学术界，其实很多都是"海归派"，包括我本人在内，原来都是在美国留学的，都是学这行的，多多少少会鼓吹美国的这种所谓的刺激消费，刺激经济这样的一个理论。我们来看看美国这一段时间来，从 2001 年到现在将近十年当中，当然美国一直都是以刺激消费带动经济成长的，这个理念是他们的经济策略，哪怕是国家的利率非常低了，他们都把这个利率一降再降，甚至有很多时间利率都差不多是0%了，还是要刺激消费，刺激投资。因为消费就带动需求，需求带动投资，带动经济增长。

美联储从2001年到2004年当中，联邦基金利率从6.5%降到1%，降到不能再低的程度。一年的可调息按揭贷款利率就是房地产市场里的利率，从2001年底的7%下降到2003年的3.8%，你用3.8%的利率就能够拿到贷款，就能买房子，这是刺激了很多房屋购买的需求，所以房价也跟着攀升了；但是攀升的同时价格的泡沫也就产生。

如果利率一直这么低，当然没有问题，可是从2004年6月到2006年8月当中，美联储开始调高利率。这个利息一升，就提高了购房借贷的成本了，这对房地产是一个很大的打击。本身价格就有泡沫，加上需求一拉紧，结果就导致房价下跌，按揭违约的风险大大增加。我前面说到了这里面有很多的水分，很多的不应该贷的款，贷出去了，风险是很大的；当利率升高的时候，这些问题就会变得非常的明显，最终就导致了次贷危机的爆发，所以这种刺激消费的货币政策，其实是本次金融危机的一个前因。

我们看看美国的消费，还要刺激吗？我跟大家要说明的是美国的消费已经过分了：美国人口只占世界的4.5%，可是他们的消费却占整个世界的三分之一，33.3%的物资资源被他们消费掉了。在消费的同时当然会有很多的负面影响，比如说对环境的污染，这是其中一个重要的影响：按照人均温室气体排放量来计算，美国仍是全球第一大的污染源——不是中国，是美国。

在美国由于过分的消费，大约27%的可消费食品被大量地浪费掉了，也就是说很多美国人，比如说买了牛奶放在冰箱里忘了，一直留到过期只好倒掉，这些本来可以不用浪费的东西占了27%。每个美国人平均每一天都浪费掉一磅食品，大约每年扔掉4375万吨的食品，这是一个天文数字。这些食品本身释放出温室气体甲烷，对环境也是严重的污染。在美国过分消费甚至是浪费的同时，根据世界银行和国际货币基金组织联合发布的报告里面我们看到，世界长期饥饿人口的人数今年已经超过十亿了，真如古人所说的，"朱门酒肉臭，路有冻死骨。"

那美国的消费靠什么来刺激的？更为滑稽的是这个消费是用未来的钱来消费的，叫超前消费，也叫借贷消费。美国人没有钱怎么办？借钱消费。大家很多人都去过美国，都知道，买房、买车、买电器、买很多的家具、几乎所有的家居用品都是可以用借贷的，甚至就是买食品，基本上都是用信用卡，也是借贷消费。借贷消费不是用今天自己的钱，是用将来的钱。不仅是美国老百姓，政府也是靠借贷消费，当然上行而下效，美国百姓学政府，美国联邦政府累计的债务已经高达65.5万亿美元了，这不仅超过美国GDP（国民生产总值）的4倍还多，而且也超过了整个世界的GDP。换句话说，假如全体美国人，三亿人口都不吃不喝勒紧腰带，要还联邦政府的债务，要还四年才能还清。

那么美国老百姓的家庭债务目前已经超过了30万亿美元，人均10万美元。换句话说，假如你在美国的收入是10万美元一年，这是很高的收入，我过去在美国做教授，还没有达到年薪10万，也就是说一个至少中上水平的人不吃不喝一年才能还清人均的债务。美国按照他们的人均收入来讲，要还这个债，至少要还两年。所以消费靠什么刺激？借贷。

我们做一个中美的比较：现在中国的居民消费率（所谓消费率就是消费额跟收入额的比率），总消费对国民生产总值的比率1991年是48.8%，到2007年是35.4%，是下降的趋势。如果是按照那位美国教授的观点来看，这不是好现象，他觉得这个消费应该继续地促进和增长。美国的居民消费率是70%左右，换句话说他们已经是我们的两倍左右。

我国的1986年到2004年当中，GDP的平均成长是15.74%，这是很高的一个成长率。那么居民消费增长是低于收入成长的，只有14.48%；也就是说你所收入的增长速度比你所消费的增长速度要高，这很好，这样积攒就多了。可是美国正好相反，居民消费率年年都高于GDP的成长，换句话说这就是超前消费，赚的钱还不够花的钱多。

我们来看一下这种现象，是美国的好？还是中国的好？刚才所提到的那个学者认为西方的工业革命100年之后的今天，生产已经不再是经济成长的瓶颈了，为什么？基本上现在你要什么就能生产什么，而经济成长的瓶颈在于消费的需求，你生产出来没有人买，这是瓶颈。所以，应该用促进消费的手段来刺激经济的成长。美国就是用这种哲学，所以中国也应该效仿美国，也应该继续的促进消费增长，因为他说现在还有很大空间，因为收入成长率还是高于消费成长率，赚的钱还是比花的钱多，所以你必须多花一点。收入成长相对缓慢，GDP 成长了不起两位数，可是你的消费成长你可以爱花多少花多少，你可以无限的。怎么样来花？借钱来花。所以他鼓励借贷市场的发展，多借钱。

这个哲学，用一个简单的比喻来讲，就好像一个人饿了，他要不断地煮饭吃，吃的很饱了，都吃撑了，还得吃，把饭都吃掉。就是这样的，这种哲学是有很大的副作用的。

四书之一的《大学》中讲到："生财有大道，生之者众，食之者寡，为之者疾，用之者舒，则财恒足矣。"这是我们老祖宗的经济发展哲学："生财有大道。"为什么中国经济持续这么多年高速度成长，令所有世界的经济学者们叹为观止？其实这个哲理很简单："生之者众，食之者寡"——就是生产的商品多，收入增长速度快，比你消费的要多。你生产的多，消费的少，这样经济成长速度就快，但是消费成长相对缓慢；"为之者疾"，就是你生产要快；"用之者舒"，就是消费要慢，结果就是"财恒足矣"。这就是解释了我们中国为什么持续这么多年经济高速成长的根本原理。

那位学者他认为借贷消费可以将未来较多的收入平摊到今天，来补充今天收入的不足，这是他最重要的一个观点。为什么要靠借贷消费？我们在座很多年轻的朋友，现在你的收入在你的一生中可能是最少的，随着你的成长，你的收入越来越多，到了你中晚年的时候你收入是最多的时候。但是问题是你现在是最需要消费的，现在你得买房，你得结婚，你得消费很多东西，与其说把这个消费推到晚年才去消费，你得一直工作到晚年才能买房子，不如你现在就借钱、供楼、按揭，就可以买到房子了，就可以消费了，这是把未来的收入挪到今天来用。然后，你就可以平摊你这一生的收入，这是一个经济学家提出的理论。他认为这种理论应该适合于中国，所以应该鼓励我们现在的年轻人多消费、多借贷，发展借贷市场。这个理论当然听起来是非常好的，我也不是说在这里反对借贷市场的发展，但是我要指出一点：这个理论的前提是什么？假如没有意外，你的收入没有意外的时候，假如你现在的年薪是一年10万，随着你年龄的增成长，你的经验的累积，经济很稳定，社会没有问题；没有战争，没有海啸，没有自然灾害，没有病毒感染，等等等等，你的收入一直都在增加，没有任何意外的话，纯粹是经济现象，当然这是没有问题的。

可是，万一有了意外怎么办？要知道假如我们借钱借了很多，突然没有了工作，可能很多人首先考虑的就是跳楼。所以根据世界媒体的报道，每次金融危机引发自杀潮，为什么自杀？前途渺茫！没了工作，又债务缠身，只有一死了之。美国有一个自杀协会，承认失业率与自杀率之间存在着明显的关系，换句话说发展借贷市场，鼓励借贷消费会有一种很可怕的危机在里面。

所以到底消费到什么程度为好？我个人认为不应该超过你的收入的增长。借贷市场是需要发展，但是也要有一定的限制，而最重要的不是在探讨用什么样的制度最好，在这里要提出：最重要的是对人自身道德修养的建设。由这个人来驾驭这个制度，一切都是一帆风顺的。

（四）盲从——“智”的缺失

第四个是无智。很多市场的参与者是盲从的行为。我们先来讲讲股票和债券，这两样东西怎么发展起来的。实际上在17世纪到18世纪，欧洲很多国家，英、法、荷兰、西班牙等等，他们到处打仗，打东边，打西边：东边打到了印度、中国，西边打到了南美、北美、非洲，那么这大笔的军费开支怎么来支持的？政府就发行债券，就靠借钱，所以金融市场就由此开始发展起来了。到最后，政府已经没有足够的现金还借贷的本息的时候，怎么办？又想出了一个办法：发行股票。股票是不用还本的，你买了这个股票，一直持有下去，你的利润来源于股息的收入和来源于股票的差价——你买低卖高就赚了。那么这些股息的现金流从哪儿来的？这些政府就向股民们承诺："我们现在东印度公司打印度去了，去搜刮那边的民脂民膏，把我们的战利品拿回来跟你们分享。"所以就能打出一个白条给大家：到时候一定有你的好处，很多人就跟着买了。第一批股民买了，得到了很多的战利品，股息，价格升高了，很欢喜。第二批股民又进来了，价格又升了，有赚的。等第三批股民又进来的时候，突然价格泡沫破裂了，股票的市场危机就产生了。

我们来简单地介绍一下股票价值是怎么决定的：基本上决定价值有两个因素，第一个是预期现金流量，对股票来讲就是股息。第二个是预期回报率。就是你预期股票能升10%，你花一块钱买的，将来会多一毛钱，一毛钱就是升值的部分，是你的回报。假如你有一百块钱现在用于投资，你可以有两种方法：一种方法放到银行里面，作为定期存款存一年，银行给你5%的利息，你到一年之后能拿回105块钱，其中5块钱是利息。另一种方式可以买股票，购买一家企业的股票。这个企业当然它的风险比定期存款要高，所以他预期回报率也要高，要高10%。你被承诺一年之后你会有10块钱的回报，一年之后卖了股票你能拿回110块钱，这是预期收入。当然预期是有风险的。

那么现在反过来讲，假如你一年预期可得110块钱的现金，你拿回来，而预期回报率是10%的时候，那么这张股票今天的价值应该有多少？你这么一反过来算应该是100块钱。所以，股票价格假如高过一百块钱，你就不会买了，你买了就亏了。那假如说低于100块钱，你肯定会买，因为你买了以后你预期会赚。所以，如果市场是健康正常的，那么用一个现值公式，比如说你预期获得110块钱，回报率是10%，110除上（1+10%），等于100，可以决定今天的股票价格应该是100块钱，再看看股票市场上是不是100块钱，高了就不买，低了就买。就是说假如市场是健康、正常有效率的，那么用这个现值公式算出来的100块钱是股票的价值，应该等于现在市场上交易的实际价格，也是100块钱。假如不等了，你就有买卖的行为了，高于100你卖吧，低于100就买吧。买卖的行为一定会迫使价格等于价值，所以股市就变成了一种平衡。

那不仅价值和价格应该相等，而且他们的波动性应该相等，就是他们的起伏变化应该相同。我过去就是专门做这方面的研究，曾经用美国138年的数据，从1871年开始到2003年为止，最近我又把它延伸到2008年了，用美国标准普尔（standard&poor)指数来作为研究，价值跟它的价格之间做一个对比：红线是价格，黄线是我用公式算出来的价值。那么刚才我讲了，假如市场是健康、正常的时候，价值和价格应该完全是相同的，可是我们看到两个是截然不同的，差别很大，实际价格的波动性远大于价值的波动性。

耶鲁大学有一个美国教授(robertshiller)，他写了一篇文章，讲到美国的股票市场波动性太大了，原因是市场参与者是没有理性的，也就是盲从的。所以才导致价格无谓的波动。要知道价格取决于投资者的信心。假如投资者对企业很有信心，对它的前景很有盼望，他想买，价格就升。假如他对前景已经非常失望，没有信心了，价格就降了。那么这个信心其实是非理性的，而且这种非理性正在膨胀，就是越来越非理性，越来越愚痴，越来越不能够控制自己的行为。这才会导致价格波动这么大，导致价格的泡沫。

那危机怎么产生的？当投资者信心在短期内非理性到崩溃了，这就导致价格泡沫的破裂。我们在这儿听得很清楚，很明白，怎么这些投资者这么笨？该买的时候不买，该卖的时候不卖，盲目跟从，实际上这种非理性的行为自从股市产生以来就有。

在欧洲，第一次股市崩盘是在1717年，当时是清朝康熙年间，康熙56年。那么梁启超先生当时就对股市危机已经分析过了，他把这个泡沫的破裂称为“气泡”，跟我们现在讲的泡沫是一个意思。在第一次欧洲崩盘的时候，大家知道牛顿，大物理学家，他也买了股票。本来牛顿是很聪明的，很有智慧的人，可是他也被套牢了，就是牛顿也在盲从，他写给他的一个委托代买股票者的信还存在大英图书馆里头。梁启超当时评论这件事情说，应该把这封信“藏之于国家大书楼，视为鸿宝，以为商务中人戒”，让我们吸取教训。

1929年美国也是股市大跌，这是大萧条。当时，最著名的一位经济学家凯恩斯他也遭到了严重的损失，接近于破产。换句话说，分析股票的起落和你的判断的正确与否，真的是需要智慧的，不是说你有很多的知识就能够解决的。如果说知识，那牛顿、凯恩斯他们当然都是大知识家了，可是他们为什么也被套牢、也接近破产？也就是说他们所拥有的“知识”不是我们中国老祖宗所说的真正的“智慧”。为什么？中国老祖宗有句话叫“利令智昏”，一个人在追求利益的时候就昏了，要把利益看淡，甚至置之度外的时候，你才能够有“智慧””。当然你会说，那有智慧的人也就不会买股票了，他要买股票肯定是为了利益，这个当然是一个很好的结论。我不敢说我自己是位智者——我要感谢我母亲：我虽然学金融，但是我母亲不让我从事金融投资，不让我买股票，不让我干这个行业，让我好好待在大学里教书。我研究股市，不敢下海，为什么？就怕犯了牛顿和凯恩斯的错误。

在1872年，那是清朝同治十一年九月二日，当时其实中国已经有股市了，中国股市的经验绝不会比欧洲少多少，而且你看中国第一次股市崩盘远早于1929年美国的股市崩盘。所以不要小看咱们中国人，中国的金融市场早已发展了。

当时上海《申报》有一个评论说：“今华人之购股票者，则不问该公司之美恶，即可以获利与否，但有一公司新创，纠集股份，则无论如何，竞往附股。”

这是原话，文言文写的。大概意思就是说当时的人购买股票不管那个公司好坏，也不做基本分析，不看有没有利润，只要一发行股票就蜂拥而上。你看1872年上海《申报》的这段评论，用它来评论我们现在金融危机产生的原因，其实真的是非常正确。你看一百多年间，竟然人们还在重复地犯同样的错误——这是无智。

（五）无信——“信”的缺失

第五个，无信。这次金融危机的产生，刚才讲到了，是美国商业银行为了拓展按揭贷款业务，把门槛大幅度地降低，对信用记录较差的贷款人发放了房屋按揭贷款。为了什么？为了图利润。而且又把这些贷款重新打包，发行债券放出去，把风险又转移到了老百姓身上。这对商业银行和投资银行来讲是好事，可以拿到利润，又不用承担风险。虽然说表面上不承担风险，但是在整个整体经济来讲风险加大了。当时美国次级按揭贷款（有问题的贷款叫次级贷款），占总贷款的比率从 1999 年的 5%～15%，猛增到 2003 年以后的 25%～35%，拉动了整个房地产，价格泡沫产生了。

那么这些金融机构、投资银行等等就利用房贷证券化，把贷款贷出去了，然后重新打包，发行证券，转移风险到投资者身上。而且为了多推销这种有问题的债券，他们不断地产生造假行为。比如说债券本身要经过评估，美国有好几个大的评估公司，专门评估债券信用程度的，如果你这个公司的债券是三个 A 的，发行就很容易，价格也很好，如果是个 C 的，那就差，那属于垃圾债券。评估公司为了利益，降低他们信用评估的程度，使这些有问题的债券很顺利地就推销出去了。所以，无事则已，有事情了这个风险就转成了危机。这是一种无信。

连最大的信用评估公司都不讲求信用了，这个就很危险了。论语上讲：“子曰：人而无信，不知其可也。”一个人不讲究信用，他就不能立足于社会，全社会的人不讲求信用了，危机就到来了。

好，那么刚才给大家做了一个简单的介绍，稍微做一个小结：本次金融危机的原因不是表面的次贷危机，实际上正如温总理所说的，那是道德的危机，是缺乏仁、义、礼、智、信的危机。

知道根本原因了，我们怎么找出路？

二、探明金融危机的出路——重建道德回归本源

本次金融危机——实际上每一次危机的根本原因，都是道德原因。我们刚才用儒家的五常——仁、义、礼、智、信，来分析危机发生的原因，这五条要是没有了，危机就会产生了。所以危机不在于制度，而在于人。

这个原因明白了之后，我们今天来探讨出路就很明显了，出路在哪儿？恢复道德，恢复仁、义、礼、智、信。要修德。缺德就得修德，所以金融危机以后人们的价值观急需要回归。

仁、义、礼、智、信是我们每个人本有的德性："人之初、性本善"，每一个人本来就是仁、义、礼、智、信。现在就是因为物欲，追求利益，追求欲望，把这本有的道德给亏失掉了，现在我们要回归。这不是外来，不是从外面抓回来；它没有真正地失去，我们只是需要回头。

我也是一条条跟大家分析，先讲"仁"——归仁。

（一）归仁——仁者以财发身

四书《大学》讲："仁者以财发身，不仁者以身发财。"

什么意思？一个人如果是仁者，他要有仁爱的心灵，仁者爱人，他要有爱心。考虑到自己就考虑到别人，这是仁者；他用他的财富使得他的道德能够提升，用于修身。

我这里看到友成基金会的介绍，最后结束语引用了李嘉诚先生在2006年获得央视中国经济年度特别荣誉奖时的一段话。他说：

"有财富的人有很多选择，而有能力选择作出贡献是一种福分。作为企业家，我们不但要在竞争压力之中脱颖而出，更要懂得怎样活出人文、公益和慈善的角色，那样我们的一生肯定不会白过。"

我想这段话就是最好对“以财发身”的诠释。

不仁者只为自己的私利，忘记了道义。他用自身的道德的亏欠作为代价发财。要知道靠损人利已能发财吗？不见得。古人有一句话说得好：“命里有时终须有，命里无时莫强求。”这个人如果算了命，他八字里面带多少财，实际上都是因为过去布施而来。如果我们靠不正当的手段去发这个财，能发的财命中本有了，额外的财你能得到吗？不能，反而败身了。这是以身发财，这就是冤枉做了小人了。“君子乐得为君子，小人冤枉做小人。”

我认识一位企业家集团的当家人，这是一个家族集团，赖福金集团：一个母亲带着几个儿女，是个家族企业。我跟这位老母亲很熟，我们都尊称她为赖妈妈，但是她本姓钟，跟我是本家。这个集团在马来西亚做棕榈生意，做得非常大。他们也很有爱心，常常做慈善，在马来西亚沙巴这个地方建了一个“福群医院”，一个五星级的慈善医院。

在2008年医院启动典礼上集团的董事总经理赖蔼芳女士致辞中谈到：为什么要建这个医院？她说了几点。第一个是她的先父生前曾经许愿要建一个医院救人，现在是子养亲志，实现他父亲这个愿望；也用这样一个行动来感恩母亲多年的养育之恩。他们这个医院以他父亲和母亲名字当中各取一个字：父亲名字有一个“福”字，母亲名字有个“群”字，把“福”和“群”合在一起叫“福群”医院。意思也很好：造福人群，也纪念自己的父母，这是孝道。孝，仁之本也。

在致辞中，她还讲了“有舍才有得”，中国的文字“舍得”很有意思，你舍了才得，你布施越多得到越多。万般将不去，唯有业随身。现在有钱为什么不好好做点好事？真正做一个君子，做一个仁人，以财发身。

她致辞里面有一段话特别感人，我原文给大家分享。她说：

“人生永远都是来也空空，去也空空。当我们去的那一刻，任谁也带不走一分一毫！有钱而不舍得用，与穷人没两样，花在自己身上是享福，福尽悲来！但是若能取之社会而又能回馈社会，彼此感恩，又能行善，让这无常、宝贵的生命价值重如泰山而不枉此生，自己修福积德而又造福人群，一举两得，我们又何乐而不为？”

这使我们想起宋朝的范仲淹先生（范文正公），他可以说是当时宋朝举国上下最尊敬的人物。坐了这么高的位子，但是自己的生活都非常地清俭，全心全意为人民服务。

范文正公曾经买了一个住宅，是苏州南园这个地方。当时有一个风水先生看了这个地，他说这个地方不得了，将来会出现很多人才，你的家族会很兴旺。范先生一听这个话立即就把住宅用地捐出来建了一个学校，为国家培养人才：既然出人才，为国家培养人才多好。有舍有得：结果他自己四个儿子都做到了高官，有儿子做到宰相，有做到公卿、侍郎，个个都是有德有才；而且范家阴德德荫子孙，到了800年以后范家还是举世敬仰，800年不衰。

范公出将入相几十年，所得的俸禄全都做布施救济之用，家里非常节俭，只能穿布衣。他去世的时候连丧葬费都没有，全给布施掉了。

孟子里面有一句话说“为富不仁，为仁不富”。假如我们只想自己富，自己去争利，这个人一定是不仁。为仁者，像范公不想自己富，而是先天下之忧而忧，后天下之乐而乐：虽然物质生活上不富，但是他的精神生活富有，不是常人所能及。

明朝有一位进士袁了凡给自己儿子写了一篇家书叫《了凡四训》，里面就讲到“舍财作福”。原话是：“达者内舍六根，外舍六尘，一切所有，无不舍者。苟非能然，先从财上布施。”

达，通达，对于宇宙一切现象都通达明了叫达者，就是圣人。圣人怎么样？能够内舍六根，这六根是指眼、耳、鼻、舌、身、意，整个身体这些器官都能舍；外舍六尘，是外面的境界，不受外面境界的影响，这就是达者，一切所有无不能舍。这个境界当然凡人很难做到的。做不到怎么办？先布施财物。身外物好舍，先从这个开始舍，慢慢地舍到对内不执著身体了，对外不受外界影响了，这就是达者。这样子舍财：“内以破吾之悭”，悭，是悭贪吝啬；“外以济人之急”，可以帮助别人。“始而勉强，终则泰然”。这可以把欲望、私利去除掉——这些东西让我们不仁。把我们的吝啬、执著放下，这是古人告诉我们的修养。从哪儿做？从修布施开始做，能舍的人才是真正的仁人。

我自己也作了尝试。学了这些圣贤的经典，贵在自己力行，教别人舍自己不舍怎么可以？你舍了之后是不是真的就很苦恼？不会。像我过去在大学里面教书，32岁（2005年）的时候在澳洲昆士兰大学得到终身教职。昆士兰大学在澳洲也是不错的大学，它MBA排名在2002年排全澳洲第一，全亚洲第一。我们北大是中国最好的大学，排第23。2005年给我这个“铁饭碗”了，2006年因追随恩师净空老教授去学习和弘扬中国传统文化，就把这个工作辞掉了。当时厦门大学也邀我做主席教授，80万的年薪，不用教课，每年写两篇论文，一年放三个月假，还给50万的研究经费，是个不错的工作，这些统统都舍掉，专心地来学习圣贤文化。然后才体会到圣贤所说的妙用，这妙用是什么？就是“舍得”二字。

我在澳洲原来有房子，舍掉了；有汽车，舍掉了；有薪水，有名位，舍掉了。得什么？快像出家人的样子了，得到的是自在。房子舍掉了是不是就没有房子住了？命里有时终须有：我到哪儿都有房子住，到哪儿讲课人家接待都很好，不是住自己的房子那才自在，打扫卫生，付账单挺麻烦的；把汽车舍掉了，到哪儿都有汽车坐，不用自己开车；把薪水舍掉了，现在发现自己用不上钱了。正像古人：置金钱于无用之地。

所以这次来北京是受国际儒学联合会的邀请，我在这个会上讲一个专题，题目就叫做：“学而时习之，不亦悦乎。”学圣贤之道关键用什么？关键用“习”，习就是实践，不仅是温习而已，真正去干，真干，把你所学的道理用在你的生活里。时习：时是常常不断地要这么做，“学而时习”，就能“不亦悦乎”。这个“悦”不是外面的物质享受的悦，那种喜悦不是真悦。

这次出来有人送机，不用自己开车，他开了一部宝马来送我。他跟我讲，现在虽然开着宝马，还不如以前踩着单车那种幸福感。我说为什么？压力重呀！你想想你有了宝马，你能住一房一厅小套间吗？不行，你得住一个大房子，得衬得起这个宝马。住在公寓，这个公寓是高级、豪华的，别墅也是豪华的。住个大房子你也不能够就一个人住，你得请保姆、请工人，这钱哪儿来？你得去赚，拼命地辛苦赚钱。

所以，他说不如以前天天踩着单车在街上逛，那时还幸福，还自在。因为喜悦不是从外来，从我们真正内心感受到圣贤之道那里得到。舍了之后是不是什么都没有？不是，越舍越多。佛家里面讲的过去一生中你舍财，这一生中你就得到财富；今生多舍财，你多做慈善，你的财富只会越来越多，不要害怕。

第一个讲归仁，仁就是爱人，你要多做为人民服务的事情。

第二个是归“义”，仁义礼智信的“义”。

（二）归义——义者自利利他

我们看到一位美国的大学华裔教授说，人与人之间，乃至父子、兄弟、朋友，其实都是利益交换的一种关系，我看了之后直冒冷汗。

这个问题不是他现在提出来的，早在2000年前孟子见到梁惠王时就辨明的。梁惠王见到孟子就说，你老人家来我们国家，给我们国家带来什么利益？孟子告诉他说：“何必曰利，但有仁义而已矣。”——为什么开口就说利益？你讲仁义，那是真正最大的利益。为什么？因为人有了仁有了义才能够互利，只利他而不是只想利己，这就是仁。

利字本身是一个中性词，并不是坏的，看你是利己还是利他，利他就是仁义，只利己不利他就是不仁不义。人人都能利他了，这个社会自然就能够和谐了。

怎么办？要靠教育。清朝有一位毛主席最佩服的官员，曾国藩先生，他当时是位高权重，做了清朝四省总督，在汉人里面没有超过他的，在满清政府做到极点了，在职20年。可是在他死的时候，家里只剩2万两银子和家乡一个老屋，在省里没有造过一个房子，没有买过一亩田地，做官做到这个样子可谓是清官了。曾先生对他自己的僚属宣誓：不取军中的一钱，寄回家里。数十年如一日，与三国时代的诸葛公是同一风格。

他家里开银票行的，当时家里能够有一张银票就是很富有的家族，几万两银子。对他们家来讲开银票行，家里有几十张银票是很正常的现象，也不属于贪污受贿。可是他不用自己的特权，严令禁止自己家人从事银票的购买，所以家里始终没有一张银票。所以这个家族能够长盛而不衰。

大学里面有一句话说得好："与其有聚敛之臣，宁有盗臣。此谓国不以利为利，以义为利也。"当然对家而言，也是如此。曾国藩家族不是聚敛财富，而是守着仁义道德。如果家里有聚敛之臣，一个国家官员只想着搜刮财富、聚敛财富，这个危害比一个偷盗的官员还要更可怕，这会产生民怨。所以国不能以利为利，应该以义为利，真正的利益是讲求仁义，社会和谐了人人都幸福。要是大家都争利，到最后不仅是危机，民怨产生起来都不得了。

历史上所谓改朝换代都是因为上下争利。孟子说："上下交征利，其国危矣。"争利国家就危险，真正的君子有大道，这个大道是什么？就是讲仁、义、礼、智、信。既然有了大道了何必还要聚敛？这是一种境界，要我们去真正力行。

（三）归礼——礼者谦逊自持

第三是讲礼，归礼。回归到礼仪上来。刚才讲到一个人如果奢侈，他就不讲礼了。

《孝经》云："在上不骄，高而不危；制节谨度，满而不溢。高而不危，所以长守贵也；满而不溢，所以长守富也。"

我曾经讲过两次《孝经》，一次时间较长，讲了40小时，一次时间较短，讲了12小时，在网上可以下载听。孔子的行为体现在《孝经》当中，他里面所说的"道"都是治国平天下的大道理，所以我讲孝经的题目叫"古代帝王和谐世界的法宝"。

"在上不骄"，是指当官的、富贵的人，在高位不骄慢，那么处在高位也不危险。这是很显然的，骄奢毕竟就会有腐化，就会有危险。高而不危才能够常守贵也，才能保护你的官位，像曾国藩先生做了20多年高官不容易。

我们很欢喜看到国家领导人真是做到这一点了。温总理在一次对外讲话里面表现出诚敬谦和的态度，说："感谢人民对我的信任，我是一个普通的人"——做到了"在上不骄"。

"制节谨度，满而不溢"，你能够节俭，能够修身，能够自己控制自己的私利和欲望，能够谨慎，虽然是富足，但是不会溢出来，就是不会破家，不会有危机。"满而不溢"才能够常守富也。溢是什么？骄奢。

世界上第二大富翁华伦·巴菲特常常做慈善事业，自己生活是非常节俭的。他慈善捐款总额已经达到370亿美元了。在一次电视专访中我们才了解到他的生活：他现在还是住在50年前所买的一个房子，三个房的house，没有篱笆，没有围墙，更没有保安。他自己亲自开车，没有司机。他虽然拥有全世界最大的私人喷射飞机公司，但是自己从来不搭私人喷射机。他从来不参加上流社会的社交活动，每天休闲生活是弄点爆米花看看电视。从来不带手机，桌上也没有电脑，不发电子邮件。这是满而不溢。你看这么富有一个人，生活都这么节俭，所以我们能想到他能够保持他的家业长久不是没有道理的。而他最难得的是能够多做布施，他把80%~90%的财产捐给慈善资金，做慈善事业。

友成基金会介绍里结束语也引用了他的一段话：

"人生在世能够在自己能力所及的时候对社会有所贡献，同时为无助的人寻求及建立较好的生活，我会感到很有意义，并视此为始终不渝的职志。"

有千金之产者必然是千金人物。真正富有的那个人，他肯定有一定的德行。这个德行其实是布施，有做慈善的习惯，所以他这一生富贵。

世界首富比尔·盖茨在好几年前曾经和巴菲特见过一次面。第一次见面，本来盖茨认为巴菲特先生是一种"另类"，没有打算跟他见很长时间，安排半个小时，结果两个人一谈，谈了十个小时，盖茨也成了他的信徒。盖茨自己表态：只留给他的子女一千万美金的资产和一座价值一亿美元的房子，对他的财产来讲，这是小意思，其他财产全部捐给慈善事业。所以我们看到这些大富长者，还有我们讲的真正的贵人，都有一种内在的德行，这就是不骄奢，而能够多做慈善，多帮助别人，这是人生的意义之所在。

我们胡主席提的八荣八耻，社会主义荣辱观里面讲道：以艰苦奋斗为荣，以骄奢淫逸为耻。“一粥一饭，当思来处不易；半丝半缕，恒念物力维艰。”我们的生活所用的东西来得不容易。我在每天吃饭的时候我都念一段感恩词：感念父母养育之恩，感念师友教导之恩，感念农民辛勤劳动，感念同学的互相帮助。常常有这种感恩的心，人才不至于骄奢。

毛主席一件普通的睡衣用了二十年，上面有七十三个补丁，这是一个国家领导人，国家元首的行持。刚才我们讲到的地球污染，很大一部分的原因是过分的消费，甚至是浪费。在我们浪费的同时，世界上有十亿人口在挨饿！所以我们应该节俭。我们能为地球做一些什么？这里提几个建议给大家做参考：

归礼生活的几条建议

吃素。要知道每生产一公斤肉类要排放出34.6公斤二氧化碳，相当于开车出门三个小时的排放量。如果你能够吃素，可以节约能源，可以降低能量的浪费，帮助减轻温室效应益。

做废物的回收。一些不用的纸张、一些垃圾进行分开处理，节省能源就是减少污染。

安装太阳能热水器——少用电，多用太阳能。

节约水资源，洗果菜、刷牙、洗脸的水，不要让它流走。人现在对水的消耗量已经是惊人了，有一句话让我们听了之后心惊胆战：说地球上的最后一滴水是人类的眼泪。

少开车和骑机车，在出门的时候应该多走路，骑自行车，利用大众运输系统，以减少能源的消费和气体排放。

尽量走楼梯而不搭电梯；随手关灯，关闭不必要的电器能源；买节能的电器，使用节能灯泡；少用空调，尽量的节省电能。

我自己是怎么做的？用纸尽量地把空白处用掉再回收。当然我们不是要求每个人都这么做，我也是跟别人学的，把很多的纸，用过的，其实包装内部是空白，剪开之后做我们的便签。

在饭店里面点菜要恰到好处，不要过量。

出门如果能自己带自己筷子、水杯，不要用一次性筷子，节约木材。

酒店里我们的毛巾、床单尽量重复使用。

这些只是一些小小的提示，帮助我们建立一个节俭的习惯，这是一种德行。

（四）归智——智者把握根本

第四个归智。智慧是什么？懂得抓住根本。人如果是不懂得抓住根本而盲目地去追求利益，往往是利令智昏。赚到的钱当然因为没有智慧也常常会不知道怎么用。所以智慧是什么？教我们能赚钱，也能花钱；该怎么赚，该怎么花。

这个根本是什么？《大学》讲："君子先慎乎德。有德此有人，有人此有土，有土此有财，有财此有用。"一个君子首先讲的不是财力，而是德行。为什么？因为有了德行就有人来追随他，帮助他。

"有人此有土"，过去是农耕社会，土地是最重要的资源，现在泛指一切的资源、资本，帮助你生产，帮助你发展。

"有土此有财"，财富就来了，你的投入就有了回报。

"有财此有用"，关键是会用。怎么用？又反过来帮助你去行德，这就是所谓的以财发身，这是仁者。

那小人正好倒过来，他先追求财富，把德行败了，德行败了之后，财也不懂得怎么用，使得他自己在物欲追求当中既丧失了德行，而且减损了福报，最后结果很可能会是身败名裂。

比如说中国首富黄光裕，在2008年胡润套现富豪榜上黄光裕以135亿元的套现排在第一位，是中国首富。他的经营哲学是什么？他说："人的发展问题看你的贪心多还是野心多，或者是霸气多，再一个看你有没有胆量。"可是结局是怎么样？去年11月因为经济犯罪被捕入狱，今年4月29日自杀，幸好被抢救过来。这给我们很深的省思："君子先慎于德"，不是先讲财。"仁者以财发身，不仁者以身发财。"大家好好体会这个意思。不知道行德的人，赚钱有什么用？"有德此有财，有财此有用。"赚这么多钱，不懂怎么用，为什么？没有德。

佛门一位大德憨山大师，有《憨山大师劝世文》：

荣华终是三更梦，富贵还同九月霜。

老病生死谁替得，酸甜苦辣自承当。

人从巧计夸伶俐，天自从容定主张。

谄曲贪嗔堕地狱，公平正直即天堂。

所以很多时候在我们不断地向外争利的时候，需要退一步海阔天空，回头想想人生的意义是在哪儿？这是一种根本的智慧。

（五）归信——民无信不立

第五是归信。《弟子规》上讲："凡出言，信为先；诈与妄，奚可焉。"出言一定要讲究信义，怎么能够欺诈和打妄语？

古谚语也讲到："君子爱财，取之有道。"我们这里不是说大家不要赚钱了，还是应该有一些人要发展经济。但是在发展经济的时候，取之有道，这个道就是道义，具体来讲就是仁、义、礼、智、信。不要急功近利，"命里有时终需有，命里无时莫强求。"真正明了人生意义的时候，其实赚钱多少没有什么太大差别，反正你都是为社会来作贡献，你赚钱不是为自己。就像刚才讲的李嘉诚，赚钱真正是为了有用，用于社会，帮助人。有多有少跟自己是没有关系，多了就多做，少了就少做，自己没有憾事。

这个信非常重要，金融的市场其实是建立在信用的保证上。为什么？比如说银行把款贷给你，是因为你有一点信用，所以银行敢于把款贷给你。假如没有信用也不能贷款，贷款本身是建立在信用基础上。国家也是如此，一个社会也是建立在信用基础上。那位教授说，金融市场的发展是中国唯一出路，那在此之前首先得发展信德。

曾经在2500年前，孔子跟他弟子子贡有这样一段对话：子贡问政。子曰："足食，足兵，民信之矣。"他讲治国三大要素："足食"，老百姓要吃的，这叫足食；第二个"足兵"，就是发展国防，国家机器；然后"民信之矣"，人民老百姓对国家信任，当然人与人之间要讲究信任。子贡曰："必不得已而去，于斯三者何先？"这讲到三条：食、兵、信三者，非要去掉一个，先去哪一个？曰："去兵"。也就是说如果必须要去掉一个，先去掉国防，去掉国家机器。这个国家少了国防还行，但是少了经济，少了信用不行。历史上朝代的更替往往是因为人民没有东西吃了，不信政府了。所以政府有国防，有国家机器也没有用，还是被推翻。子贡曰："必不得已而去，于斯二者何先？"剩下两个一个是食，一个是信，这两个要去掉哪一个？曰："去食。自古皆有死，民无信不立。"也就是说老百姓即使是吃不上饭，也不能没有信仰，国家也不能没有信用。

像我们共产党为什么能够建立新中国？当时在这么艰苦的条件下简直就是差不多没吃没喝了，更谈不上军队。小米加步枪能够打败国民党飞机大炮，为什么？因为他有信。所以"民无信不立"，信用之重要我们可想而知。到底经济重要？还是仁义礼智信的道德重要？孔子在这里面已经讲得非常清楚了。大家想想这个逻辑对不对。

我们再看李嘉诚先生，华人首富。这个人很讲求生意上诚信。为什么？他母亲对他从小进行教育，他听话，听话的孩子有福。他母亲对他教诲说："经商如同做人，诚信当头，则无危而不克了。"家庭教育好。

李嘉诚出身贫寒，没有读多少书，十四岁就出来赚钱，养家糊口了，父亲早逝，而自己承担起家庭的经济重担，是一个孝子。努力的工作加上孝德的感召，所以做生意一帆风顺，最后成为华人首富。

李嘉诚的座右铭："不义而富且贵，于我如浮云。"这是孔子的话。你看看真正的首富没有把富贵作为第一，而把道义作为第一。不义的富贵就是像浮云一样，是不是真的浮云？我们看黄光裕赚了这么多财富，不就是浮云吗？最后能不能得到？能不能带走？所以李嘉诚宣布把个人财产三分之一注入专门的基金会，作为慈善之用。在过去二十多年来捐出约77亿元，其中64%用于内地的助教兴学、医疗扶贫和文化体育事业。他在公开场合多次强调说：金钱不是衡量财富的准则，更不能决定生命的价值。这是一个过来人讲的话。

李嘉诚是位孝子。他是潮汕人。他母亲“文革”之后回乡看到潮州开元寺被破坏了很痛心。结果李嘉诚善养亲志，看到母亲痛心，立即解囊，慷慨乐助，恢复开元寺。在给住持的一封信中写道：“本人此次提出对贵寺重建稍尽绵力，缘于家慈信佛多年，体念亲心，思有以略尽人子养志之责。”

善养父母之志，这是孝道，这是根本。《大学》里面讲道：“德者本也，财者末也。”所以君子先慎乎德，先在自己道德上扎根。有了德就有了人，有了人就有土，你看李嘉诚最明显：原来没有财富，很穷；有孝德，有了孝德有人跟随；他能诚信，所以他的部下跟他几十年没有离开过。即使是公司在低潮的时候，没有人跳槽。为什么？信是李嘉诚的德行。“有德此有人，有人此有土”，土是房地产，他是搞房地产的，搞得挺好。“有土此有财，有财此有用”，用在什么地方？还是回馈社会。所以德是根本，就像一棵树，根本能够根深蒂固，这个树枝叶就能够繁荣。

现在对中国文化没有能够深刻了解的人，即使大学的教授写的书，全在枝末上下工夫，才会提出“发展金融是中国的唯一出路”。当然不是说不能发展金融，应该发展金融，但是那是枝末，比这更重要的是发展道德教育，这是根本出路，这是和谐社会，和谐世界的大根大本。

和谐世界的问题早在2500年前就有结论了，《孝经》云：“先王有至德要道，以顺天下，民用和睦，上下无怨。”圣人具有大智慧，他们有至高无上的道德，很重要的方法是什么？让天下都和顺，人民和睦，上下都没有怨恨，没有民怨，这不就是和谐社会吗？怎么做？就是靠孝道。“夫孝，德之本也，教之所由生也。”这是道德的根本。我们刚才说道德教育是唯一出路，从哪里教起？从教孝道教起。

三、总结——国以人为本 人以德为本 德以孝为本

道德教育是当今社会的第一需要，总结几句话：

◎国以人为本　当然企业也是一样，这是咱们领导人提出的，非常正确。

◎人以德为本　“君子先慎乎德。德者本也，财则末也。”

◎德以孝为本　刚已经讲了，“夫孝，德之本也。”一直抓根本抓到底，从孝道教育开始。

2006年我在全世界进行巡回演讲，讲什么？当时胡主席刚刚提出八荣八耻，我就讲“八荣八耻学习体会”。第一次在山西大同，2006年3月份，胡主席刚刚提出的时候我就讲了这个讲座。当时是五百多人来听，这个光碟出来之后给中央党校的领导听了，他们就觉得这个讲得很好——很少有讲八荣八耻，令全场的人都痛哭流涕的。他就把这个光碟放到中央党校闭路电视台去播。我讲八荣八耻是什么？抓住了根本。根本在哪儿？孝道，孝是德之本。

八荣八耻就是根本。古代讲八德，八德以孝为本。现在是八荣八耻，是现代版的八德。

比如说第一条“以热爱祖国为荣，以危害祖国为耻”，这是讲忠；“以服务人民为荣，以为背离人民为耻”，这是讲仁。忠以孝为本，忠臣出孝子，不讲孝道哪有忠？你想一个人连父母都不爱，他能爱国家吗？能爱人民吗？只有爱父母的人才能把这个爱心扩展到国家，扩展到人民。八荣八耻还是以孝为本。

我在里面提到一个建议，我说国家最好能够从中央到地方各级政府每

年举办“十大孝子评选活动”。《孝经》上讲“教民亲爱，莫善于孝。”和谐社会让大家能够相亲相爱，从哪儿教起？从孝道。教孝道最重要的是要树立一个榜样：评选孝子。在评选过程中媒体进行大量宣传，这就是最好的国民教育。这是第一条建议。

我在演讲里面提到三个梦想，过去马丁·路德·金有一个梦想，我有三个。

钟博士的三个梦想

第一个梦想，举国上下评选孝子，“教民亲爱莫善于孝”。

第二个梦想，我希望国家能够提倡祭祖。祭祖不是迷信活动，祭是纪念，祭祖是纪念自己的祖先不忘本。遥远的祖先都不能忘记，现前父母怎么能不孝顺？这是中国人几千年的历史传统，祭祀祖先，这是中华民族的优秀传统。毛主席就认识到这个传统，他在1937年抗日战争爆发的时候，当国家人民处于水深火热的危难关头，他跟朱德同志，当时特别派遣了代表祭黄帝，祭祀我们中华民族第一个祖先。因为我们都是炎黄子孙，他写了一个《祭黄帝文》，我还有手稿相片。毛主席也提倡祭祖，所以祭祀祖先不仅是中华民族优秀传统，也是我们党的优秀传统，应该恢复。

4月5日清明、冬至都是祭祖的日子，最好作为法定假日，能够提倡祭祖。到2008年，清明节真的作为国家法定假日了，好事情！我们非常的欢喜。这样民德就厚，民风纯朴，社会就和谐了。

第三个梦想，道德是需要靠教育。《三字经》讲：“人之初，性本善。”人本来都是善，本性本善。仁、义、礼、智、信人人本来都具足。但是因为习性，差距拉大了。习性怎么来的？社会污染的。社会媒体教什么？西方一些影片充斥暴力色情污染，你用这个来教人民，人民就变得没有道德了，纵欲贪利，这时候国家就危险了。

为什么不用道德教化人民？要能够让人从污染的习性回头，回归本性。这靠什么？要靠教育。“苟不教，性乃迁。”本性就被物欲蒙蔽了，就变得贪利纵欲，社会就会乱了。所以我希望：全国各地都能办道德教育的中心，推广全民伦理道德教学。

当时我们的恩师净空老法师在自己家乡安徽庐江建立庐江多元文化教育中心，友成基金会很多同仁都去过。虽然只有三年的试验，但是为我们证明了一点：靠道德教育真的能改善社会风气，人是可以教得好的，当然也是可以教的坏的，看我们教什么，怎么教。

个人成长——完全得力于母亲的教育

我自己很庆幸有一个好母亲。我母亲很重视我的家庭教育。我在年少的时候母亲帮助我立志，我这里想分享一下我19岁时候家母给我一个生日贺卡，谈到对我的期望。母亲贺卡中这样说的：

茂森儿：

祝贺你19岁青春的年华！这是你迈进大学的第一个生日。世界上有两样东西，只有失去时才知道它的价值，这就是：青春和健康。希望你做一个智者，身置庐山之中而知庐山之美。

你已经成年，今天和你谈谈我对你人生的总体策划。

假如环境没有意外，你的道路是：

大学毕业，获学士学位；

研究生毕业，获硕士学位；

攻读博士，获博士学位，争取到当今世界发达的国家学习和工作；

成家要晚，立业在先；遵循古训：修身、齐家、治国、平天下；

在修养方面：克服浮躁，一心不乱，增加自控能力，宁静致远，行中庸之道；

30岁前，学习，积累，打基础；

30岁至55岁，成家立业，干一翻事业；

55岁后收心，总结人生，修持往生之道。

这样，当你回顾往事的时候，可以欣慰地说：我活着的时候很充实，离去的时候很恬静。

永远爱你的母亲于1992年5月

回顾17年走过的路，从1992年接到我母亲这份祝愿，也是她老人家对我的期望。这17年来我也可以比较欣慰地说，她的愿望有不少实现了。比如说获得博士学位，当了教授了，论世间成就可以说母亲的愿望基本实现了。

当然更多的愿望还没有实现，比如说修身、齐家、治国、平天下，这是圣人的事业。《大学》讲修身为本，修身必定能够齐家治国平天下。

1995年我去美国留学，因为母亲希望我到外面读书深造，因为家里经济也很一般，带的钱很少，靠着一点奖学金生活，自己吃的很节省，每次搭同学便车去超市买菜，买的菜也很简单。用的家具，我的一个师兄有一个高压锅，已经用了好多年了，不高压了，没有锅盖上的高压阀了，我就拣来用，做饭，煮菜，煮汤，一用就是四年。当时从家里带了一个毛毯，冬天不舍得买棉被，冷的时候也不舍得开暖气，跟好几个同学一起住，当时就把毛毯盖上，不够，把所有衣服压上，还不够，把书本都压上了，就这样过冬。

我把这个情况跟母亲作了汇报，也表达自己愿意效仿范仲淹先生。范仲淹是出去游学，拜别母亲，到破书院里面读书，每天只煮一次粥，待粥凝结后，他划分成几块，上面撒点咸菜沫，每餐吃一块，所谓“断齑划粥”。就这样范公五年衣不解带地用功读书，大通六经之志，几年后考取了功名。他的学问是以苦为师——以清苦的生活来历练自己的志向成就的。

母亲接到我的信作了回复，里面有段话简单跟大家分享一下，我讲不舍得买棉被的事，母亲说：

“寒冷能使人如此理智和坚强。感谢路易斯安那州的冬天！感谢清苦、无欲的生活！它使人恢复性德之光。”

性德就是刚才讲的“人之初，性本善”这个“性”。本善的德性是有光芒的，这个光现在不显出来，是因为让我们的利欲给覆盖住。把这些覆盖本性光明的障碍去除掉了，我们人本来就是圣贤，本来就有仁义礼智信。

所以我当时留学期间专心地读书。别人在周末都去玩，去Party，我都不参加，每天是图书馆，课室，宿舍三点一线，天天都是专著在学习上。当时给自己规定了七条戒律，叫“七不”：第一个是不看电影、电视；第二不逛商场；第三不留长头发；第四不穿奇装异服；第五不乱花钱；第六不乱交朋友玩乐；第七不谈恋爱。这“七不”保证了我学习都进展很顺利，次次考试都是全班第一名。本来读硕士一般两到三年，博士要四到五年，要七年才能完成，结果当时我四年就完成了学业。我的导师是一个美国比较著名的经济学家，他给我写了一个推荐函。当时博士毕业找工作，在大学里面找工作竞争还是挺强的。他给我写的推荐函当中说道：茂森四年能完成七年学业，这在我们学校来讲是首例。他说能够在四年当中不仅完成学业，而且能够发表出八篇论文，成绩相当于一个资深教授的学术成果。他还说，茂森是他25年来学术生涯里面见到的最好的学生。

结果他这么一推荐，很快就让我能够得到两个面试，后来选择在德州大学教书，26岁就做了助理教授。

当时毕业的时候就将我母亲邀请到美国参加我的博士毕业典礼。当时在美国教书，做研究，也算是挺顺利的，美国政府也给了一个“杰出教授与研究人才”的绿卡，希望我留在美国。后来恩师净空老教授在澳洲建了一个学院，老人家说让我过去。我想追随着恩师去学习，也是人生一大幸事，所以就放弃了美国到澳洲。

在澳洲也很快在昆士兰大学教书，获得了终身教授，同时也是年年获得大学优秀奖。大学也都挺照顾我，所以常常跟着恩师在世界各地去推广圣贤的教育，促进宗教的和谐，这也是和谐世界一个重要的措施。在我获得终身制教授以后，当时母亲给我写了一个贺卡，又给我提出了更高的要求。她说道：

“茂森儿，做母亲的，希望你更上一层楼：希望儿子做君子，做圣贤。你能满我的愿吗？”

当时我和母亲经过了一番考虑，想想从师多年对圣贤道理也明白了，也知道现在社会的危机在哪儿，刚才我们讲到是道德危机。要救世，要帮助社会，现在缺乏的实在不是金融教授，而是伦理道德教育的师资。这件帮助社会的事情，与其求人不如求己。所以我跟母亲决定，就把自己工作辞掉，追随恩师学习中华传统文化（我们家里就两个人，我和我母亲两票通过这个决定）。

从2006年底到现在三年了，每天都在讲中华传统文化儒释道三家圣贤教育，讲不同的经典，讲了将近100个讲题了，课时已经超过1000个小时，所录制的讲课内容都可以在网上看到。现在没有工资，也没有教授的名位了，刚才很多人给我名片，我觉得很不好意思，有点不知道自己是什么身份了，现在只是一个学生，圣贤的学生，所以也拿不出名片给别人。

学习之后分享心得，“学而不厌，诲人不倦”，这当中也真正体会到圣贤之乐。孔子讲“学而时习之，不亦悦乎”。孔子说颜回“人不堪其忧，而回也不改其乐”。别人在他的处境里面觉得很忧虑了，但是颜回快乐得不得了，不改其乐。我自己现在也是隐居，自己对着摄影机讲课，把影音挂在网上，有缘的人一起学习。虽然生活也很简单，但是也是不改其乐。为什么？人生有了目标。我想就用自己的人生来证明一点，人不是只为利益活着，还有比利益更好更高的东西。

所以，我母亲对我说：

“能孝敬自己的父母，是小孝；能孝敬天下的父母，全心全意为人民服务，是大孝；能成就圣贤、鼓励众生，使千秋万代人获益无穷，是至孝。我支持儿子走上大孝，奔向至孝。”（热烈的掌声）

在快结束的时候，我想回头谈谈我们的讲题：

我们金融危机当中有什么省思，如何寻找出路，如何应付危机？

道德——看不见的手

在1776年经济学人之父亚当·斯密曾经出版过《国富论》，经济学的根本理论基础。这里面提出市场是一只“看不见的手”，所以要发展市场经济，供需平衡来促进资源分配。

可是很多人可能不晓得亚当·斯密还有一本书，他不仅是个经济学家，也是一位伦理学家，他写了一本《道德情操论》。他讲道：如果市场没有道德，这市场将会出现危机。所以除了市场这一只看不见的手以外，还有一只看不见的手，那就是道德。

所以，让我们都举起这只“看不见的手”，假如说五个指头代表仁、义、礼、智、信五常，我们知道，这五常是根本的道德，是人人本来就有、本具的本善。那么它的根本是什么？就是孝道。假如能抓住这个根本，把孝道教育推广，进而把五常复兴起来，经济一定能够稳定，一定能够繁荣，而且不会有副作用，不会有危机。

两只手，一只是市场，一只是道德，两只手一起才能把经济搞好（物质文明和精神文明两手抓）。

所以在金融危机当中，确实我们要好好去省思，出路还是回归到中华老祖宗所提出来的，要靠道德教育。

新时代的人际关系>>>

青年应该与时代同行

——在湖南师大的演讲

文／冯伟林

【引言】冯伟林，湖南湘潭人，产业经济学博士，高级经济师，中国作家协会会员，著名作家，中南大学、湖南大学、湖南省委党校、湖南师范大学兼职教授，硕士研究生导师，“冰心散文奖”和“十月新锐人物奖”得主，现任湖南省交通厅党组成员，省高速公路管理局局长，省高速公路建设开发总公司总经理。最近，冯伟林先生应邀在湖南师范大学作了一场题为“青年应该与时代同行”的励志演讲，现场听众近500人，反响十分热烈。新华网、腾讯网、湖南在线、红网、金鹰报网、汉网、华商网、21CN等数十家媒体网站作了现场直播或转载，点击量达数十万以上。

各位朋友，各位同学，同志们：

首先，我要感谢湖南卫视著名主持人李兵先生为大家朗诵我的《书生报国》的节选，非常感动。我也要感谢湖南师大领导对我的溢美之辞，我想对我是种鼓励和鞭策。对于湖南师大，我有种特殊的感情，有种特殊的亲近。对于能到湖南师大演讲，我感到是一件非常荣幸的事情，有三个重要理由让我感到此行的荣幸。一是师大的党委书记张国骥先生是我很敬重的文化学者，是我的老朋友、老同事和老战友，美术学院的朱训德院长是我的老乡和老朋友，我还有一些关系很密切的同学在这里当教授。这么多亲近的人在师大，我当然感到亲切，感到温暖。二是师大在我心中有种神圣的情结，我一直以为师大反映的是一个民族的精神。我当年上小学的班主任老师是师大毕业的，她分到了我们那个小村子。当时我是班上年龄最小的同学。她很偏爱我，我终生都记得她，感激她。在那个偏远的山村点燃一盏盏智慧之灯，花费了她半生的心血。后来我知道，培养我的老师的师大就是一个非常神圣的地方。师大是我国最早的一所独立的师范院校，诞生在1938年，刚刚开始抗日战争，可谓上马杀贼，下马读书。正是由于诞生在战火纷飞的年代，它就有一种与生俱来的精神气质，这就是胸怀大志，富有远见；这就是力求实效，行胜于言；这就是勿以言轻不呐喊，勿以位卑不忧国。奋斗中的民族，总有一种精神在支持。而湖南师大，静静地挺立在岳麓山下，在喧嚣与骚动之后，有一份执著和坚挺。所以我觉得，师大的色彩是斑驳的，经历是沧桑的，时代背景是不断变幻的。在历史的烟尘中有些模糊，有些抽象。但是，它有自己独特的思维方式、风骨和态度。最主要的，是有一种精神信念一直陪伴着她寂寞的旅途。所以我觉得湖南师大反映的是我们这个民族的精神。三是我在岳麓山下的湖南大学读过几年书，岳麓山下院校林立，师大是一枝独秀。师大有那么多的杰出校友，比如刘筠、夏家辉、姚守拙、唐凯麟，比如朱训德、王金星、刘云、罗劲松等等。众星闪耀，无比灿烂。这是师大的骄傲。我说这些名字的时候，始终怀着一种崇敬的心情；我说这些名字的时候，我深切地体会到师大的校训“仁爱精勤”是多么的贴切；当年，我求学路上，从师大校园经过，经常仰望这所学校，师大是全国唯一一所没有围墙的学校，觉得她很随和，很质朴，很可爱；觉得这里的女同学很美丽，男同学很帅气。现在，我有幸走上这里的讲台，我感到是一件很光荣的事情。

我今天要演讲的主题是：在世界格局发生了重大变化，中国的经济社会发展发生了重大变化的背景下，我们这一代青年应该怎么办，是与时代同行，还是犹豫或者困惑？是与祖国同呼吸共命运，还是停滞不前？我想这是摆在我们青年学生面前最重要的问题。

我是高管局局长，是从事高速公路工作的，我想从高速公路讲起。截止去年年底，我们国家高速公路总里程是6.03万公里，在全世界排名第二，第一位是美国。回到二十几年或十五六年之前，我们国家没有高速公路，甚至那时还在争论要不要修高速公路。我们走的是普通公路，是羊肠小道。从高速公路的发展，可以看出我们国家巨大的发展变化，是一个巨大的缩影。高速公路是时代的产物，是我们这个时代的骄傲，可谓“纵横交错，波澜壮阔”。好多年之前，温总理在欧洲演讲时说：我原先来欧洲，很羡慕欧洲的高速公路，现在，我很自豪地告诉大家，我们国家拥有很多高速公路了。我想，温总理的讲话包含了三层意思。第一，发展速度是全世界第一。我们20年干了人家要花半个世纪做的事情。第二，质量好，管理好，效益好。行驶在高速公路上，如在画中游。一缕春风千幅画，几点白云万里天，多美的境界啊！我担任局长以后，提出了要建设国际一流的高速公路，要建设国内一流的高速公路。局里的工程师和我说，建设国际一流高速公路是完全没有问题的，我们已经达到了国际一流高速公路的水平，比美国的好，比欧洲的好。国内一流的目标，就还需要我们继续努力，但是是可以实现的。第三，还在不断地新建高速公路。以湖南为例，建设高速公路已经成为扩大投资、拉动内需的一个重要支撑。英国的经济学家凯恩斯有个“挖沟填沟”理论。在国家经济状况不好的时候，在失业和待业人口比较多的时候，如何对付失业与生产过剩，凯恩斯的办法就是把失业的人组织起来去挖沟，然后再组织一部分人去把沟填起来。这一挖一填，社会供给没有增加，可工人要吃要喝，要用工具，可以消耗大量的积压产品。这个办法，经济学上叫“挖沟填沟”理论。罗斯福在1933年当政以后，为了对付萧条与失业，实施公共工程计划：建楼、修路、搞公共设施。他投资公共设施，符合“挖沟填沟”原理。美国的高速公路建设，就始于罗斯福时代。去年，我们省新开工了18条高速公路，总里程2135公里，比前15年高速公路的总和还多，是前无古人、后无来者的。今年，省政府决定开工建设14条高速公路，总里程1012公里，总投资700多亿元。通过这些新建高速公路的带动，湖南经济在世界经济危机的大背景下，保持了较快增长的势头。

一叶知秋。从高速公路的从无到有，可以看出改革开放30年来我们国家的巨大变化。这种变化是深刻的，是改天换地的。有人说是毛主席建立了新中国，邓小平改变了新中国。这是很有道理的。邓小平说过三句话："不管白猫黑猫，能抓老鼠就是好猫"、"发展是硬道理"、"毛主席的像永远不能从天安门城楼取下来"，最后一句话是他在1980年答意大利记者法拉奇时说的。这三句话，至今仍然深刻地影响着中国人的生活。

时代发展到了现在，本来应该一路高歌猛进，可是，我们遇到了一些困惑，遇到了一些必须走过去的坎坎坷坷。2008年，有两件事有象征意义和代表性。一个是中国三鹿奶粉问题，一个是美国的金融危机。这两件事都在同时间发生。三鹿奶粉体现了中国社会或者是人文精神所遭遇的巨大问题；这一事件是对国民心理的精神撕裂，使一个大国应该秉持的核心价值发生动摇，也使老百姓对精英阶层产生了一种信任危机。而美国的金融危机反映的是美国社会的衰退和崩溃，由此带来一系列的世界问题。因为全世界几乎都被美国"绑架"了。首先是国际经济金融形势在继续恶化。这是我们在座的每一个人正在面对的现实。虽然次贷危机演变为全球金融危机以后，美、法等国家出现了一些减少沮丧的现象，标志是今年2、3月份美国和法国耐用品订单和新房销售数量有所增加；金融股份在震荡中有所反弹。但是总的判断是国际经济形势在继续恶化。明显的特征：一是工业生产下降。2月份美国同比下降11.1%；同年同比下降30%。二是投资和消费需求同比减少。2月份世界各国零售销售同比呈下降趋势。三是进出口贸易大幅减少。四是失业率持续上升。美国在2月份的失业率达8.1%。失业问题在国内也很突出。最近北京大学著名的经济学家，我的老乡、湖南湘潭人罗勇先生提出要在我们国家设立社会公共服务局，专门解决大学生的就业问题。历代王朝的更迭，都是被边缘化的知识分子和失业流民为了共同的诉求走到了一起所为。所以对失业的问题大多数国家都很重视。知识分子被边缘化，社会精英被边缘化是很危险的。关于国际经济形势，我的基本判断是，国际经济衰退的程度比预计的要深，持续的时间比预计的要长，恢复的速度比预料的要慢，甚至不排除全球经济由深度衰退走向萧条的可能。

国内的情况如何呢？我根据国家统计局有关资料和省里有关工作情况，对国内经济运行的情况有个基本的判断：一是国内经济出现了积极的变化，出现了平稳回升的迹象。主要是国内民众的信心趋于恢复；扩大内需取得初步成效；各种贷款大幅增加；投资增长开始加快；1～3月份工业生产增速加快。前天，在长沙橘子洲公园举行了2009资源节约、环境友好国际合作高层论坛，来了很多精英和高官。我接触的几位著名企业老总说在长沙看不到经济萧条的景象，而是一派欣欣向荣的景象。长沙的经济形势是全国的一个缩影。二是当前要继续扩大内需，确保经济平稳增长。正如我们修大量的高速公路，就需要大量的钢材、水泥，也需要大量的人才。今年，局里招了90多名博士、硕士研究生，可能也有师大的毕业生。尽管我们还有不少困难，但是严冬终究过去，复苏肯定会到来。

以上我把中国经济与世界经济形势作了一个判断和比较，这一比较，我们会发现中国为什么会重要，我们会发现中国为什么有分量，我们会为生在这样的国度而感到自豪！我有两个同学，都在美国读博士。一位最近回来了，他在美国呆了15年，他说我要早5年回来就好了。现在，他很犹豫、很困惑。另一位同学齐琳，4年前就回国了，是中南大学湘雅医学院泌尿外科主任、教授，是全国泌尿外科最年轻的权威。他很庆幸自己回国了。

中国为什么重要，美国军方学者托马斯·巴尼特专门发表文章，分析了几大理由，他的分析很有说服力：

1.因为在将来，中国不会成为我们最大的敌人，而是我们最重要的盟友。美国需要中国的合作。

2.因为中国是全球化的总承包商：总是乐于“干活”，拿走你的钱，但一旦发现问题，都很难打通“电话”。我到法国、德国偏僻的乡村，都有中国人开的餐馆，中国人无处不在。

3.中国正在进行基础设施建设，它会给正在努力应付脆弱环境的发展中国家经济体树立或好或坏的榜样。

4.因为“拥抱熊猫派”与“敲打熊猫派”的辩论空话连篇，也就是“鹰派”与“鸽派”之争。这些辩论都是空洞无物的。

5.因为中国对资源的需求正在以既深刻又反常的方式改变全球市场。

6.因为中国迅速而深入地融入制造业，意味着中国产品渗透了你的生活——同时也带来一定风险。美国有位反华议员，他说我不用中国产品，先在10天内试试看。结果到第三天，他就主动投降了，没有办法，连卫生纸都是中国生产的。

7.因为转型中的中国与历史上的美国非常相似：不仅有好的方面，也有很多坏的、丑陋的方面。中国有三鹿奶粉的问题，有注水牛肉的问题，还有环境被破坏的问题等等。在美国、日本也同样出现过。美国曾发生过毒奶粉事件，令人触目惊心，死了100多人，我们还没有死这么多人。

8.因为中国虽然是一个文明古国，但它仍是一个成长非常迅速的年轻社会——而且不够平衡。中国虽然有5000年的历史，但在很多方面还很年轻。

9.因为尼克松访华，中国的世界由此诞生。中国取得的成就令世界上一些国家为之激动，但也令世界上许多国家感到害怕。中国是以1978年作为改革开放的开端的，而美国是以尼克松访华作为中国打开面向世界大门的标志。

从这位美国学者几个方面的分析，我们可以得出结论，改革开放30年来，中国真正的变得强大起来，中国融入了世界，讲话的分量重了，中国可以不高兴了！最近有本流行的书叫《中国不高兴》，我很赞赏书中的观点。西方的自以为是，很多时候是被我们惯出来的。我一直以为，中国应该有血性，应该有自豪感，应该敢于担当，为什么硬要看人家的眼色行事呢？世界离不开中国，中国也离不开世界。中国应该成为抱负远大的英雄国家。我始终觉得知识分子应该是一个爱国的知识分子，是一个民族主义者。

这就是我们所处的时代。这个时代，用诗人的话说：“这是最好的时期，也是最坏的时期；这是智慧的时代，也是愚蠢的时代；这是光明的季节，也是黑暗的季节；这是希望的春天，也是失望的冬天；我们的前途无量，同时又感到希望的渺茫……”

有人说，现在是跳梁称雄、少年追风的时代；也有人说，现在是英雄辈出、群星灿烂的时代。而我觉得，这是我们民族命运最微妙的时刻。在座的青年朋友，我们中的绝大多数人都要从这里走出去，要从岳麓山下走出去，去与历史同行，去与时代同行，去担当重任。我觉得在座的青年朋友走出去肯定比我们要强，这是历史的必然。去年奥运火炬在国外传递，我的儿子在墨尔本大学读书，连续几天跟同学一起去护火炬传递，我猛然发现，一个少年郎长大了，懂事了。他和他们这一代人，是爱国的一代，是有民族精神的一代，是与时代同行的一代！张爱玲说过一句话：“一个时代需要的是升华，而不是浮华。”在一个普遍浮华的时代，我们应该“为天地立心，为生民立命”，应该多做“升华”的工作，应该无怨无悔，应该奋勇前行。只有这样，我们才能不愧对这个时代，我们才是这个民族不死的灵魂。

一、要有理想信念

前不久，我去湘乡的时候，在东山学校见到毛主席幼时写的几句诗：“男儿立志出乡关，学不成名誓不还”，还有“独坐池塘如虎踞，绿杨树下养精神；春来我不先开口，哪个虫儿敢作声？”小小年纪，就有一种王气，一种君临天下之气。无独有偶，我在浙江奉化溪口的蒋介石故里，也看到过蒋介石幼时写的一首诗：“腾腾杀气满全球，力不如人肯且休；光我神州完我责，东来志岂在封侯。”诗言志。读蒋介石的诗，就分明感到一个草莽英雄的霸气。甚至可以马上使人联想到黄巢的“满城尽带黄金甲”。黄巢是一个悲剧人物。蒋介石也是一个悲剧人物。

“志存高远”这句话是诸葛亮说的。在这之前，孔子说过“三军可夺帅也，匹夫不可夺志也。”古人说的志，就是我们现在说的理想、目标和抱负的问题。毕加索说，一个人目标有多远，他就能走多远。

生活理想、职业理想，甚至包括道德理想，都是小理想，小理想也是美好的。社会政治理想是大理想。它是一种思想，是一种世界观；它是一种信仰，是一种执著，是一种不动摇。一个人生活在这个社会，不论他是否对政治感兴趣，其理想的追求都不可能完全与社会政治理想无关。

曾经有人问我，你是写历史文化散文的，你愿意生活在什么样的朝代？我选择了唐代。盛唐气象，文治武功。中国历史悠久，夏商西周到春秋，战国七雄到秦朝，两汉末了到三国，西晋东晋南北朝，隋唐之后是五代，宋元明清到民国。我最喜欢唐代。唐代有强盛的武功、富庶的物资、浪漫的精神、高超的智慧，前后近300年，世界历史上任何王朝都不能跟它相比。为什么？最重要的经验就是唐代开放兼容，朝鲜、日本等外国人可以来唐朝做大官。一个国家、一个单位，开放兼容，就会兴旺发达。像美国，黑人可以当总统，华裔可以到美国政府做大官，这就是一种包容。唐代由于开放兼容，所以四海升平，所以个个都有理想、有抱负。比如“白日依山尽，黄河入海流，欲穷千里目，更上一层楼。”比如“男儿何不带吴钩，收取关山五十州？请君暂上凌烟阁，若个书生万户侯。”这些诗章读起来荡气回肠，只有唐代的人才写得出！唐太宗为开国的24个元勋建了凌烟阁，将他们的画像供在上面，让大家向他们学习，为唐朝的读书人树一个样板。由于人人都有理想抱负，都有施展才华的舞台，于是就创造了历史上有名的“贞观之治”。可见志存高远的人，不仅可以成就个人的功名，更可以成就国家和民族的命运。

历史不能假设。实际上，我们不能选择生活在什么朝代，正如我们不能选择自己的出身，不能选择我们的父母，不能选择我们生长的国家，不能选择我们的民族。但是，我们可以从历史中吸取营养，可以从历史上找到我们昔日的荣光。

现在我们生活的时代，需要我们有远大的志向。有远大理想的人，肯定会有大的作为，大的成就。中国还有句古话，叫做“人有大志在，无处不翻飞”。拿破仑有句话，大家都知道，叫做“不想当将军的士兵不是好士兵”。这些话说出了一个道理，每个人生活在这个世界上，都应该给自己定个位。定什么位，将决定他一生成就的大小。志存高远的人，决不会自甘平庸；甘作下人的人，永远成不了主人。理想到底有什么作用？我们为什么要有理想？

一是理想有立命作用。理想是我们安身立命的东西，我们曾经失去过，困惑过。比如1980年《中国青年》杂志登过一个叫潘晓的青年来信：人生的路啊，为什么越走越窄。那个时代，年轻一代都很迷茫。当时全国参加讨论的青年者有上千万，我也给《中国青年》杂志写信参加过讨论。我也写过一篇文章。我想在座的一些同志也许还记得。没有理想是痛苦的，没有理想信念，多少人迷茫困惑啊！当然后来，我们这一代人都寻找到了理想，都拥有了自己的理想，都在为理想奋斗。从我个人来说，我是个拥有理想抱负的人。在我的身上，总是有一种挥之不去的使命情结。我从事过很多职业。当刑警的时候，多破几个案子是我的理想，在组织部门工作的时候，多看准多选拔几个优秀干部是我的理想，当县委书记的时候，造福一方百姓是我的理想。现在，我的理想就是为湖南人民修更多更好的高速公路。这是书生报国的最好方式。为此，我的内心感到安全，感到踏实，感到愉悦。

中国古代人文知识分子的理想就是“为天地立心，为生民立命”。现在这句话，温家宝总理也经常讲。温总理还写过一首诗叫《仰望星空》，说的也是年轻人要有理想，这是安身立命之所在。上世纪60年代，有一首《接班人之歌》影响了多少青年啊：“我们年轻，像一轮红日刚出海；我们健壮，像一排排杨柳要成材；我们热情，像滚滚的热浪、熊熊的火；我们纯洁，像蓝天白云彩……”这些，我们都应该牢记。

二是理想有定向作用。哲学家费尔巴哈说过，一个人有了目标就有了一个牢固的根据和基础，最大的不幸就是漫无目的。我曾经跟我们系统的青年同志说，我们不可能一举一动都有目的，但人的一生不能都是漫无目的的。理想可以牵引我们走向辉煌。关于理想的定位，有诗人这样说：理想是石，敲出星星之火；理想是火，点燃熄灭的灯；理想是灯，照亮夜行之人；理想是路，引你走向黎明。当年，我从山村里走出来，是有目标在牵引。我想，这就是理想的定向作用。

三是理想有动力作用。人生如逆水行舟，不进则退，因此必须有足够的动力才能不断地向前推进。这个动力就是理想。为什么抗日战争时期，延安那么穷，全国都有大批大批的青年越过封锁线，涌向延安？这就是理想的动力。延安的宝塔不算高，但应了那句老话："山不在高，有仙则灵"，它成了中国人民心目中的灯塔。我在 20 出头的时候，有一份好职业，有一个时期有些懒散，我就在我的卧室墙上贴上一句话："跟惰性作斗争"。凭什么跟惰性作斗争？这就要毅力，要动力，要用理想来激励。当时的理想很简单，就是我是家中的老大，我们好好奋斗，不去谋取更大的功名，就对不住培养我的父母亲，就找不到一个好对象。当然，我这里说的功名是党的事业，要为党和人民做更多的工作，不能迷失理想啊！理想的动摇是最危险的动摇，信仰的危机是最致命的危机。

四是理想有支撑作用。方志敏写《清贫》，是理想信念支撑他写的，这篇文章影响了我几十年。1998 年，我在长江大堤的烟波尾段指挥抗洪抢险，当时情况很复杂，很困难，但是我坚持住了。我率领的队伍守住了大堤。当时，我就是一个信念，一定要守住大堤！我做到了，是理想的作用，是信念的支撑。我想，人的精神世界犹如一座大厦，缺少支柱就会倒塌，而理想就是人生的精神支柱。这种支柱在严酷的考验中要能得到体现。为什么有的人遇到困难就打退堂鼓了，为什么有的人一遇挫折就退缩了？是理想不坚定啊！很多人成长的经历都表明，在青年时期确立远大的理想是一生成功的关键所在。青年人是早晨的太阳，按毛主席的说法是"世界是你们的，也是我们的，但归根结底是你们的。"年少就志向远大，像长江黄河，像三山五岳，总希望能干出一番轰轰烈烈的、能够与山河共存的事业。有一位哲人说"梦里走了许多路，醒来还是在床上"。它形象地告诉我们一个道理，人不能躺在梦幻式的理想中生活，要去实践，要去奋斗，等是等不来的。有一个这样的典故，有一户人家有两兄弟，算命先生说老大会有出息，会当大官；老二没有出息，一辈子只能当个叫化子。结果，老大天天在家等官做，六十岁了，一事无成；老二天天作田，勤奋实干，娶了美丽的新娘，成了庄园主。我希望大家都记住这个故事，不要相信命运的安排，为了实现理想而生命不息、奋斗不止！我从来不相信命运的安排。如果算命先生能算好的话，算命先生不知道把自己的命算好？把自己算成一个亿万富翁，算成一个大官。自己应该安排自己的命运。

二、学习是终生的事情

我去欧洲考察，印象最深的是地铁里很多人都捧着一本书。温总理说，多么希望看到中国的地铁也是人人捧着一本书的情景啊！现在我们能看到吗？看不到。通过与西方人读书学习的比较，我的体会是，一个民族的精神境界，在很大程度上取决于全民族的阅读水平。谁在看书，多少人看书，看哪些书，决定了一个民族的精神气质，反映了一个社会的精神面貌，影响着这个国家的未来。一个不爱读书的社会是人文精神缺失的社会，一个不会读书的民族是缺乏创造力的民族。

我从离开学校到参加工作，到现在小有成就，二十几年了，我最重要的一条体会就是读书学习。是读书改变了我的人生，我的成长历程就是阅读历程。小时候，父母就告诉我们，不好好读书就要回家种田，过着面朝黄土背朝天的日子。当然我这里不是说种田不好。父母还告诉我们："书中自有黄金屋，书中自有颜如玉。"这是宋代人写的劝学诗，宋代是读书的时代，读书可以创造财富，读书可以找到美丽的妻子。

现代社会竞争激烈，你不学习人家在学习，人家就进步了。最近，我回老家与一些小时候的伙伴闲聊，感到思想的距离很遥远了。后来我一想，这不是职业问题，不是地位问题，也不是感情问题，而是学习的问题。

你天天在学习，当然你就远远地走在前面了。

在这里，我想着重讲讲要学习什么。

第一是向好人学习，向成功人士学习，学习他们闪光的东西。古人说："三人行，必有我师。""前事不忘，后事之师。""近朱者赤，近墨者黑。"一学习一比较，我们就可以看到自己的差距。比如我们可以学学打工皇帝唐骏的变通办事。唐骏当时为了出国，为了争取留学的指标跑教育部，得到工作人员的答复是："已经审批完了，来不及了。"这句话好像一根芒刺，刺在了他的心上。他不愿放弃。最后，他想了一个办法——他每天到国家教育部"上班"，地点是教育部门口，一天四次问候出国留学司的司长。起初司长很奇怪，什么时候教育部"多"了一个保安，而且还只跟自己打招呼。到了第五天中午，司长吃完午饭回来的时候，他还像往常一样问候："您吃完啦，还有点时间可以午睡休息一下。"这一次，司长终于回答说："我不午睡了，你跟我到办公室来一下。"到了办公室，司长问他："你为什么天天在这里等我？"唐骏立即说明了原因，司长听了却什么也没说。第六天，他照样去"上班"，中午的时候他又被叫了进去，这一回司长给了他一堆资料说："这些你拿回去填一下。"第七天，司长递给他一张纸，笑着说："这是你一直想要的东西。"那张纸就是出国留学批准证。唐骏的体会是什么事都可以变通，只要你认真去办，想办法去办。我在这方面的体会也很多。我的成功之道，就是原则性和灵活性把握得好，灵活性就是变通。我有很多朋友都是成功人士，比如罗劲松。成功人士有很多优秀特质，我总结了就是：

一是心态开放。我的体会是"关键的不是我们在社会中所处的位置，而是我们的心态"。心态开放三部曲是眼界、脑界和胸界。

二是视野开阔。提升人生高度，拥有国际视野。前几天，我去处理郴州一条高速公路桥梁被撞的交通事故。过了几小时后，美国就有人打电话给我，说已经看到了事故的报道。在信息社会，一定要拓宽视野。

三是拥有自信。恰当定位，相信天生我材必有用。

四是富有胆略。成功人生，需要一颗冒险的心。敢于担当，是湖南人的优秀品质，是湖湘文化的精髓。我曾对一些大学毕业生说：去办个农场试试，办个农民工子弟学校试试？农民工的子女以后肯定是要出伟人的。我们去年要修18条高速公路，很多人反对，怎么能修那么多高速公路？哪有那么多钱？但是我们修出来了，首先是省委省政府是敢于担当的，其次是我们这些具体操办的同志也是敢于担当的。岳麓山是文化涵养最深厚的地方，我想大家也应该是敢于担当的。

五是有效策划。我想文凭的保值期最多五年，所以要搞好职业策划。这是最重要的人生策划，选择适合自己的职业方向。搞清三个问题：我是谁？我要做什么？我该怎么做？

六是高效行动。为什么很多聪明人没有成功？因为他们从20岁到30岁甚至一生都在讨论一个问题——我们应该怎么办？而实际上都没有努力干什么。所以重要的是看准了就要及时行动。今天，一个同志说现在不要搞房地产，我说现在就是要搞房地产，要马上搞起来，现在不搞，以后成本更高。现在不修高速公路，以后去修成本更高，要赶紧修。

七是不断创新。要善于变被动为主动；要敢于打破各种意见和共识；要富有创新意识；要独立和坚信自己。

八是整合平台。包括资源信息、人力人脉、职业技能等三个方面，人生宏图须在平台上施展。

九是构建人脉。人人都是圈中人，多结交朋友。父亲告诉我：一个单位不要得罪两种人——传达室值班的和做饭的。这两种人不要得罪，更多人都不要得罪。

十是打造品牌。

能够做到这十条，何愁你不会成功呢？人家能做到的，你为什么不能做到？学习和取得别人的经验和教训，可以帮助自己少走弯路。从我个人来讲，我就是通过学习别人的长处而不断进步的。

在我看来，你的对手就是你的老师。每个人都有自己成功的地方。所以即使你比他优秀，对方仍然有值得你学习的地方。不断学习对手的优点，才是保持领先和超越对手的不二法门。

第二是要学礼乐文化，成就君子风范。最近，我在网上看到著名学者陈丹青遇到过一件这样的尴尬事。一天，他正在厕所，一个仪表堂堂的青年，二十四五岁的样子，走进来站在他的后面说："你是不是陈丹青老师，我是江西来的研究生，你在江西插过队，我要跟你照个相。"陈丹青也非常不舒服，这位研究生完全不应该这样跟一个长辈说话，完全应该在外面等。我曾经也遇到过一件这样的尴尬事。前不久的一天，我在办公室忙乎了一上午，抽空去卫生间。我下面的一个员工跟进来，也是个大学生，说要找我调动工作，把一个报告塞进我的裤口袋，我当时非常不舒服，觉得他非常不懂礼貌，没有教养，他为什么不能在门口等等我呢？没有教养的人是很可悲的，教养对一个人的成长进步非常重要。

中国传统文化的核心是礼，大到国家典制，小到衣食住行，待人接物，处处都遵循礼的精神。我成长的经验体会就是要懂礼貌。我是在一个很纯朴很善良的家庭成长的。原来我讲祖祖辈辈是农民，最近有件事改变了我的看法。今年清明节的时候，我到老家扫墓。一个叔叔要我看看族谱，他说我爷爷的爷爷是湘军。我说那我身上还流淌着湘军的血脉了。叔叔说：我爷爷的爷爷打南京的时候是个小头目，娶了一个南京女子。我父母虽是农民，但是知书达理。在这样的家庭长大，我当然懂得做人的礼貌，懂得处世的文明。我觉得，一个人的君子风范，是他人生进步的阶梯。我参加工作拿的第一个月的工资，当时只有28元，我做的第一件事就是给我的母亲买了两瓶维磷补汁，给我父亲买了一双鞋子。因为我的母亲经常头痛，我想让她补补身子。我拿工资了，可以尽孝心了。母亲非常高兴。有一次去看我的一个中学老师，我买了两瓶桔子水。老师逢人就说，我这学生很懂事。我当时只有18岁，其实这两瓶桔子水就是一元多钱，一元多钱换来的是好的名声。这也是君子风范。

谦恭做人和礼貌待人，是一种境界，更是一种智慧。我甚至觉得这也是一种崇高，崇高应该走进我们平凡的生活。学会做个有礼貌的人，这个问题不可回避。今天我们这个社会整个人文状况出现的问题，有远因，也有近因。远因是五四运动，近因是"文化大革命"，造成的后果是我们民族长期传递的核心价值观被中断了。现在还留着伤疤，无法回到原来的样子。在我们这十年的记忆中，中国的国运，从来没有像现在这么好。国家强大了，即使是全球经济危机，经济增长速度仍是全球最快，年轻一代越来越知识化、现代化、国际化。经济发展了不一定是大国。国家的崇高目标，不是致富。国家财富决定不了国家能力；民族复兴要靠增强能力；要运用国家财富提高国家能力。一个国家不论大小，关键是看这个国家的文化，看这个国家的担当和国际视野。我们国家这二十几年的经济体制转型，出现前所未有的大问题，这就是我们的人文素质发生了很大的问题。中国人民大学的老校长纪宝成做了一件"攻在当代，利在千秋"的大事，率先在全国建立了国学院，开了先河，主张国家传统文化的复兴，这是在做一件文化传承的大事啊！台湾是 50 年代兴起国学，香港是六七十年代，比如梁羽生、金庸，现在到了大陆兴起国学，这也是最好的时代。年轻人要学习礼乐文化，要做谦谦君子。少一些争斗，多一些谦让；少一些粗俗，多一些礼貌。最近，我们在吃饭，儿子接到电话就到一边去，我夫人和他开玩笑说："是不是女同学、女朋友啊？"他也没说，打完电话后，他告诉我："根本不是这么回事。你们打电话，不注意，大声说。我在旁边接，既是对你们的尊重，也是对打电话人的尊重。"

第三是要学习人文知识，要有人文精神。我们这个社会的人文精神很缺乏。三鹿奶粉事件不是偶然的，是一而再，再而三的。所以温总理说，企业家的身上应当流淌道德的血液。什么是企业家道德的血液？我认为就是责任、义务、善良和宽容，就是人文精神。北大有个年过八十的物理学教授张之翔，毕生研究物理，退休后他在北大搞了唐诗欣赏的讲座。人们带着疑问去听他的讲座，个个都不想走，下回还来听。他提倡理科学生要学人文知识。华中科技大学原校长、中科院院士杨叔子是提倡国学的自然科学家，他规定自己的学生，包括硕士和博士生都要背《老子》，背《论语》的前七章，否则不予通过答辩。他说，你看看美元，美元上都印有上帝。基督教在美国深入人心，而中国为什么要丢失自己的传统文化呢？现在中国的科学家为什么拿不到诺贝尔奖，最重要的一个原因就是缺乏人文知识。国外的科学家懂历史、懂地理、懂文化。中国的文理分科太早，这样的结果是，文科生缺乏现代科学基础知识，理科生远离传统文化。于是他们带着先天不足的知识结构进入社会，汇入大众，形成了大众素质的缺陷。文理分科是高考的产物。最近，教育部很民主地搞了文理分科调查，大部分人赞成文理不要分科。我国教育改革至少滞后十年，农村教育谁管？农民工子女中可能诞生伟人。我们忽视了，大家都忽视了一个最根本的东西就是：以人为本。

当年，浙江修高速公路的时候，有一棵千年古樟，高速公路设计经过时要砍掉，大部分人反对。村子里派人值班保护古树。中央电视台还组织了辩论。现在这种事情再发生，肯定不用争执了，肯定要保护古树。艾青说：为什么我的眼里常含着泪水，因为我对这土地爱得深沉。这都是人文关怀。比如我们从小就熟读的唐诗：锄禾日当午，汗滴禾下土。谁知盘中餐，粒粒皆辛苦。这都是善良的人文情怀。我们的身体里应当流淌文化的血液，应该常常含着泪水。

第四是要学会感恩。父母不欠儿女的，父母给儿女的爱远远超过儿女对父母的关心。你想一想，黄昏的树影拖得再长，也离不开树根；儿女走得再远，怎能走出父母深情的目光。组织上也是不欠任何人的。好多事，并不是组织、学校应该为你做的。美国白宫刻着一位已故总统的名言，不要问国家为我们做了什么，而要问问我们能为这个国家做什么？说的是对国家的感恩。比如我们是师大的毕业生，要经常问问，师大培养了我，我能为师大做什么呢？我曾对高速公路系统的干部职工说："不要问高管局党委为我们做了什么，而要问问我们能为高速公路做什么？"

我一直以为，感恩是人生的必修课。有一个中学老师曾经给我学习上很多帮助，参加工作 20 多年了，我每年的春节都会去给她拜年，这位老师叫陈乐宁。调我到长沙工作的老领导退休十多年了，我每年的春节，肯定会去看望他。我是老部长的秘书，跟他七年了，老部长退二线了，我现在一有空，肯定会去陪他，昨天还陪他去了望城。曾国藩几乎每天都在写家书，驿路上马蹄声声。他的家书里讲得最多的就是两个字：感恩，是对朝廷的感恩，对家乡的感恩，对朋友的感恩，对家人的感恩。他的感恩是做给朝廷看的，这样朝廷才会放心。我懂得珍惜，懂得感恩。我觉得感恩是一种生活态度，是一种处世哲学，是一种境界。“滴水之恩，当涌泉相报”、“鸟有反哺之义”等等古训早早地就嵌入我幼小的心灵之中，成为指导我行为的一种理念。社会上的人离不开他人。离不开父母的养育，离不开老师的教导，离不开组织的培养，离不开领导的支持，离不开同事的帮助，所以也就离不开感恩。有感恩心的人，执著而无私，博爱而善良，敬业而忠诚，更能够成为素质高、境界高、威信高的人。心存感恩，人生就会过得快乐无比。我生病的时候，都感到快乐。试想，不知感恩的人，只想索取，不懂奉献，他的人生必定寂寞。谁愿与这样冷漠的人为伍？

去年，我参加一个老领导——审计厅的老厅长的60岁生日宴会。这位老领导在她的生日致辞中，讲的就是感恩。她说，回顾60年的人生历程，我最记得的两个字就是感恩，感恩父母，感恩组织，感恩领导和同事，感恩家人和朋友。我当时听了就很有感慨。一个退了休的老人，一个正厅级的领导干部，对感恩的认识是那么透彻，对我也是一种教育。仔细想想我们自己，最要记住的就是感恩。感恩，可以带给我们很多快乐；感恩，可以带给我们很多意想不到的成功。记住这些话，“问世间情为何物，直教人生死相许。”“送人玫瑰，手有余香。”做一个懂得感恩的人吧！

当然，学习的目的在于运用。如果你不是纯粹做学问的人，我觉得我讲的这四个方面的学习在人生的实践中，要比读几本书管用。

为什么有些在学生时代学习成绩优秀的学生走上社会之后，反而不如中等学生更有建树？原因往往是前者不如后者能够灵活运用。比如上一届的香港小姐邝美云，在一次新闻发布会上，有一个记者故意使她难堪，问道：“美女皇后，听说你在读书的时候都是班上最差的学生。”邝美云回答说：“你说的非常正确，当年成绩最好的学生，他们都当了医生或教授，他们是搞学问的。而成绩最差的我，包括其他一些成绩中等的学生都成了他们的老板。”这就是善于运用的结果。所以我想，人的一生是学习的一生。学会学习，你就会有收获的一生；学会学习，你就会有成功的一生；学会学习，你的一生就有了意义；只有学习，才是终生的事业。

三、要充满激情

我有这样的体会，在人生的道路上，在事业的征途上，保持住自己的生命激情是非常重要的。你有激情，你就会有力量，就会去奋斗，就会去创造。参加工作20多年来，不管在什么岗位，不管遇到什么困难和挫折，不管是喜怒哀乐还是酸甜苦辣，我始终保持着这股激情。有了这股激情，我给人留下的印象是强烈的力量感。我觉得，我走到哪里，哪里就有新气象；走到哪个岗位，哪个岗位就有新起色。有一个同事和我说心里话：我就愿意和你干，就愿意干高速公路事业。其中原因，一是高速公路事业蓬勃兴旺，二是觉得我这个人有激情，有力量。我觉得，我能够激起我的同事们创业、干事的强烈愿望。

有激情，就会有积极的心态。《周易》上说："穷则变，变则通。"这里的"变"，就是要改变自己的心态，变成积极的心态，这样就能改变自己的世界。有两句诗：两个人从屋里的窗子望出来，一个看到泥土，一个却看到星星。有激情的人，就能够在沙漠里找到星星。我能够在沙漠里找到星星，我不喜欢离开长沙，我曾写过一篇文章《亲近长沙》，平时周末我都喜欢呆在办公室。有一本在全球印数达4000万册、持续畅销的书叫《把信送给加西亚》。书中的主人翁罗文，他也是个能从沙漠里找到星星的人。他历尽艰险，完成了美国总统麦金莱赋予的送信使命，成为在战争中发挥关键作用的一个人。罗文为什么会成为英雄？他曾说，当我一穿上军装，浑身上下就充满了力量，仿佛一匹草原的烈马，四肢有力，目光清晰，头脑活跃。这是什么？这就是激情，对工作充满了渴望。爱默生说，每一天都是一年中最好的日子。说的也是要有激情。每天都有激情，看待任何事物，做任何事情，都充满了信心，充满了喜悦！

毛泽东是一个充满激情的领袖，在他的诗词里就可以深切地感受到这股激情。在读书时代，他说："问苍茫大地，谁主沉浮。"井冈山斗争时，他写道："黄洋界上炮声隆，报道敌军宵遁。"长征时，他写道："红军不怕远征难，万水千山只等闲。"解放战争时，他写道："宜将剩勇追穷寇，不可沽名学霸王。"重上井冈山，他写道："三十八年过去，弹指一挥间。"这是伟人的一种激情。毛主席讲了最为经典的十句话，也是充满激情的：

1．一条千古不变的真理："枪杆子里面出政权！"2．最鼓舞人心的一句话："星星之火，可以燎原。"3．最豪迈，最傲气的一句话："一切反动派都是纸老虎！"4．最谦虚的一句话："这只是万里长征的第一步！"5．最震撼人心，最震撼世界的一句话："中国人民从此站起来了！"6．最大义凛然的一句话："人不犯我，我不犯人，人若犯我，我必犯人。"7．最无奈又最具神秘性的一句话："天要下雨，娘要嫁人，由他去吧！"8．最充满希望的一句话："数风流人物，还看今朝。"9．最有志气的一句话："自己动手，丰衣足食！"10．令为官者最为警醒的一句话："为人民服务。"

邓小平80岁高龄南巡，发表南巡讲话，东方风来满眼春，也是充满了无限的激情。这激情，成就了中国的改革开放事业。他也讲过十句最为经典的话：1.最正确的选择："建设有中国特色的社会主义"。2.最伟大的发明："一个国家，两种制度。" 3.最著名的论断："发展才是硬道理。"4.最前瞻的号召："尊重知识，尊重人才。"5.最务实的倡导："不管白猫黑猫，会捉老鼠就是好猫。"6.最关键的忠告："两手抓，两手都要硬。"7.最大胆的创意："摸着石头过河。"8.最重要的提示："稳定压倒一切。"前几天，在处理京珠高速撞桥交通事故的时候，我讲了几条意见：要确保行车的安全，要确保尽快恢复道路桥梁通行，要确保稳定。9.最经典的诠释："什么叫领导？领导就是服务。"10.最深情的表白："我是中国人民的儿子，我深情地爱着我的祖国和人民！"

前不久，我去看过文怀沙老人。文怀沙年近百岁，四处讲学，传播传统文化，充满了无限激情。文老有一篇最短的文章——《文子三十三字箴言》，让人仰慕，全文原文仅3个字："正清和"，随后注解30字："孔子尚正气，老子尚清气，释迦尚和气。东方大道其在贯通并弘扬斯三气也。”这就是中国传统文化。

有激情才会有创造，有创新。激情具有伟大的力量，鼓动我们以更快的节奏迈向人生的目标。所以，我们要想成就一番事业，必须保持一种斗志，一种激情，一种好的精神状态。

四、要坚持不抛弃，不放弃

少年时，我们都写过很多关于理想的文章，有的想当科学家、文学家，有的想当将军等，但少年的理想都不是真的，有几个实现了？人生的意义到底是什么？我要说，人生是没有意义的。在1998年长江大堤抗洪救灾的艰难日子，面对时刻可能的牺牲，面对长江的滚滚洪水，我忽然想人生是没有意义的，过去老师的灌输，别人的指点，仅仅是别人的事而已。无论它多么正确，如果它不曾进入你的内心，那它永远是身外之物。所以我想，人生，要靠你自己去确定一个意义！我有个重要的体会：就是要朝着一个美好的目标，脚踏实地，要一步一步地走，要坚持不抛弃，不放弃。这样，就能够寻找到人生的意义，就能够确立人生的意义。正如林肯所说："我走得很慢，但我从来不会后退。"我很喜欢《士兵突击》里的许三多，大家都看过这部电视剧。很多人投十佳青年的票，投给了一个虚构的人物，都投给了他。他的"不抛弃，不放弃"成了一个时代的经典。许三多的身上，有很多成功者的影子，也有我的影子。看许三多的时候，我就想起了20多年前看路遥的《人生》和《平凡的世界》。这两部小说曾经让我热泪盈眶。我至今还记得《人生》开篇引用《创业史》里的话："人生的道路虽然漫长，但紧要处常常只有几步。这几步走对了，前面就是海阔天空，就是阳光灿烂。如果这几步没有走对，就会阴云密布，就会坎坎坷坷。"《人生》里的主人公叫高加林，一个农村青年，没有任何背景，只读了高中，靠他的努力，靠他的奋斗，经过千难万苦，终于出人头地，高加林靠的也是永不放弃的精神。当时我的很多同学说，我的刻苦精神，我的奋斗经历，有些像高加林。今天我的一些成功，我想就是靠脚踏实地奋斗得来的。面对人生的目标，面对伟大的事业，面对光辉的未来，我从来没有放弃过，我不会放弃。哪怕是有挫折的时候，是很困难的时候，我从来没有想过退缩。我主持高管局工作的时候，面临世界金融危机，国内经济形势也不是很好，大家都说没有钱修什么高速公路。而钱是运作来的，也是坚持了不抛弃、不放弃的精神，才有了高管局的辉煌。中央领导肯定湖南经济发展，首先就肯定高速公路建设。我主持高管局的工作有 4 年，去年我担任局长，有一些压力、困难和挫折，我都没有放弃过。丘吉尔有个故事，一次牛津大学邀请丘吉尔去演讲他的成功秘诀。演讲的时候人山人海，世界各大媒体都到齐了。丘吉尔用手势止住大家雷鸣般的掌声，说："我的成功秘诀有三个：第一是决不放弃；第二是决不、决不放弃；第三是决不、决不、决不放弃！我讲完了。"说完他走下讲台。会场肃静了一分钟后，突然响起了雷鸣般的掌声且经久不息。我想，成功者之所以成功，是因为他们无论遇到怎样的困难，都脚踏实地，都决不放弃。

怎样做到不放弃，一要有执行力。二要从小事做起。三是要关注细节。我想重点讲讲从小事做起。

我经常想，很多时候，小事不一定就真的小，大事不一定真的大。关键在做事者的认知能力和看问题的眼光。有些一心想成就大事的人，常常对小事嗤之以鼻，不屑一顾。然而连小事都做不好的人，又如何成就大事呢？小事做得好，做得实，大事才有了发展的基础。因此，能否专注地有效地做好小事，也是检验一个人心态和能力的试金石。我让我的领导放心的，就是我的这份积极的心态。

我曾经跟一些青年学生说过一个观点，成大事最重要的秘诀，就是从别人不愿意做的小事开始。少说、多听、勤做，是一条重要法则。别人不愿意端茶倒水，你就要更加端出水平；别人不愿意洗刷马桶，你就要更加洗刷明亮；别人不愿意操练，你就要更加自我操练；别人不愿意做准备，你就要多准备；别人不愿意付出，你就要多付出。我刚参加工作的时候，我们办公室的那一层楼每天都是我来打扫。我们每天早起一点，就能用有限的时间去做一些事情；我们每天对待工作认真一点，就会在工作上少一些阻碍，多一些舒畅。这就是脚踏实地。

五、要珍惜人生

人生太短暂。子在川上曰，逝者如斯夫。我至今还记得中学时我的老师写在黑板上的一句古话："明日复明日，明日何其多，我生待明日，万事成蹉跎。"几十年时间一眨眼就过去了。我们不能回到从前。从前留给我们的只是回忆了。难怪有人说：出生一张纸，开始一辈子；毕业一张纸，奋斗一辈子；婚姻一张纸，折腾一辈子；金钱一张纸，辛苦一辈子；荣誉一张纸，虚名一辈子；看病一张纸，花钱一辈子；悼词一张纸，了结一辈子；淡化这些纸，明白一辈子；忘了这些纸，快乐一辈子。所以说我们要好好地珍惜人生。讲到珍惜人生，首先要正确地认识自己：要明白自己的强项；要明白自己的弱项。第二就是要保持清醒的头脑。只有头脑清醒，才会去珍惜人生。那么人在什么时候最清醒呢？

一是在倒霉的时候最清醒。胜利时往往容易冲昏头脑，也是人之常情。拿破仑统率大军翻越阿尔卑斯山时，骑在马上狂妄的大叫："我比阿尔卑斯山还高！"而兵败滑铁卢被流放荒岛上后，他万念俱灰，痛不欲生，思前想后，他的头脑终于清醒了，深刻反思说："好久没和士兵们一起喝汤了。"我们也是困难的时候最清醒，谁在真心帮助我？

二是贪官在东窗事发的时候最清醒。有油水的地方常常最滑，爬起来站稳都难。大肆贪污受贿的贪官，最后东窗事发，或锒铛入狱，或绑缚刑场，这才幡然醒悟："钱不能把人送入天堂，却能把人送进地狱。我要那么多钱干什么？"原郴州市委书记李大伦判刑的时候，他请求纪委能不能我什么都不要，让我回老家种田去？这肯定是不行的。

三是股民在炒股失败的时候最清醒。虽然所有股民都清醒地知道："入市要谨慎，股市有风险。"可牛市时，人人发财，个个疯狂，没有几个人头脑清醒。直到熊市来临，股市大跌，股资被套牢后，他们才真正相信股市有风险，才知道股市能发财赚钱到手软，也能套牢赔个精光；才明白做人不能太贪，见好就收，适可而止，这也是人生的大智慧。

四是大病降临的时候最清醒。人在身体健康时，往往忙着争名夺利，争权夺势，打得你死我活，势不两立。一旦大病降临，患上绝症，这才清醒，相对于身体与生命，其他都是身外之物，人要是没有健康，其他都是空的，早知如此，何必当初？工作之余，我就非常喜欢爬岳麓山和住宅小区的山。

五是退休赋闲的时候最清醒。退休老人，离开了工作岗位，没有了利益牵扯，平心静气，闲云野鹤，便不再愤世嫉俗，不再追名逐利，就能以坦荡的胸怀看待往日的鸡虫得失，争争吵吵。尤其是那些曾经身居高位的官员，离职后，与普通百姓平起平坐了，对群众疾苦感同身受了，于是对自己在位时的得失、官场的弊端、一些官员的虚伪，有了格外深刻的认识。如果再让他当一次官，相信一定能当个不糊涂的好官。

珍惜人生，我们首先要珍惜时间。不懂得珍惜时间的人怎么去珍惜人生呢？陈子昂有一首《登幽州台歌》："前不见古人，后不见来者。念天地之悠悠，独怆然而涕下！"讲的时间是多么悲壮！我在全省高速公路建设会议上讲高速公路的建设工作要"三步并作两步跑，两步并作一步跳。"时间，多少人为它稍纵即逝而叹息，多少人为它一去无踪而惆怅。它既是无所事事者随手抛掷的废弃物，又是立志创业者最珍视的财产。时间是宝贵的，青春时光更为弥足珍贵，你们更应倍加珍惜，认真学习，扎实工作。每一个人的生命是有限的，属于一个人的时间也是有限的。杨树枯了，有再青的时候；百花谢了，有再开的时候；燕子去了，有再飞来的时候；然而，一个人的生命窒息了，却没有再复活的机会。俗话说："花有重开日，人无再少年。"我想回到少年时代，能吗？时间也是如此，它一步一步、一程一程，决不辍步、永不返回。古人有诗云：“三更灯火五更鸡，正是男儿读书时，黑发不知勤学早，白首方悔读书迟。”“少壮不努力，老大徒伤悲”等等都是告诫人们：人生有限，必须惜时如金，切莫把宝贵的光阴虚掷，而要趁青春有为之时多学一点知识，多做几番事业。

怎样珍惜人生，我想以“人生八宝”与大家共勉：

1.结交两种人：良师、益友。在座的很多都是我的良师和益友。

2.配备两个“医生”：运动、营养。

3.练好两项本领——做人让人感动，说话让人喜欢。我到台湾去的时候，星云大师亲自来接我们，我们很感动。他送给我几本书，并告诉我他的座右铭：“说好话，存好心，做好事。”国骥书记也让我感动，这么忙，都亲自坐在听众席，让我都诚惶诚恐。

4.拥有两样东西：吃苦、吃亏。

5.培养两个习惯：看书、思考。

6.追求两个一致：兴趣和事业一致，爱情和婚姻一致。

7.记住两个秘诀：有钱拥有健康，成功必须有好的心态。

8.争取两个极致：把潜力发挥到极致，把生命延续到极致。

我写过很多历史文化散文，我写的都是英雄人物，是热血男儿，是一群书生，我写他们，就是写自己。我写黄兴的时候，是在一天深夜，写到最后，我很激动，我写道：“书生报国，终生为业。我渴望把时空和历史永远地定格，我害怕失去黄兴和那个时代带给我的巨大精神力量，害怕失去那份激情和男气。我甚至不敢回到现实，回到安逸的时代。滚滚红尘，带给人们更多的是无所适从，是忙忙碌碌，是平庸和痛苦。这地方有些寂静，只有我，只有光辉的墓碑，念想的力量瞬间可抵达白发苍苍的彼岸。我想大声问问，读书人啊，还有万丈雄心吗？拿什么来报效我的祖国！”

同志们，我要说，未来属于青年一代，青年应该与时代同行。时代赋予的责任和使命，激发青年的智慧和力量；前进征途的风险和挑战，考验青年的信心和勇气。青年的幸福人生和美好前景要靠青年去开拓。作为青年，大家要用激情和力量担负起时代赋予我们的使命。

最后，我想以汪国真的一首诗结束今天的演讲：

“我们像一只响箭，一往无前的出征，我们不是风中的墙头小草，摇摆不定，我们出征，让生命和使命同行！”

谢谢大家!

人鉴

文／李圆净

此书为李圆净先生于民国三十六年所编。因唐太宗追赞魏征有言，“以铜为鉴可以正衣冠，以古为鉴可以见兴替，以人为鉴可以知得失”，故名人鉴。本书有说理、有故事，故事中又有正反两面人物对照，读来引人入胜，于修身进德、教化童蒙皆大有裨益。

李圆净，原名荣祥，浙江人。久居上海经商。

一、忠

凡处事接物，能够尽心尽职的，都叫做忠。忠，在从前君主时代，是臣对君言，现在民主时代，是民对国言。今日我们说尽忠，即是爱国。人能对爱国之道，尽心无欺，则举心动念，全不为自己身家起见。古来伟人能够造成大人品，大概都是从万死一生中来的。平日不避豪强，不惜名位，或委曲济事而非阿附，或执法不同而非矫激，他们早已把此身献给了国家，所以凡所作为，都是忠的表现。这个忠字，质的方面，从前的对象是君主，现在呢，是连自己也计算在内，浑然一体，忠的意义更为深刻了。量的方面，从前的范围局于君臣之间，现在呢，是扩大到国界最后的边沿，凡尽纳税义务和享国民权利的人，无论男女老幼，不分富贵贫贱，都有他们应尽的忠忱了。可见民国而后，伦常的意义，在质在量，都比以前重大得多。言忠，应扩充而为全民对全国的忠。言节，应扩充而为男女双方都应遵守的节。此外言孝，言悌，言信，也都应比以前益加扩充地去解释。

甲、矢忠诚寇仇景服

郭子仪，讨平安禄山，收复长安，再造唐室，功盖天下。鱼朝恩等诽谤他，他逢诏到即上道，一点也不观望，因此谗间不能行。回纥吐蕃等三十万人侵入醴泉，京城大震，他单骑入虏营，开诚面谕，回纥下拜，即日退兵。朝恩使人发掘子仪父墓，他入朝的时候，中外惧有变。帝唁问，子仪哭道，“臣将兵日久，不能禁阻军士们残人之墓，今日他人发先臣之墓，这是天谴，不是人患。”朝恩尝约见，元载预先警告，部下也要随从，他一概不听，只带着家僮前去。朝恩问，“车骑何少？”他将所听到的话告知朝恩，朝恩感动了，下泪说，“非公长者，得无见疑！”田承嗣向来很不安分，他的使者一到，承嗣西望下拜，指着自己的膝盖说，“兹膝不屈于人久矣，今为公拜！”李灵耀盘据着汴州，把公私财赋遏住；但对于他所运的财币，非但不敢阻留，反派兵卫送。他部下有宿将数十人，都是王侯，一任他颐指进退，有如部曲；幕府中六十几人，后来都做到将相，可谓知人善任了。八子七婿皆贵，孙辈数十人来到问安，也不能尽识。后代多以功名显。这都是他的盛德所致。

乙、耽逸乐百姓相轻

崔荛，亦是唐朝人，任观察使时，只知享受，不亲政务。人民来诉旱荒，他指着庭前的树说，“这里还有叶，哪里会旱？”喝叫打逐出去。大众动怒，要驱逐他。他逃到民舍，口渴求饮，百姓将尿给他饮。看老百姓将便溺当水，和崔荛将叶比苗稼，这一场恶作剧，到底是谁之过？后来崔荛的官职，终于被朝廷革掉了。

二、孝

孝是良心之本，人格之基，如果一个人对于父母不能尽孝，就可以断定这个人对于社会国家也不会有伟大的建树。因为忘本之人，天良已丧，那里来的公忠之心，廉洁之德？所以世间不患无才干，而患无真性情，不患不能为人父师，而患不能为佳子弟。古人说得好，“求忠臣必于孝子之门。”这一片孝心，端的是在一家则一家平，在一国则一国平。所有一切服务社会公忠体国的公德，务要彻底的从孝道建立起来。这实在是仁根的第一透露第一郁勃处，只要在这里养得活，便能够枝附叶贯地千花万朵俱森发了。罗氏训世编说，“孝子事亲，不可使吾亲生冷淡心，不可使吾亲生烦恼心，不可使吾亲生惊惧心，不可使吾亲有难言心，不可使吾亲有愧悔心。”至于老的、病的、鳏寡的、贫乏的，这四等父母待孝更切，他们的怨气更足动天。要晓得孝的理虽有一定，孝的事却无一定，只要我们于理见得明，自然随事都能如法了。

甲、冒霜雪扶棺跋涉

薛浚，字道颐，少年丧父，事母极孝。周天和年间，袭爵虞城侯，官至考功侍郎。母病死，扶棺归葬。时深冬极寒，他披麻赤脚，冒犯霜雪，自京回到夏阳，五百几十里途程中，脚冻指堕，疮血流离，朝野为之伤痛。帝令回朝，他屡请终丧，不许，到京朝见。帝见他毁瘠过甚，改容对群臣道，“我见薛浚哀毁，不觉悲感伤怀！”他后竟因不胜伤感而卒，高祖闻知，当廷流涕。他做了一世的清官，死的时候，并无余蓄。他的行为，今人或者要以为太过，且再看杨黼的事。黼辞亲入川，访无际大士，在路上遇见一老僧，问他到哪里去，回答访无际。僧说，“不如见佛。”问“佛在何处？”僧说，“你只要回家，见有倒屣披衣的便是。”他赶回家去，暮夜敲门。老母欢喜，披衣倒屣走出来，正是老僧所讲的佛状。他一见惊悟，自此尽力孝亲。

乙、藏热饭累母奔波

徐姓兄弟二人，龙游人，住处相隔十几里。相约共同养母，五日一轮。兄极贫，有一次，轮到他供母，缺了两天，对母说，“食乏，且往弟家。后当补缺。”母到弟门，不肯纳，说兄供未满。母将兄意说了，仍被拒绝。母听见饭熟，乞稍止饥。弟密使妻将饭放在床上，将被覆盖。母只得含泪还兄家。忽雷电交作，妻在门死，夫在堂死。按胡霆桂任铅山主簿时，严禁制私醋，有女人诉姑私酿。霆桂诘问，“你事姑孝么？”答“孝。”桂说，“既孝，可代姑受责。”即以私醋律鞭妇。安得霆桂也给这一对忤逆男女一顿皮鞭，免他们惨死也好！

三、悌

骨肉、手足，是中国向来用以形容兄弟间亲切的名词，这实在是最适当也没有的形容。能够把这两个名词表示得恰好的，无过于法昭禅师的诗：“同气连枝各自荣，些些言语莫伤情；一回相见一回老，能得几时为弟兄？”父母生来，本同一体，手病连足也痛，足病连手也痛，端的是个同气连枝！人伦之中，朋友间的会聚是没有一定的；即父之生子，妻之配夫，极早也要在二十几岁光景。只有兄弟在数岁之内，相继出世，自竹马游戏，一直到鲐背鹤发，相与周旋，有多至七八十年之久的。所以在骨肉之间，只该讲情，不该讲理；执了理便伤情，伤情便不是理。耐些冲撞，让些财帛，旁言弗听，宿怨弗留，彼此恩意和洽，猜忌不生，天伦间的乐趣，实有非言语笔墨所能形容的！

甲、感长兄欢欣团聚

赵彦霄与兄彦云，同居二十年。兄浪游废业，霄屡谏不听，于是请求分析。分后五年，兄产败完了，又欠人债。除夕正想逃亡，霄设酒，迎兄嫂来饮，开口说道，“我本来没有分析的意思，只因兄用度不节，深怕荡尽，不得已才分家的。今日尚幸留得先业一半，请兄嫂仍再同居，主持家事。”当下将分券烧了，把合库锁钥尽交兄嫂收管。更出私蓄，偿清兄债。兄嫂愧谢不已。兄从此治家勤俭，处事谨节。就在这一年，彦霄父子两人，同榜登第。看彦霄待兄嫂处，妙在全是一片恻怛至诚，如此才得泯然无迹，两两相忘。若有一些介介，便触人心目，即使兄嫂受了，也不能心安的呢。

乙、遇时贤消弭参商

施佐、施佑罢官家居，因田产不匀，发生意见。同邑严名凤，平日事兄如父，周恤保爱，无所不至。一日，在舟中偶遇施佑，谈及争产事。名凤颦蹙地说，“我正愁着家兄的懦弱，如果他也能有令兄的力量，就可以将我的田产尽拿了去，吾复何忧！”说着，挥涕不止。施佑当下恻然感悟，就拉他同到兄处且拜且哭。施佐也涕泣慰解，各欲将田相让。从此，兄弟亲爱到老。又淮阴地方某官有两子，自幼不和，常常几年也不见一面。后来兄病重了，呼弟到床前，执着他的手说，“我十九岁结婚，在少年从无妻子的爱；三十八岁丁忧，到老年从无父母的爱；想来相聚得最长久的，莫如你我两人，却又一生不合。到现在才悔悟，但吾生已尽，可来不及了！”可惜他们不能够像施家兄弟，早一日遇着严先生这种人，竟把大好的光阴耽误了！

四、节

节、是夫妇之间共同需要的一种操守，是以调和感情为目的，节制性欲为方法的。影响所及，对于全社会的气节和风纪，都有很大的关系。所谓性欲，不仅饮食男女之欲，那骄慢、逸乐、残忍、忌妒等都是性欲里面的成分，凡放纵饮食男女之欲的，其他不良的欲自然会连带地发生；所以真正能够节制性欲的人，必定就是真正能够保全和发展个性的人。细寻历史迹象，凡一社会多贞操妇女，同时必多重义轻利的男子，否则风俗必习于欺诈。近时新说流行，情欲既求解放，欲炽必致多争；一面事事要仗法律制裁，一面各以巧伪破坏法律，世风日下，遂不可问。尽管听见礼教吃人之论，却眼见不少妇女为今人所吃。人与人既难相处，国与国何能相安？须知女子所恃，不过十几年的颜色，半途被弃，岂易别嫁？从前男子固多纳妾，但公然弃妻的还不多见；女子固多守贞，而男子为妻守义的亦不乏人。自古通人，从不主张青年孀妇守节；自古法制，亦没有对此加以强制的。足见节原是男女间自发的道义。祈望今后将从前片面的节，扩充而为男女双方都应遵守的节。有了强毅贞固的父母，才有身心健全的儿女，一再传而后，许有伟大人格的国民，来收拾这破碎腐烂的时局罢。

甲、名士钟情甘守义

刘庭式，未登第时，议娶乡人女，尚未纳币。登第得意之后，女忽目盲；女家又贫，更不敢提婚事了。或劝别娶，庭式笑说，“我已经心许了她，岂可负我初心！”卒迎盲女为妻，生数子。女早死，庭式亦不续娶，东坡居士苏轼问道，“哀生于爱，爱生于色，今君爱从何生？”庭式说，“我只知道我的妻是去世了。倘因色可以生爱，则色衰便可弛爱；那些扬袂倚市、目挑而心招的都可为妻，便不成话！”东坡深感其言。庭式的几句话，对于时下摩登男女，可以发聋振聩了！唐代大诗人王维，亦妻死后不再娶，历史上肯为妻守义的人倒也不少呢。

乙、村妇拜金赋仳离

朱买臣，汉代人，家贫勤学，挑柴出卖时，也在那里高声读书。妻背柴跟着，觉得他太痴了，于是向他提出离婚。买臣笑说，“我到五十岁就要发达，现在已经四十多岁了，待我富贵，一定会报答你的。”妻怒道，“再等下去，要饿死沟中了！”买臣留不住，只好随她。后来买臣居然发达，来故乡做会稽太守，地方官发民清除道路的时候，买臣看见故妻和她的后夫也一同在那里扫路，过意不去，令后车载他俩到后园，给他们饮食。妻到后园里住上一个月，因内心羞愧，竟上吊而死。

五、信

信、即诚实无欺。和朋友相交，无论说一句话共一件事总要诚信相孚，才免凶终隙末，近年要在社会上办一件事，是不大容易了，手续是这样的麻烦！大一点的事情，后面还要跟着一大批保证人、介绍人、律师、会计师之类；文件一大堆，又要添上些手指模、签字、印章之类。这种科学化，是不足傲的，也许是可耻的！人与人在办事上如此处处隔膜，与路路难通的苦处，都是人心陷溺，不讲信义的必然结果。要知道没有了这个信字，不论世出世法，都行不通的。佛经上说，“信如手，人宝山自在能取；无信，不能取。”这个信字，岂同等闲？一个人跑到社会上来，倒要拿出谋事不忠、面誉背毁、缓急不周、负人财物等一套手段来对待朋友，看他伏戈矛于谈笑之中，设陷阱于交好之际，自己以为是巧算，只怕终归失算罢了！

甲、重然诺不违千里约

卓恕向太傅诸葛恪辞行。恪问，“何日再来？”卓恕将回来的日子约定了，回到家乡会稽去。到了这一天，诸葛太傅大宴宾客，却停箸坐着，说要等卓恕到了才食。来宾们纷纷议论道，“这里建康和会稽，道阻江湖，相去千里，怎么能够决定他必会来！”还没有讲完，卓恕就到，一座皆惊。试看卓恕随口说了一句，并没有和人订立什么契约，然而他说到哪里，人家就信到哪里；他自己说到哪里，也就能够做到哪里，一个人的信用到了这种程度，在社交场中，当然要占不少的便宜。这件事，和王修的事有点相像，也带便一提。孔融有难，对左右的人说，“能够冒难来看我的，只有王修一个人。”话才说罢，王修果然来到。又，王修在南阳游学的时候，住在张奉家里，奉全家染疫，亲戚无有来看顾的。他见到这种情形，于是独自留着抚恤他们，直等到他们的病好了才去。范文正公说，“不欺二字，终身可依。”看了上面三国时的史事，我们对人的态度应当怎样，有地位的人又要怎样才能够把握得住群众的心理，是值得考虑的了。

乙、欺老友致丧一生名

战国时代，庞涓和孙膑同在鬼谷子处求学。后来庞涓在魏国掌军事，忌孙膑的本领比自己高强，派人骗孙膑来到，刖断了他的脚，使成废人，以为从此可以高枕无忧了。不料孙膑装着疯狂，乘庞涓不备，逃到齐国去。齐王用他做元帅，叫他统兵讨伐魏国，他在马陵山下埋伏军队，设计把庞涓引来，用乱箭射死。试想，朋友之间不讲信义，结果竟会弄到这般田地，岂不可怕！

六、廉

自古圣贤教人，无甚高远，只是要人不坏心术。人心都有个所安：安的是义理，不安的是私欲。古人千言万语，无非要我们在这自心欺瞒不得处提醒作主。如果自私自利，便要以不安为安，一到这个地步，廉耻顾不得，人禽的界限就分不清了。这一百年来，世风剧变，其始大家还知道辨别是非，晓得点“是道则进，非道则退”的道理。后来因为欧风东渐的结果，不知不觉地以新旧作标准，世人虽厌旧喜新，对于是非之间，似乎心中还觉得有个痛痒。最近连新旧的界限也模糊起来，是非索性不要讲了，人心麻木到极点，于是廉耻扫地以尽！刘蕺山说，“世人无日不在禽兽中生活，但以市井人观市井人，彼此不觉耳。”这就是眼前的活写照！曾国藩说，“无兵不足深忧，无饷不足痛哭，独举目斯世，求一攘利不先，赴义恐后，忠愤耿耿者不可亟得，斯其可为浩叹者也！”当时情事，大类今日。世人不依本分，只道营求有益；不知非但无益，倒把本分上该有的消损了。忠廉自守者，一些不苟，那本有的财，必会从他途正路中得到。一正一邪，在那安危之间，却大有分别。何况行一件好事、心中泰然，行一件歹事、衾影抱愧，当下便是个天堂地狱呢！

甲、教子廉分明好消息

崔元暐，唐朝人，补员外郎职时，母亲卢氏对他说，“我听见人讲，凡儿子出外做官的有人来说他贫乏不能存，这个好消息；如果说他财货很充足，这是个恶消息。近见亲表中做官的，多将钱物寄给父母，老人家只知道欢喜，竟不问这东西是从什么地方来的；倘系非理所得，却与盗贼何别！就使无大过错，难道内心不觉得惭愧么？咄！你今坐食俸禄，如果不能忠清，何以戴天履地！”元暐奉母训，即以清廉自励。卢氏所谓消息的好恶，岂非就是吉凶的分途？这话真似暮鼓晨钟，足以发人深省了！

乙、陷友命恰是恶因缘

明朝万历年间，在孝感县地方，有刘尚贤和张明时二人，结为好友，对天立誓，说要同生共死。偶同行，见地有光，掘看，有银枝如笋，相约祭祷然后取。祷毕共饮，刘在酒中放毒，令张饮了。张在腰中藏斧，乘刘醉砍杀。刘死之后，张亦随死。二家妻子知道缘故，赶着掘地，一无所得。大庄严论上说：佛与阿难在田野中行，佛说大毒蛇，阿难答是。有农人闻说往看，竟是真金，因此大阔。国王疑他暴富，拘捕入狱；存金用完，还要受刑。看了刘张的事，就要知道不止外面的黄金可变毒蛇来杀人，心内的毒蛇也可变做黄金来杀人的呢！

七、俭

治生之道，只须守一俭字。一切动用，朴素些，简淡些，安静快活，有什么不好？须知世间罪恶，都从多欲中来。不俭则奢，奢则多欲，做官的必贪，居乡的必盗，非至胡为速祸，败家丧身不止！奢用惯了，在物诱势迫之下，即使心想廉洁，也难自主，因此古人说，“俭是养廉之法。”平日不取非分之财，不为外物所役，衾影无惭，泰然自得，再加上一勤字，非特可以丰家远罪，并且可以直道而行。古时雪峰和钦山同在溪边洗脚，钦山见有菜叶，喜道，“此山必有道人，可沿流寻访。”雪峰不高兴地说，

“你智眼太浊，他日如何辨别人？他这样不惜福，为什么要居山！”入山，果无名僧。可见不论在山出山，皆不可不俭。近代因社会组织的演进，人与人的关系，几乎分不开了。一个人吃的、穿的、住的，对于大众都会发生影响。现代庞大的生产力，是跟着全部的消费量走的；消费方面如果人人肯节俭，生产方面自然会将奢侈品的供给减少，必需品的产额增多，于是物价见低，民生以裕。无奈人类欲望促进了物质的畸形发展，物质的畸形发展再促进人欲横流，这种循环式高速度推进，自作自受，人类是有得苦了！

甲、俭朴传家延福禄

范文正公仲淹，字希文，宋朝人。在长白山寺中读书时，偶见窖中藏金，仍旧盖好，后登显贵，始告僧发金修寺。诸子请买园宅，他说，‘京中各大官园林很多，主人不能常游，谁还不准我游？’晚年并将住宅改为天平寺，所至兴崇三宝。几位公子共一件好衣，外出时轮流穿着。文正死时，连丧葬费都不够。因为他出将入相几十年，所得的俸禄，已全做施济之用了。四位儿子都做到公卿，个个能继父志，所以孙曾辈又再发达。足见俭与悭大不相同。世上有财而鄙吝者必生奢男，“祖宗錙铢积之，子孙泥沙用之。”这种事例，我们常见，是不足为奇的了。

乙、骄奢成俗召奇穷

正德三年大旱，楝塘地方，赖有堰水得免；明年水灾，因阜高又得免。各乡连年无收，只有楝塘接连丰收，并乘势得两次免粮，村人遂廉价买入各乡产业，所值三倍。从此旧时的朴素风气尽变，村人各以奢侈相尚。陈良谟对叔兄说，“吾村当有奇祸！”问他缘故，答道，“无福消受罢了。”不久，全村大疫，几无孑遗。再看汉大将军霍光重造汉室，权倾中外，因为敬重刘德的品学，想将女儿嫁给他。德见霍氏盛满，不敢娶。到霍氏败时，姻属相连坐诛的近千家，德独以畏盛满得免。可见将败之家，都预先有个样子给人看的啊！

八、谦

谦，非止外貌卑逊，须是心存恭敬；常见自己不是，真能虚以受人，小人所短只是见得自己许多是，所以刻刻怨天尤人。足见今人病痛，大段是傲。古时象不仁，丹朱不肖，都只为犯一傲字，便结果了一生。广义地说，凡诸善行，都因义务心重、权利心轻；凡诸恶行，不过权利心重、无义务心。所谓义务心，就是自己觉得还有个义务当尽，所以众善都含有谦德的意义在里面。由谦发动，对父母兄弟就是孝悌，对社会人群就是忠信。尚书说，“满招损，谦受益。”易经也说，“天道亏盈而益谦，地道变盈而流谦，鬼神害盈而福谦，人道恶盈而好谦。”谦的一卦，六爻皆吉。天道很简单，就是过分的要受制裁，吃亏的要受补益；世人对于谦德善行都知恭敬欢喜，对于骄满恶行都觉忿怒隐恨，则祸福虽说是天道、实是人情，虽说是天降、实由自作。可知贪了世味的滋益，必招性分的损；讨了人事的便宜，必吃天道的亏。

甲、平心气定命改善

张畏岩，江阴人，积学能文。明万历甲午年，乡试发榜，没有他的名字，就大骂试官。有一道者在旁，微哂说，“相公之文必不佳。”张怒叱道，“你懂得什么！”道者说，“闻作文贵乎心平气和；心气如此，文安得工？”张不觉屈服请教。道者说，“文固要佳，如果命不该中，文字虽好，亦无益处，须要自己做个转变始得。”张道，“命定不中，如何转变得来？”道者说，“造命者天，立命者我。如能力行善事广积阴功而又加以谦谨，以承休命。能到这地步，有什么福不可求的？”张道，“我一介贫士，哪得钱来行善呢？”道者说，“善事阴功，皆由心造；常存此心，功德无量。且如谦虚一节，并不费钱，怎的不自反而骂试官？”张自此感悟，折节自持，念念谦虚，尘尘方便；善日加修，德日加厚。到丁酉年，果中试。同时有位杨仲举，邻屋檐溜落在家里，他说，“晴日多，雨日少也。”有人侵过地界，又有“普天之下皆王土，再过来些也不妨”之句，可谓谦厚之至了。

乙、欺老人天道忌盈

杨大年，和周翰、朱昂，同在朝廷，朱周二人已老，杨方壮盛，每轻侮他们。周翰觉得难堪，便正色对他说，“君莫欺我老，老终留与君！”朱昂从旁摇手道，“莫与莫与，免为人侮！”可怜杨大年当日听不懂这两位老人家的讽示，未能猛省回头，后来寿止四十九岁，欲求为老翁而不可得！凡气盈的，必非远器。有识见的人，对于趋吉避凶，断然由我，岂肯自狭其量而自拒其福？

九、抑

抑、是屈而不伸。世事本来逆多顺少，败易成难。人要在世上磨炼，美玉不冶不精莹，顽铁不炼不成钢，松柏不历岁寒不挺秀，孤臣孽子不厉熏不达。孟子说，天降大任，必先劳苦拂乱，令他动心忍性。世上颠沛患难，正是磨炼英雄汉子的一大洪炉，能受的，便如松柏历霜雪而愈坚；受不了的，便似夏草春花般的颓靡了。凡大人物，都不是什么粥饭习气、软暖形态所能养成的。当平常无事时，不见可喜可怒，不见可疑可骇，便众人与圣人何别？但一逢逆境，那肝肺具呈，手足尽露，有非声音笑貌所能勉强支持的了。倘遇小小境缘，就成事障，便是平日没有分毫契心洽意之证。前贤说，“自胜之谓强。”人要自强，如不惯早起的、要强之未明即起，不惯劳苦的、要强之勤劳不倦，不惯庄敬的、要强之立尸坐斋，总要令有一种强毅之气存乎其间。如当病境，便应消尽尘寰妄想，觑破此身虚幻，深明苦空无常无我观门。果达妙理，那现前极逆恶事，正是明师良友，第一玄妙之处呢！

甲、廿载艰辛持汉节

苏武奉汉帝命，送来使归匈奴。既到，单于要苏武投降。武当下拒绝了，并且拔出佩刀来自刺，气绝半日，才回复过来。被禁在地窖中，啮食雪和毡毛，数日不死。匈奴觉得神奇，将武迁到北海无人处，叫他去牧羝，说羝有了乳才得归。羝是雄羊，哪得会有乳呢？到了北海，不见廪食送来，只得掘吃野鼠所聚的草食。手持汉天子节，在冰天雪地朔风怒吼中，坚强不屈地度过了五六年。遇到单于的兄弟打猎经过，心里敬慕他，才给他衣食。汉昭帝登位，匈奴与汉和亲，汉使探知苏武的消息，借词责备单于，单于方送他归中国。他留匈奴的时期已近二十年了。回国后，封爵关内侯，所得的赏赐，尽施给昆弟故人，享寿八十余岁。看苏武在雪窖中，在北海上，人生必需的衣食住，是一无所有的；可是他心中的浩然之气，至大至刚，艰难困苦的环境一点也不能动摇他。所谓“丁年奉使，皓首而归，老母终堂，生妻去帷”，苏武的忠义，真是千古无二的了！

乙、一朝傲慢误终身

颜竣，南朝人，职任吏部尚书，威权很重。一日，他父亲颜延之于午前到竣处，看见宾客盈门，许多人在那里等候，可是他还卧着没有起来。延之怒道，“恭敬撙节是福的基础，骄狠傲慢是祸的开端。何况你出粪土之中，而升云霞之上！这样放肆，岂能长久？”后来颜竣果然因事得罪，给皇帝赐死。

十、诚

古今学术的发明，都有一段真挚的精神在内，这种精神，就是个诚字。即使一言一动，凡可信于之当时，传之后世的，无不仗有至诚，方能建立；稍涉名心，便是虚假。世间应用的学术且然，何况关于身心的受用？一切的身心受用且然，何况专在心地法门中做工夫的人？世人耳濡目染，动与一切外物作缘，营营逐逐，将全副精神都用在外面，一味在声价上做作；即此向外驰求，便成一生病痛，务要尽情自反，虽在千百人中，工夫只在一念之微处；虽在暗室独坐，工夫也只在一念之微处。所谓“三月不违”，是不违这个；所谓“日月至”，是至这个！且如心中想为善，可是常有个不肯的意思，就犯了自欺。自欺犹言亏心；心体本是圆满的，稍有物以撄之，便觉有所亏欠。这自欺之病，比如寸隙当堤，可使江河溃决，所以不能慎其独的，势必至于不可收拾！大学说，“小人闲居为不善。”闲居有怎不善？只是一种懒散精神，漫无着落，便是万恶的渊薮。印光法师说，“礼诵持念，种种修持，皆当以诚敬为主。诚敬若极，经中所说功德，纵在凡夫地不能圆得，而其所得亦已难思难议。”那心地法门中种种的灵异，都是些很自然的现象；感应道交，有什么奇处？

甲、转弱为强修三昧

遵式禅师，宋代台州叶氏子，学行坚苦卓绝，尝力行般舟三昧法，以九十日为期。平素因苦学呕血，身体衰弱；在道场中，两足又患皮裂，师竭诚修法，以死自誓。一日，忽觉如在梦中，见白衣观音大士垂手指其口，引出恶虫；又从指端流出甘露，注在他的口中。师当下感觉身心清凉，旧病顿除。出忏那一日，顶相高寸余，声如洪钟。大众叹仰。师创立下天竺寺，建光明忏堂，每架一椽一瓦，必诵大悲咒七遍。后经寇难三次，火皆自灭，实遵师一念虔诚，和愿力坚固所致。时称慈云忏主。

乙、既得复失纵心猿

黄木，任浮梁县官时，疑本县庙神是妖，用酒拜祭。乘醉执捉，果一老猿，将加杀戮。猿醒后，说道，“我固然该死，但多年所积，实可备县中之缺。”木心动，才要问时，猿已跃身逃脱，不知去向。后百计踪迹，竟不可得。陆象山说，“念之正否，只在顷刻之间。若一念不正，顷刻而知之，即可以正；念之正者，顷刻而失之，即是不正。此皆在人一心自审。”尚书又说，“惟圣，罔念作狂；惟狂，克念作圣。”千古圣贤，不过在一念之微处来审察；天地鬼神，也只在此上勘人的善恶。黄木贪念一动，老猿已得售其计，诚不诚之间，只差着这些！

十一、改过

救他人是善，救自己岂非更善？人能改过，端的如沉苛得起，溺水得援，这一线生机，全靠自己肯救救自己！古人说，“人谁无过？过而能改，善莫大焉！”圣贤没有什么别的长处，只是见得自己有许多未是，所以孜孜改过迁善，而为圣贤。凡人不能无差错念头，只要扯得转来。到底扯得转扯不转，就要看自己有无知耻之念了。那为不善的人，其始都觉得有所不忍，其后忍不忍半，其后忍之，其后安之，其后乐之，至于乐为不善，于是良心死了——能压人的自夸有智，能害人的自夸辣手，行奸买俏的自命风流，迎逢哄骗的自称伶俐，反笑别人为背时的废物，入世的弃材，简直是没有一点羞耻之心，便如犯了绝症一样，完全不可救药！反过来看，遇坏念将起的时候，只要觉得可耻，便有转机。孔子说，“知耻近乎勇。”平日要认清那样事情是我不该做的，凡身过、口过、意过，辨到毫厘，绝不自恕。一旦发觉过失，自会奋然振作，不肯因循退缩，如毒蛇咬指、急与斩除，如芒刺在肉、急要剔出，没有一些子耽搁；春冰遇日，何患不消？改过的人，如天气新晴一般，自家固自洒然，人见之亦分外可喜，鬼钦神敬，吉庆渐来。故过不论久近，以改为贵！

甲、勇改过确立希贤志

宋朝司马温公，名光。幼时想剥胡桃皮，无法可施，婢女用热汤替他脱了。姊从外来，问起缘由，光说是自己脱的。父亲叱道，“小子何得说谎！”光当下警醒，从此永不说谎。后登相位，夷狄相告，“中国相司马矣，毋开边衅！”光尝说，“我生平无甚过人处，只是没有一样事不可对人说的。”刘安世问尽心行己之要，光教以从不妄语始。世人寻常说话，在最没要紧处，也要带几分虚头，极是无谓，却不觉口中道出，自非学司马光决心改过不可！

乙、逞奇奸终无悔祸心

吕不韦，本来是阳翟的一个大商人，见秦太子安国君次子，名子楚的，在赵困居，便说道，“此奇货可居！”于是厚赠太子和他的宠姬华阳夫人，更用计请太子立子楚做嫡嗣。不韦一面又将怀孕了的艳姬献给子楚，生子名政。秦昭王崩，安国君立为孝文王；孝文崩，子楚立为庄襄王；庄襄崩，子政立为秦始皇，尊不韦做相国。太后私通不韦，时始皇已长，不韦恐祸及，设法进嫪毒。事情终于败露，不韦被徙到蜀，饮鸩而死。看他以一商人为天子父，可谓大奸巨猾，第一善贾！然而经过了偌长的年数，竟也绝无一念悔过之心，于是奇货反为奇祸，大巧终成大拙了！

十二、立志

志，是志向，如舟之有舵；立志，是将志向定，如树之生根。舟有舵，才不教于迷失方向，树生根，才能养成合抱之木。凡志有所专，杂念自息；如好色的人当艳冶夺心时，如怕死的人当刀锯加身时，岂尚有他念？世人所以流转不定，只因脚跟不点地。能立志的，从本源上彻底理会，将种种凡心习态除得干净，便有个商量处。那学不能进的，都害在因循两字；才说明日，便是悠悠。至于被声色犬马汩没的，良心善性都蒙蔽了，如彘鸡营营，无超然之志的，更不足道。定要轩昂奋发，莫恁地沉埋在卑陋凡下处！孟子说，“待文王而后兴者，凡民也；若夫豪杰之士，虽无文王犹兴！”又说，“彼丈夫也，我丈夫也，吾何畏彼哉？舜何人也，予何人也，有为者亦若是！”直看得上天下地，我处其间，须是做得人，才不枉了！莫说将第一等让与人，自己却做第二等，才这般说，便是自弃！所以孟子道，“自弃者，不足以有为也！吾身不能居仁由义，谓之自弃也！”到底重担子要硬脊梁汉方才挑得起，须从志上立个“人一己百、人十己千”的功夫来！当这人欲横流的时节，不是个刚毅的人，也断乎立不住脚，记取孔子说的，“三军可夺帅也，匹夫不可夺志也！”

甲、父子同德流芳千古

范仲淹，少年丧父，又家贪，日食虀粥一角。勤苦读书时，即以天下为己任，常说，“士当先天下之忧而忧，后天下之乐而乐。”尝问相士，“能作宰相否？”再问，“能作名医否？”相士怪他前后两问相差得太远。他说，“因为只有宰相和名医，才可以救人。”相士叹道，“君仁心如此，真是宰相！”从政后，每感激论天下事，奋不顾身，因此士大夫矫厉尚风节，蔚为一时的风气。常想赡养族人，后为宰相，即捐置良田千亩，称为义田。次子纯仁，亦一代名相，尝受父命，解麦到苏州，麦脱售后。路见石曼卿。石说，“三丧未葬。”就将麦金给了他。又说，“二女未嫁。”再将麦舟给了他。纯仁回见父亲，说起曼卿事，“以麦金给他，还是不够。”公说，“何不连舟也给他？”答曰，“与之矣。”公曰，“善！”范氏父子一心同德，真是千古的佳话了！

乙、主宾丧志遗臭万年

蔡京，亦宋朝宰相，食用奢侈，无心为国。将人乳饲猪，芝麻饲鹅鸭，绿豆饲牛羊，自己用珍珠八宝汤治馔，其他可想。幕客翟谦，也一样的学他享受。宴会中有客言鸭舌汤美而补，谦稍示意，五百客汤就到；只因偶尔一言，便伤三千余命。后蔡京遭贬窜。谦亦被籍没家产，行乞饿死。

十三、修善

我们身所做的事，口所说的话，心所想的念，都叫做业；由业而生的力，叫做业力。世间种种的受用，都是业力感召的。业力的连锁作用，就是因果；世间一切事物，没有一件不是受因果律之支配的。周安士说，“善者福之基，福者善之应。”如想得身心安乐的福报，应先修集三业清净的善因。世间一切的罪恶，无非由十恶作成；对治十恶的，便是十善。修善的人，能够不杀生、不偷盗、不邪淫，即身业清净了。能够不妄言、不绮语、不两舌、不恶口，即口业清净了。能够不悭贪、不嗔恚、不邪见，即意业清净了。一人的自业所感，造成一人所遭的祸福苦乐；众人的共业所积，造成一时一地的治乱衰荣。我们所遇到的患乱，当然是我们自己的业力造成的，断非偶然遭遇，不应怨天尤人，要老老实实地承认自己的恶业，才有个转圜的办法。

甲、挽天心净意修持有道

俞良臣，名都，江西人。家贫教读，奉行诸善。考试七科，都没有中。四子三女，先后去世。只留一子一女，那儿子又于八岁时失踪了。妻因悲哭，双目全盲。除夕，忽有一张姓者来访，指出他的毛病，全在信根不深，所以生平的善行，都是敷衍浮沉，没有一件着实的。力劝他收拾干干净净一个念头，只理会善一边去，不务名，不图报，不论大小难易，务要实实落落，耐心行去，切不可自欺，便会有不测的效验。说完，走到灶下不见了，原来是位司命之神，因他虔敬，故来指示。元旦，良臣拜祷天地，誓改前非，别号净意道人。更在观音大士前，叩头流血，敬发誓愿。从此一言一动，都如鬼神在旁，不敢欺诳。一切善行，不论大小闲忙，欢喜行持。三年过去，至万历二年，经同乡推荐，入京就张江陵宰辅馆。明年即登科，中进士。一日，在杨内监嗣儿中，发见失子。夫人因子舐眼，双目重明。净意还乡，益力行善事。儿结婚后，连生七子，皆嗣书香。自己享寿到八十八岁。

乙、陷人命识之抱恨无穷

孙识之，虹县人。友人周义夫，富而不俭，性兼横暴。识之相劝，反被奚落，心里怀恨说，我且看他失败。后来识之登第，任本路司漕，按部到虹县。适逢有人控告义夫在市打人，送司审勘。不料告者偶然身死，识之即坐义夫以谋杀罪，论死。数年后，识之移漕河北，盗寇作反，地方上秩序大乱起来，全家即死于乱事。在义夫恃财横暴，固应遭败，但识之竟因私怨，破他的家，而自己的家亦终于残破了。

十四、修福

善因福果，恶因祸果，因果的理论虽然简单，事象却颇繁复。有因一念做成了极大善业，便消去了许多小恶的；有因一念做成了极大恶业，便掩尽了许多小善的。那为善而恶终的，因今生善业尚未成熟，前生恶果已先熟了。为恶而善终的，因今生恶业尚未成熟，前生善果已先熟了。只为身口意三业时刻造作不停的因，就有那善恶相间发生的果。果报有三种：一是“现报”，即今生作善作恶，今生便受福受祸的，二是“生报”，即今生作善作恶，等到来生才受福受祸的，三是“后报”，即今生作善作恶，等到多生以后，或无量劫后，才受福受祸的。三者间错，正如天地之大，使人难捉摸处。世人只看眼前，便不免积疑生惰，积惰更生疑，为善之念就不坚了。须知善人得福，如大贾居货，必日日见钱？只通盘打算，决定有十分便宜。所以在失意时，应生惭愧心，生忏悔心；在得意时，应生精进心，生慈悲心。

甲、遇云谷了凡毕竟不凡

袁了凡，名黄，明朝人。曾遇孔某，依皇极经世法，为他起数。预言他县试得第十四名，郡试第七十一名，学试第九名，某年补廪，某年当贡，某年受职，任期二年半，寿到五十三岁，无子。后来从县考一直到出贡，孔某所说的都应验了。这时了凡以为万事都由前定，还希求什么，凡事一任宿命而已。后遇云谷禅师，云公将立命的道理警策他。于是他努力行善，陆续举行三千善行，作为功名子寿的代价。从此孔某的预言就不灵了：预言说他只能出贡的、竟登第了，无子的、竟弄璋了，寿只五十三岁的、竟活到七十四岁。从他遇孔某一事看，便知业力拘束的实征；从他遇云谷一事看，更见业力转变的方法。可知天定虽能胜人，人定亦能胜天的。

乙、同遭际心变运程亦变

豫章地方有双生子，相貌既同，聪明文才如一。及应考，同时补博士弟子。娶后一年，同日生子。再应考，又同补饩。至三十一岁，偕赴省试时，邻居有美孀，私挑兄。被兄正色拒绝，并诫弟说，“你我貌同，恐再挑你，切莫作损德事！”弟竟私与妇通，并许考中后即娶她为妻。妇亦不知有兄弟二人。到发榜时，兄得中。弟竟落第，又骗妇道，“我今虽中，待发甲后迎娶，更有光彩。”并称短缺资斧，妇将积蓄尽给了他。明春，兄发甲，弟依然落第。妇日夕盼望，消息全无，抑郁成病而死。次年，弟的爱子忽夭折，因痛哭而盲，不久亦死。兄却多子多孙，享受福禄。可见他们虽是双生同命，但后来心地彼此有异，祸福也就从此两样了。

十五、利人

谁愿意吃亏？个个想占便宜！但我们想占便宜，须从利人处下手，因为利人亦即自利；莫向损人处进行，因为损人亦即损己。须知宇宙间万物流行不息，溯上去是无始的，推下去是无终的，无一时不前后相续，亦无一刻不大小相通。举一人来说，由心理的、生理的、物理的关系，便有风俗的沿习、血统的遗传、教育的培养，处处和全人类呼吸相应。举一般来说，人民生命的保障，要有政治的、社会的、经济的组织，各组织又各有他应具的条件，食必需于农，住必需于工，而农工等又必互相为助，才能够生活。所以想一人安乐，必先要一国安乐；想一国安乐，必先要全世界安乐。现在是全世界都不安乐，因此没有一个人得到安乐。其实从空间讲，人类的关系是交遍互融的，则自他的界限应除；从时间讲，相续不断而不限于一生，则死生的苦恼应息。无奈世人的知见，横则限于有限的空间，纵则限于有限的时间，把自己看得很小很小，错认了狭小的假相为我，把生命洪流上的一点假相认为自己，于是逐境生心，循情造业，自私自利，尽找苦吃了。

甲、发积粮将工代赈

邵灵甫，宜兴人，积壳数千石。遇着荒年，有人劝他出粜，灵甫说，“是图利也。”有人劝他赈粥，又说，“是好名也。”他将所藏的谷尽数发出，做了两件大有利于人的事。第一件，雇工筑路，自县至湖，计程四十里，这对于地方上的交通，是关系极大的。第二件，又开浚横塘水道，计程八十余里，这对于各市镇间的水上运输，又发生了很大的效用。当他的计划一提出，邑人争来应募，所有饥民皆赖全活。灵甫只靠他个人的力量，利用积谷，开后来以工代赈的风气，实在不能不令人佩服他的仁心仁术了。他活到九十几岁，后代也十分发达。

乙、抛残草招祸自戕

宋时有经略府承差张某，奉上峰命，出外办公。在驿舍止宿的时候，怪驿卒服侍不恭，心中怀恨。临去，将饲马的残草抛弃井中，以为自己此后不会再来的了。不久，再奉差过此，时当大暑，非常口渴，看见有井，赶去汲饮。往日丢在井中的残草，尚留在那里，他忘却过去所种的恶因，饮时不及细看，草屑混在水中，哽喉气塞而死。孟子说，“出乎尔者反乎尔者也。”张某存心害人，结果害了自己，这叫做出尔反尔。所以古人教人常要立在吃亏的地位，最初似乎吃亏，结果仍会得到大便宜的。

十六、利物

世间有生命的东西，人类之外，有在天空飞的，水中潜的，陆上走的，种类不可尽数，统名之曰动物。人和动物虽分灵蠢，但贪生怕死则同，爱恋亲族则同，当杀戮而知苦痛则同。所不同的，人有智，物却无智，人能言、物不能言而已。人力强，物力弱，人们要随时保护，随地爱护，使它们各得其所，才合天理。人类虽被称为万物之灵，但绝无吃万物之理。人类和动物，同禀生生之气，同处天地之间，正如人有嫡子长子，又有幼子庶子，虽有长幼嫡庶之分，总是一般的骨肉，一样地亲切。试想个人因一毛之拔可使全体震惊，一艾之灸可使全身感痛，便可想到这一体本是全体之体，那众生即是吾生之生。气血既然相同，悲惨怎能无涉？我国向来有戒杀放生的美俗，各国近亦有保护动物的组织，可惜推行得不广，大众见理又不明。既然不能利物，何能积极利人？存心既不慈，杀机遂酝酿，一旦爆发，便成浩劫。两番世界大战，无非人类杀机的表演。所望经过这番创巨痛深之后，大家猛省改悔。要知道世间治乱安危的机括，就在这个上头！

甲、疗雀饥全家免难

柏之桢，河南人，平生爱护动物，小至禽虫，都蒙其泽。只因慈心所感，每逢将食的时候，便有鸟雀飞集面前，不知畏避。冬天下雪，之桢恐怕鸟因草子难寻，必将饥饿，乃不避寒冷，亲自扫出一片净地来，将碎米洒上，让诸鸟啄食。后来流寇攻进县城，到桢家，将进门时，看见鸟雀成千，飞集满阶，以为这是无人居住的空屋，都散去了。全家二十口，个个安然无恙。有诗为证："汝欲延生听我语，凡事惺惺须求己。如欲延生须放生，此是循环真道理。他若死时你救他，汝若死时他救你。延生生子无别方，戒杀放生而已矣。"

乙、轻蚁命幼子捐生

杭州妇人某氏，素性凶悍。每见蚁在厨灶循行，便用火烧，蚁死者不知多少。又常用石灰来填塞蚯蚓的穴道，以此为快。后来生育一子，方在怀抱，偶因事外出，将儿子放在床上。等到回来的时候，只见床中漆黑一团，心中惊疑，赶着细看，原来她的幼子已被群蚁攒啮死了。妇人悲痛，不久亦暴卒。杭州云栖莲池大师说，"我今哀告世人，不敢逼汝吃斋，且先劝汝戒杀。戒杀之家，善神守护，灾横消除，寿算延长，子孙贤孝。吉祥种种，难以具陈。"可惜这妇人虽然住在杭州，却未闻大师之说。杀心一起，灾横迭至，儿命既亡，己寿亦促。好好一份人家，弄到这般结局，何等可怜！

十七、救民

民生主义，原是最好的救国主义；但不懂得民间疾苦的，决不配谈。民是一国之本，本固国才能安，所以救民便是救国。离了救民之外，岂另外还有个什么救国的妙法？肯真心唤老百姓为“同胞”的人，必听得进佛法的“空”义，能解空义的，必解无我义；他能无我了，说到牺牲就真能牺牲，说到救世就真能救世。又，他也必听得进佛法的“不空”义，能解不空义的，必解“慈悲”义；所谓不空者，就是救世的誓愿，和利他的慈悲本怀。虽知无我而不断慈悲，虽行慈悲而不执有我，于是向这空上来立脚，而向这不空上做去，那他还贪污做什么，还欺骗民众做什么？当国都是如此，革命一定成功。须知民生主义也就是民主主义，我们的主人翁今日是苦到无可再苦了，“民为邦本”，赶快地救！

甲、泽及昆虫良将心地

曹彬，宋朝大将，讨伐江南，李煜的地位保不住了，彬使人对他说，“事势如此，所惜者一城生聚；若能归命，策之上也。”城将攻下，彬忽称病不办事，众将问候，彬说，“我的病，非药所能治；只要诸位诚心自誓，城下之日，不妄杀一人，自会好的。”于是诸将共焚香为誓。明日城破，煜君臣和人民都得保全。破遂州时，诸将想屠城，彬坚执不许。有捉得妇女的，彬将她们关在一处，暗中保护；事平后，一一查访，还其亲族，无亲的备礼遣嫁。治徐州时，有吏犯罪，知他才结婚，此时受责，翁姑将以新妇为不利，等到过了年才责罚他。冬天想将旧屋翻新，恐怕伤害蛰伏的虫，立刻作罢。他受封济阳郡王，谥武惠。子九人，玮、琮、璨，都是一代的名将。光献太后，就是他的孙女。

乙、残民以逞为相不终

李斯，上蔡人，秦始皇兼并天下，以他为丞相。始皇三十四年，他请将民间藏书尽拿出烧毁，偶语诗书的斩首，以古非今的族诛，意在使人民愚昧，保全皇室。始皇都与批准。不到三年，始皇死了，二世嗣立。次年，二世使赵高治他谋反罪，敲打千余，自己诬服，他从狱中上书，又被赵高搁过。终于受腰斩，诛三族。原来他入秦做客卿时，曾忌韩非得宠，诬使下狱，韩非想自陈，因他从中把持，不得见始皇而死；现在他照样地受赵高之忌，入狱后不得自陈。二世原是他矫诏擅立，想籍此长保自己相位的，不到两年，都完了。二世初立时，他劝二世行督责之术，使臣民救死不暇，哪里知道自己死得更惨！

十八、放生

利人，以救民为第一；利物，以放生为第一。放生的方法，应如古人所说，不可有定期，恐贪利的人预先捕捉；不可有定地，恐贪昧的人探知去取；不可稍迟，恐物不耐其困；不可托人，恐物反受其害。当在眼前，随意买放；在旷野，随处远放。切莫以为杀小是无妨的，切莫以为放少是无益的。前贤曾经提醒我们，刀兵劫的消息，是从屠门夜半声里听出来的。今日我们在腥风血雨之下，浓重的火药气息里，务要在一日十二时，一时六十分之中，尽可能地放生救生。一物非少，众生非多；蚊蚁非小，牛马非大；一钱非不足，万金非有余；不要怕麻烦，把善念阻了；不要因物价贵，把善缘废了。大家提倡，养成风气，杀劫自然消灭，生机自会增长的。

甲、两代慈悲世能出使

明代中国出使朝鲜使臣韩世能，少年家贫；他的后来能官至一品，职任侍郎，是有一段历史在前面的。他祖父名永椿，每日早起，持帚扫河边沿岸而上的螺狮，送入江水中流，免遭渔人之劫，常常饿着肚皮，一路扫过去至好几里。世能应乡试的时候，年已四十。他父亲宗道，想起先人救生的勤苦，而自己的儿子又老大未遇，所存十金，何不尽地买放生命，以祈福佑？一早起来，买放大龟大鲤。当夜梦神相告，“汝父功德大，汝子当科第。今放龟鲤，当令汝子入翰林。”世能果然中式，连捷登翰林，奉使朝鲜，赐一品服。

乙、一念忍狠邓芝投弓

三国时，邓芝出征涪陵，见猿母抱子缘山，就发箭射中母猿。猿子为母拔箭，摘木叶塞疮口。他见了，叹道，“嘻，吾违物性，其将死矣！”投弓水中，不久果死。历史中和这事相类的很不少。如北魏时，显祖田猎捉得一鸳鸯，那配偶只是飞绕悲鸣不去。帝叹道，“虽人鸟事别，至于资识性情，竟何异哉！”于是下诏禁猎。又梅礀诗话载元裕之赴试并州时，路遇人捕杀一雁，另有脱网的一雁悲鸣不能去，自投于地死。裕之见了悲伤，将雁埋葬，号曰雁邱。又眉州鲜于氏，因合药，碾一蝙蝠为末。至和剂时，见有小蝙蝠数只，面目未开，围聚在上面，是因识母气而来的，一家为之洒泪；母气两字，极惨极击。凡物就死的景况，人们都莫知莫觉，但一经写出，便不堪卒读。须知世界上的惨，莫甚于有冤而不能言，世界上的冤，又莫过于无罪而就死。今日我们遭逢大劫，看怎来由？难道人类的头脑真是这样地简单么？

十九、拯难

人当患难的时候，或兵荒水火，或枷锁牢狱，以及病疫官非饥馑之类，前无可进，后无可退，呼天天不应，唤地地不闻，到了这般田地，真是人生的一大悲剧。前贤说，“人在患难颠沛中，善用一言解救，上资祖考，下荫儿孙。”何况或用财救，或用力救，发生至诚，勇往不疑？从这个同体的认识上，便能够发出了光明赫奕的大慈悲心。慈使众人得乐，悲使众生离苦。菩萨普修六度万行，都是为的拔济众生，所以一切都是方便，惟有度生才是目的；一切都是枝叶，唯有大慈悲心，才是根本。华严经说，“若于众生尊重承事，则为尊重承事如来；若令众生生欢喜者，则令一切如来欢喜。何以故？诸佛如来以大悲心而为体故。”如果能够拯人之难，如己之难，这一点心便是诸佛菩萨的度生心，功德是无量无边的！

甲、还金钏长途仆仆

罗伦，永丰人。明成化二年，往京会试，路过山东，仆人在旅舍旁拾得金钏一支。待路上走了五天，主人愁着费用不够时，他才将这事说出来。罗伦立刻主张物还原主，仆人却怕耽误了试期。罗伦以为这必是婢仆们的一时疏忽，如果主人追究起来，怎么得了！于是星夜跑回原处，果然是因婢女拨水遗落的，被主人拷问，正要寻死；又疑心到妻或私送，妻也正想投缳自杀。罗伦拿出金钏还他，当下全活了两条性命。邻人相信因果的，都把状元来预期他。等到他赶到京城，已是三月初四了，仓皇地入场应试，榜发，果然大魁天下。至于有钱的人，又该学绍兴的黄汝楫。当宣和年间，方腊犯境的时候，汝楫将资财埋在地下，正想逃难，却闻贼掳得二千人，既要金帛赎出，否则屠杀。他毫不迟疑，立刻开发所藏，值二万金，尽数搬到贼营，二千人皆得归。后来他的五个儿子，开阁阅闻闾，俱得贵显，黄先生真是个会该钱的人，也真是个会使钱的人！

乙、拾沉箱此恨绵绵

正德年间，崇明县某姓，撑船为业。时当七月中旬，大风水涨，沿海居民漂溺致死的无算。在这种时节，会撑船或泳水的，真是救人种福的大好机会。但他偏不救人，只顾捞物。当他驾舟中流时，眼见有一女子手抱着箱，随波而来，正攀船求救。他贪图这箱，反用竹篙将人推开，那女子终于溺死了。他得到了箱，好不得意，赶着把箱子打开，内有庚帖一张，姓名生辰，正是他的聘妻。他再仔细地看，一点也不差，这一急非同小可，然而懊悔也来不及了！

二十、济急

急是患难中的紧急处，迟了一步，便要误事。如当饥寒、则衣食最急，当疾病、则医药最急，当死丧、则殡殓最急，当欠债、则追逼最急。在这种人情的迫切处，一时无所措手，极是凄凉。凡存善心的人，对于别人的事，原该看作自己一样的关切。一遇到这种情景，便要下个决心，赶紧救济。事关阴骘，报应最奇。世人每当杯酒宴乐的时候，谁不热肠义气，像煞有介事似的。但一朝有急，富者便要匿其财，只怕人向他借，贵者便要匿其力，只怕人来倚靠他。从前的热肠义气，不知到了哪里去了！总因他们的福德太薄，所以善缘虽然撞着，却把行善的机会当面错过。刻实说来，还不是他自己的一桩大损失？这就是佛经上头说的“可怜愍者”了。

甲、公子遗书巧偿官债

宋代王曾赴试，在旅馆中，听见母女二人哭声悲切。从邻人处探问，知因所欠官钱，一时无法清偿，迫得将女儿出卖，故此哀哭。王曾听了，到她们家里问得清楚，开口说，“你的女儿卖给我罢。仕宦往来，相见也便。”即将她们所欠的官钱照数付清了，约定三天之后来娶女。看看三天过了，还不见人来，老母等得心焦，只得到旅馆里去找人。不料旅馆主人对他说，“王曾已经跑了好几天了。有书信遗下，托我转交。”哪知信里不提钱银的事，只叫她选择好的人家相配。后来王曾三元及第，封到沂国公。

乙、奸商末日天散囤粮

囤积物资，害人不浅。囤积米粮，害人更甚。自古道，“民以食为天。”人生之急，莫急于食不能继。性命交关，岂同等闲！在大荒年头，力能救人之死而见死不救，反想在这个上头打发财主意的，罪大恶极，无过于此，在天怒人怨之下，看他怎么消受得了？当巴西大荒之年，有富人罗密，囤谷五千斛，藏在内室，封锁得十分周密；还要索取高价，才肯粜出。一日，大风突起，门忽自开，把罗密所藏的谷尽散街上。最奇怪的，是将红白两色各归一堆，颗粒不杂。贫民纷来拾取，争先恐后，一时都拿光了。罗密一场惊愧，竟自缢死。从来为富不仁的，无一能免绝境，何益何益？再看全琮因受父命，运米一千余石到吴出卖，当地适值旱荒，他就将米完全赈饥，空船而返。父反深奇之。全琮字子瑾，越人，父名柔，都是知名之士。后来子瑾在吴做官，爵封钱塘侯。看上列两事，一生而荣，一死而辱，正是君子落得做君子，小人枉费做小人了。

二十一、悯孤

凡无倚无靠的，叫做孤。孤儿者，父母双亡，或父亡母嫁，伶仃孑立，是所谓“穷而无告”的人。全仗社会上的公正人士同情悯惜，才有生路。这种现象，太平盛世尚且不免，何况荒年大劫？近几年来，不知有多少孤儿流离失所，更不知有多少的天才被埋没了。这是国家的损失，也是整个民族的损失。不但要赶快的养，而且要赶快的教。他们将来既可成为国家良好的公民，又可给与国家以莫大的贡献。现在各国都深切的感觉到儿童是代表着将来国家的权力，都在那里运用社会的或国家的力量，给他们以教育和培养。中国各处，待救济的儿童，比各国都要多。所以我们一方面务要合力的支持现存的教养院，一方面还要继续的发起更多的教养院。凡肯尽力教养孤儿的，他的祖宗固要感谢，国民也都要感谢。我们有缘植福，岂可随便错过？

甲、创良模流芳千古

蔡琏，江苏扬州人，是我国首创育婴堂制度的伟大人物。他开始办理育婴堂的方法，是以四人共养一婴。那个时候的生活程度低，每人只要月出银一钱五分。凡遇路遗子女，收到社中，招贫妇领乳，月给工食银六钱。每月初一，验儿发银，考其强弱比例，以定赏罚之数。三年之内，听人领养，仍须调查清楚，方才核准。这个办法推行了，不但可以恤孤，并且可以济贫；既可消除一时溺婴的恶俗，又可兴起四方好善的慈心。世间的功德，无过于此了。育婴堂自从蔡老先生提倡之后，各处郡邑村镇，就有不少仿行的。现在社会的组织是比以前严密得多，各种物质的条件也比以前完备得多，怀念先贤，应知奋勉！

乙、吞遗产枉送天年

信州刘君祥，子尚幼，临死时候，对弟君祺说道，“如果我死之后，弟能为我保全家财，地下决不忘报。”那知君祥一死，君祺就设计将侄儿驱逐出去，把全部家产吞没了。五年后，邻人张善祥忽然在路中过见君祥，对他哭着说，“吾子为弟所害，这里有信一纸，多劳转致！”善祥听说，才悟到君祥早经去世，不觉大惊。回到家中，即将信付给君祺，他一时还不肯信。一日，君祺正和客人共饮，忽大叫道，“兄来也！”呕血数斗，两手如悬而死。凡属孤儿，都无依傍。若趁他可欺，乘机骗害，或占田产，或夺财物，或横加势力、使他不敢不依，或诡派差徭、使他不敢不服，岂知我既欺人之孤，天必嫉我之恶，报应之来，是毫厘不爽的。

二十二、容过

过，是偶然的错，或是无心之失，贤者不免，何况凡夫？一件横逆之来，只消宁省片时，便到顺境。杜牧诗说，“忍过事堪喜”，便是这种境界。譬如在草莽中行路，荆棘在衣，只须慢步缓解，切莫焦躁！即使人家有错，也须看他是何等样的人：如他是比我贤的，我当顺受，待他自悟；如他是和我一般的，大则以理遣，小则以情恕；如他是比我不如的，便不足计较了。前贤道，“先思我所以取之之故，随思我所以处之之法。”只要反求，道理自见。一番经历，一番进益，省了多少气力，长了多少识见！况且常见己过，便常向吉祥中行，可以得福；自认不是，人家不好再开口，可以免祸。尚书说，“必有容，德乃大；必有忍，事乃济。”曾文正公也说，“世事让三分，天空地阔；心田培一点，子种孙收。”所以君子对于自己，常于无过中求有过；对于他人，常于有过中求无过；正直律己，和惠待人，不肯说人理亏，也不愿自表理直。他人有过，只有曲为掩护，劝导改悔，望他做个好人而已。至于学佛的人，不执我见，不怨人天，爱敌如友，怨亲平等。如果能够做到受恶骂如饮甘露，遭横逆如逢至宝的时候，那就大家都要向你恭喜了。

甲、谦君子安享福寿

强富，淮安人，持身谨慎，接物谦和。元旦，有小人恃酒放肆，登门辱骂。富闭门不理，家人都觉得不平。富说，“当此良宵佳节，谁不饮酒？醉后放肆，是常有的事，何必同他计较呢？”这天晚上，富梦神说，“你在天腊之辰，能够忍人所不能忍，上帝嘉赏，将福寿赐给你了。”这和彭矩的事相仿：有人偷菜，矩只作不知；有人侵地，矩也作不知；那占地界的人被讼，还去代求免责。后来里中连受水灾火灾，独彭氏一家保全无恙。强富和彭矩，可谓后先辉映了。

深入经藏>>>

中庸新解

文／蒋伯潜

《中庸》本《小戴礼记》中之一篇。《汉书艺文志·六艺略》有《中庸说》，《隋书·经籍志》经部有梁武帝《中庸讲义》，则此篇之另出单行，当在《大学》之前。宋儒始特加提倡。程颐谓此篇乃孔门传授心法，善读者玩索有得，终身用之有不能害者。朱子作《中庸章句》乃与《大学》、《论语》、《孟子》并列为四书，按《中庸》为子思所作，见于《史记·孔子世家》及孔颖达《礼记正义》引郑玄目录，子思名伋，孔子之孙，曾子之弟子。《汉书艺文志·诸子略》，儒家有《子思子》。梁沈约谓《小戴礼记》中之《中庸》、《表记》、《坊记》、《缁衣》皆取于《子思子》。（见《隋书·音乐志》引）。今《子思子》已亡，本篇是否取自此书，固不可考；但为子思所作，则自来学者都无异辞。唯清人崔述谓《中庸》必出《孟子》后；

蒋伯潜(1892～1956)，名起龙，又名尹耕，富阳新关乡(今大源镇)人。光绪三十三年(1907)考入府中学堂。1920年夏，考入北京高等师范国文系，在钱玄同、胡适、鲁迅诸名师熏陶下，学业日进。“五四”爱国运动中，积极参加游行、示威，并在《新青年》、《东方杂志》等刊物上发表文章。1927年，任《三五日报》主笔，抨击时政，文名鹊起。抗日战争时期，应邀赴上海大夏大学、无锡国学专修学校任教，同时兼任世界书局特约编审。上海沦陷后回乡，从事著述，一度任富阳县立中学教员。抗日战争胜利后，赴上海任上海市立师范专科学校中文系主任。建国后，应张宗祥之邀，任浙江图书馆研究部主任。1955年秋，调任浙江文史馆研究员。

蒋伯潜于经学、文学，均有很深造诣。文思敏捷，著述等身。其主要著作有《经与经学》、《十三经概论》、《经学纂要》、《诸子通考》、《诸子学纂要》、《中国国文教学法》、《校雠目录学》、《字与词》、《章与句》、《体裁与风格》、《诗与词》、《散文与骈文》等。

袁枚谓论孟言山均称泰山，而《中庸》独称华岳，疑出于西京儒生依托；独对《中庸》作者发生疑问。篇名“中庸”者：郑玄目录说：“名曰中庸者，以其记中和之为用也；庸，用也。”本篇“君子中庸”句郑玄注又说：“庸，常也；用中为常道也。”朱子《中庸章句》题下注说：“中者，不偏不倚无过不及之名；庸，平常也。”又引程颐说：“不偏之谓中，不易之谓庸；中者天下之正道，庸者天下之定理。”似乎郑玄，朱子，对于“庸”字，各有两种解释。其实，非常之理，决不可常常用它；可以常用的，就是这看似平常的中道。“用也”，“平常也”，“常道也”，“不易之定理也”，这几种训解，本来是可以相通的。本篇为儒家人生哲学的名著，论心性多精语，宋明理学家都奉为先儒的心传；而所谓“中庸之道”，实足以支配我国数千年来之民族思想；所以到现代仍有研究的价值。

天命之谓性，率性之谓道，修道之谓教。道也者，不可须臾离也；可离，非道也。是故君子戒慎乎其所不睹，恐惧乎其所不闻。莫见乎隐，莫显乎微，故君子慎其独也。

天命是说由天所命；性，指人的本性。人的本性，由于天之所命。其所谓天，即是“自然”。性不是造作的，乃是自然生成的，所以说：“天命之谓性”。《荀子·正名》说：“性者，天之就也”。《性恶篇》说：“不可学、不可事而在人者，谓之性；可学而能，可事而成之在人者，谓之伪”。（“伪”是“人为”的意思）。王充《论衡·本性》也说：“性，生而然者也。”古代学者，对于性的善恶虽见解不同，但以性为先天生成的一点，则无异议。“天命之谓性”也是这个意思。“率”，是遵循的意思。孟子的性善说出于子思。本篇说：“率性之谓道”，就是性善说的本意。性命自天，率性为道，故董仲舒说：“道之大原出于天。”性是人性，道即人道；圣人以礼乐刑政之属为教于天下，亦无非是率循人性，修明人道而已。这三句，是一书的总纲，也就是程子所说的“始言一理”。

须臾就是“一息”，指极短时间而言。既然是人道，便是一息不可离开的。倘若可离开，那就不是人道了。所以说：“道也者，不可须臾离也；可离，非道也。”

戒慎，就是警戒谨慎之意；恐惧，就是担心之意。是说君子对于做人的道理，虽无人目睹，也要警戒者，谨慎着；无人耳闻，也要恐惧着，担心着。暗得看不见的地方叫做“隐”，细的看不见的物事叫“微”。暗得看不见的地方，却是最现露的；细得看不见的物事，却是最显著的。这就是大学所说的“诚于中，形于外”，“人之视己，如见其肺肝然”，看似隐微，实则不啻“十目所视，十手所指”；所以君子必须慎独，独居也不敢须臾离道。

喜怒哀乐之未发，谓之中。发而皆中节，谓之和。中也者，天下之大本也。和也者，天下之达道也。致中和，天地位焉。万物育焉。

“中节”之中，去声。喜怒哀乐是人人都有的情感。但当喜怒哀乐的情感未发动的时候，此心寂然不动，故无过与不及的弊病，这就叫做“中”。如果情感发了出来，也能无过无不及，恰中其节，这就叫做“和”。“中”，是天下事事物物的大本；“和”，则天下都可通行，所以说是“达道”。天地的运行，万物的化生长养，循着这“中和”二字的原则。人如能把中和之道推而极之，则可以与天道同功，所以说：“致中和，天地位焉，万物育焉。”这是儒家天人合一的哲学；以现代语释之，就是把“宇宙观”和“人生观”打成一片，以“宇宙论”为人生哲学的基本。

上面两段朱子以为是第一章。又说：“子思述所传之意以立言。首明道之本原出于天而不可易，其实体备于己而不可离（指“天命之谓性”至“可离非道也”。）；次言存养省察之要（指戒惧独数句）。终言圣神功化之极（指“天地位万物育”数句。）盖欲学者于此，反求诸身而自得之，以去夫外诱之私，而充其本然之善；杨氏所谓“一篇之体要”是也。其下十章，盖子思引夫子之言，以终此章之义”。

【问题】

（一）中庸本何书之一篇？何人始定为四书之一？

（二）中庸何人所作？见于何书？以“中庸”名篇其意义如何？

（三）何谓“性”？何谓“道”？何谓“教”？

（四）君子何以须“慎独”？

（五）何谓“中”？何谓“和”？

仲尼曰：“君子中庸，小人反中庸。君子之中庸也，君子而时中；小人之（反）中庸也，小人而无忌惮也。”

陆德明《经典释文》说王肃本作“小人之反中庸也”。《十三经注疏》：本《礼记·中庸》无“反”字。程子朱子均以为当有反字。君子能用中和之道，所以说“君子中庸”。小人不能用中和之道，事事和君子的行为相反，所以说“小人反中庸”。俞樾《群经平议》说，两“而”字皆当作“能”字解。（古书“而”“能”二字常通用，例如《战国策》“而解此环不”？就是“能解此环否”。）时代不同，则其所谓“中”者亦异。“时中”，就是随时而处其中，无过不及。无忌惮，就是无所禁忌，胆大妄为，所以反乎中庸。按无忌惮之小人，虽事事反于中庸，而悍然自以为中庸，故“反”字不加亦可通。谢良佐《上蔡语录》，倪思《中庸集义》都如此说。

上面一段，朱子以为是第二章。

子曰：“中庸其至矣乎！民鲜能久矣！”

《论语·雍也》子曰：“中庸之为德也，其至矣乎，民鲜能久矣！”此处所引，即《论语》所记。“鲜”，上声，少也。

上面两句，朱子以为是第三章。

子曰：“道之不行也，我知之矣。知者过之，愚者不及也。道之不明也，我知之矣。贤者过之，不肖者不及也。人莫不饮食也，鲜能知味也”。

“知”，同智。“鲜”，上声。“道”是做人之道，指“中庸”而言。聪明的人，以为中庸之道，太平常而不肯行；愚笨的人，智力有所不及，又不能行中庸之道；所以道不行了。贤德的人，以为中庸的道理太平常，不必加以阐明；不肖的人，又不求了解其意义；所以道不明了。但是中庸为人人所共由之道，不可须臾离，如人的饮食一般，故又以饮食为喻。虽然没一个人不饮食，但能真正知味的却很少呢！按《四书辨疑》说此段“行”“明”二字当互易。因为“知”“愚”就“知”言，“贤”“不肖”，就“行”言；二字互易，意更明白。司马光与王安石书全引此段，正“行”“明”二字互易。王安石《书李文公集后》，苏轼《中庸论》皆引此文，作“道之不行，我知之矣；贤者过之，不肖者不及也”。

上面一段，朱子以为是第四章。

子曰：“道其不行矣夫！”

“夫”，音扶，与今语所用的“吧”字同。

上面一句，朱子以为是第五章。

子曰：“舜其大知也与！舜好问而好察迩言，隐恶而扬善。执其两端，用其中于民，其斯以为舜乎！”

“知”，同智。“与”，同欤。“好”，去声。“舜其大知也与”，是孔子赞美舜的话。“迩言”就是浅近平凡之言，或左右亲近之言；在平常人，不是忽视它，就先入易中而为它所蔽；舜则必细察之。“好问”，就是《论语》所说的“不耻下问”，“以能问于不能，以多问于寡”；“察迩言”，含有《诗经》“询于刍荛”和《孟子》“善知言”的两层意思。既问之，既察之，又因其恶而扬其善；其有过或不及，则执其两端，折中而用之，以求合乎中庸之道。舜之所以为舜，舜所以为大智，就是因此。孟子说舜“取诸人以为善”，也是指此而言。

上面一段，朱子以为是第六章。

子曰：“人皆曰‘予知’；驱而纳诸罟擭陷阱之中而莫之知辟也。人皆曰‘予知’，择乎中庸而不能期月守也。”

“予知”之“知”，同智。罟，音古。罟，是捕鱼鸟的网；擭，是捕兽的机槛陷阱，是捕兽的陷坑，辟，同避。期，音基；期月，匝月。人人都说自己聪明，而被人驱入罟擭陷阱之中，却不晓得避免；人人都说自己聪明，而自己所选的中庸之道，竟守不到一个月之久；这样，还能说自己是个聪明人吗？前二句是宾；后二句是主。

上面一段，朱子以为是第七章。

子曰：“回之为人也，择乎中庸，得一善，则拳拳服膺而弗失之矣。”

回，孔子弟子颜回，字渊。拳拳，奉持弗失的样子。服膺，存在心中。上章孔子叹一般人不能常守中庸之道；此章却举出弟子颜渊的做人，择乎中庸之道，得了一句善言，一件善行，就能奉持弗失，常常记在心里。

上面一段，朱子以为是第八章。

子曰：“天下国家可均也，爵禄可辞也，白刃可蹈也，中庸不可能也。”

“均”，作平治解。天下国家虽大，也有方法可以平治；高爵厚禄虽可恋，也不难辞掉；白晃晃的刀虽可怕，也可以有冲上去的时候；只有那中庸之道，却是不容易做得到的。

上面一段，朱子以为是第九章。

子路问强。子曰：“南方之强与？北方之强与？抑而强与？宽柔以教，

不报无道，南方之强也，君子居之。衽金革，死而不厌，北方之强也；而强者居之。故君子和而不流，强哉矫，中立而不倚，强哉矫；国有道，不变塞焉，强哉矫；国无道，至死不变，强哉矫！”

与，同欤。“而”同“尔”。子路，孔子弟子，字仲由，他好勇，所以问孔子怎么叫做“强”。孔子答道：“你问的是南方人的强呢？北方人的强呢？还是你自己的强呢？”“宽柔以教”，是说把宽宏大量柔和容忍的道理去教人。“不报无道”，是说即使人家以无道待我，我也不怀报复之心。道是“南方之强”。“衽”作带着解。金革就是刀枪甲胄之类，是说着了甲胄，带了刀枪，和人去作战，即使死了也不以为厌恨。这是“北方之强”。南方之强，是君子所居；北方之强，则是你们强者所居。“强哉矫”，是形容强者武勇的神气。“和而不流”，是说以和待人却不为流俗所牵。“中立而不倚”，是说守中庸之道，而无所偏倚。就是“穷”，指未达之时而言。国有道，虽达二在上，仍不变其未达时之所守；这就是孟子所谓“富贵不能淫”。国无道，则虽困穷危险，甚而至于死亡，宁可杀身成仁，舍生取义，亦不变其平生之所守；这就是孟子所谓“贫贱不能移，威武不能屈”。这才可说是君子之强。

上面一段，朱子以为是第十章。

子曰：“素隐行怪，后世有述焉；吾弗为之矣。君子遵道而行，半途而废，吾弗能已矣。君子依乎中庸，遁世不见知而不悔，唯圣者能之。”

朱子注：“素，按汉书当作索。盖字之误也。”按《汉书艺文志·方技略》引此“素”作“索”；颜师古注，以“求索隐暗”释之。故朱注又说：“素隐行怪，谓深求隐僻之理，而过为诡异之行也。”“索隐”是好为非常之行，就是上文的“知者过之”；“行怪”是好为非常之行，就是上文的“贤者过之”。倪思《中庸集义》则不以朱子的改“素”字为“索”字为然。他说，“素”即是“平素”“素常”之意，与下文“素其位而行”之“素”字同义。“素隐”是以隐居为素常。则“素隐行怪”正指老庄派之退隐曲全，宁为曳尾之龟，断尾之鸡，陈仲子之食李三咽，食鹅一哇之类。后世虽亦有称述之者，我却不能这样地随意废止的。总之，“素隐行怪”的是太过；“半塗而废”的是不及；君子则始终依着中庸之道做去，虽因此而不为世用，遁迹山林，无人知我，也不悔恨。这只有圣人做得到啊！

上面一段，朱子以为是第十一章。又说：“子思所引夫子之言，以明首章之义者；止此。盖此篇大旨，以智仁勇三达德为入道之门，故于篇首，即以大舜、颜渊、子路之事明之。舜，知也；颜渊，仁也；子路，勇也。三者废其一，则无以造道而成德矣。”总之以上数章，都在反复说明中庸的难能可贵。

【问题】

（一）何谓“时中”？

（二）中庸之道，何以不行不明？

（三）舜何以能成为“大知”？

（四）君子之强如何？

（五）何谓“素隐行怪”？

君子之道，费而隐。夫妇之愚，可以与知焉，及其至也，虽圣人亦有所不知焉。夫妇之不肖，可以能行焉；及其至也，虽圣人亦有所不能焉。天地之大也，人犹有所憾。故君子语大，天下莫能载焉；语小，天下莫能破焉。《诗》云：“鸢飞戾天，鱼跃于渊。”言其上下察也。君子之道，造端乎夫妇，及其至也，察乎天地。

“与”，去声，参与也。朱子说：“费，用之广也。隐，体之微也”。君子之道，其用很广大，而其体则极微妙。就其大体而论，则一般愚夫愚妇都能预闻知道。至于精微深妙之处，虽圣人也有所不知。就其一端而论，一般愚夫愚妇能够做的，如要做到精微深妙之处，则虽圣人也有所不能！“天地之大，人又有所憾”者，如雨晒寒暑不时之类。道则至大无外，故天下莫能载；至小无内，故天下莫能破；一般人如何能完全知道，完全履行呢？所引《诗经·大雅·旱麓》。王引之说："《广雅》云'察，至也'。此引《诗》以明君子之道之大，上至于天下，下至于地也"。(见经义述闻)。《管子·内业》："上察于天，下极于地。""察"字亦作"至"字解。道之初步，夫妇可以与知，可以能行，故曰"造端乎夫妇"。及其至极，则上至于天，下至于地，故曰"察乎天地"。

上面一段，朱子以为是第十二章。是子思之言，申明首章道不可离之意。

子曰："道不远人，人之为道而远人，不可以为道。《诗》云：'伐柯伐柯，其则不远。'执柯以伐柯，睨而视之，犹以为远。故君子以人治人，改而止。

上面说过："率性之谓道。"道即是人道，在日常生活之中，而不可须臾离者，故曰："道不远人。"若人之为道而远于人生，远于人情，便不是人道了。所引《诗经·豳风·伐柯》。"柯"，就是斧柄。"则"作法则、榜样解。"睨"是斜着眼看。伐柯，是砍木头作斧柄。执着斧柄，去砍木头；这木头，也是拿来做斧柄的。我们如果要晓得所看的木头的长短粗细，只要看他手里执着的斧柄怎样就好了。现在砍木头的人，不看手里的斧柄，却斜着眼睛去看别的地方，要找斧柄的样子，岂不是大笑话吗？故君子以人治，人能改即止；其所以治人者，都是一般人所与知而能行的。这就是张载所说"以众人望人则易从"的意思。

"忠恕违道不远，施诸己而不愿，亦勿施于人。

《论语》中曾子说："夫子之道，忠恕而已矣。"就是"忠恕违道不远"的意思。朱注说："尽己之心为忠，推己及人为恕。""忠"就积极方面说，"恕"就消极方面说；其实是一贯的。论语所说："己欲立而立人，己欲达而达人"，是"忠"；"我不欲人之加诸我也，我亦欲无加诸人"，是"恕"。孟子所说："老吾老以及人之老，幼吾幼以及人之幼"，是"忠"；"所恶于上，无以使下，所恶于下，无以事上……"，是"恕"。所谓"忠恕"，就是大学的"絜矩之道"。上文所说的"以人治人"，亦就是"忠恕"而已。

"君子之道四，丘未能一焉：所求乎子以事父，未能也；所求乎臣以事君，未能也；所求乎弟以事兄，未能也；所求乎朋友先施之，未能也。庸德之行，庸言之谨；有所不足，不敢不勉；有余不敢尽。言顾行，行顾言，君子胡不慥慥尔！"

丘，孔子的名。以求乎子者事父，以所求乎臣者事君，以所求乎弟者事兄，以所求乎朋友者先施之于朋友；这四者都是"君子之道"，则就积极方面说；可以互相发明。自己说未能做到一样，是他老先生自谦的话。孔子又说：我只是实践平常的道德，谨守平常的言论。行为方面，自己觉得欠缺的，不敢不勉励；言论方面，虽然自觉有余，却不敢尽言。这就是《论语》所说"欲讷于言而敏于行"，"言之不出，耻躬之不殆"的意思。《广雅》："慥，言行急也"。"慥慥"犹"蹙蹙"，"汲汲"，有黾勉不敢缓之意。(王引之《经义述闻》说)。"慥慥，笃实貌。言君子之言行如此，岂不慥慥乎，赞美之也。"义亦可通。

上面三段，朱子以为是第十三章。

君子素其位而行，不愿乎其外。素富贵，行乎富贵。素贫贱，行乎贫贱。素夷狄，行乎夷狄。素患难行乎患难。君子无入而不自得焉。

素，是"现在"的意思。君子做人，在怎样的地位，就怎样的做法。不希望做地位以外的事，在富贵的地位，就照富贵地位去做人；在贫贱的地位，就照贫贱地位去做人；就是在夷狄的地位，也就照夷狄的地位去做人；在患难的地位，也照患难的地位去做人。君子不论在什么地位，都是随遇而安，悠然自得，不作非分之望，所以能“无入而不自得焉”。

在上位，不陵下；在下位，不援上。正己而不求于人，则无怨；上不怨天，下不尤人。故君子居易以俟命，小人行险以徼幸。子曰：“射有似乎君子；失诸正鹄，反求诸其身。”

此段是作中庸的人所加的话。在上等的地位，不欺凌下面的人；在下面的地位，不攀援上面的人。一个人只要自己规规矩矩地做去，一概不求人，自然没有什么怨望，上不致怨天，下不至尤人了。君子素其位而行，不愿乎其外，无入而不自得，故能安心居于平易的地位，以待天命的到来。小人却要冒险钻营，妄求富贵，希望幸而偶然得到也。徼，平声，求也。幸是不得当偶然得之者。末了又引孔子的话以譬喻明之。古代射时所张的箭靶，叫做“候”。候之中，缝上一块皮，叫做“鹄”。鹄之中，画着一个中心，叫做“正”。“失诸正鹄”，就是射不着候中的正鹄。射不着正鹄，不怨别的，只是反求诸已，怨自己的身子不正而已。这一点，却有似乎君子做人之道。

上面两段，朱子以为是第十四章。

君子之道，辟如行远必自迩，辟如登高必自卑。《诗》曰：“妻子好合，如鼓瑟琴。兄弟既翕，和乐且耽。宜尔室家，乐尔妻帑。”子曰：“父母其顺矣乎！”

“辟如”，和“譬如”相同。迩，作近解，和远字相对。卑，作低解，和高字相对。“行远自迩，登高自卑”，就是上文“造端乎夫妇”，大学“治国必先齐家”，诗经“刑于寡妻，至于兄弟，以御于家邦”的意思。故本段全就家庭方面说。所引《诗经》，见《小雅·棠棣》。“如鼓瑟琴”是以瑟琴喻其和谐。“翕”就是合。乐，音洛。也是耽欢乐的意思。妻帑，就是妻子。妻子和好，兄弟投合，世家一定很相宜，妻子一定很欢乐了。孔子读了这首诗便叹道：“果然能够这样，他的父母，一定也很乐意了啊！”

上面一段，朱子以为是第十五章。

子曰：“鬼神之为德，其盛矣乎！视之而弗见，听之而弗闻，体物而不可遗。使天下之人，齐明盛服，以承祭祀，洋洋乎，如在其上，如在其左右。《诗》曰：‘神之格思，不可度思！矧可射思！’夫微之显，诚之不可揜如此夫！”

鬼神，视之弗见，听之弗闻。但又无乎不在，为物之体，而物所不能遗。齐，同斋字，就是斋戒；明，作洁净解。鬼神能使天下之人，都斋戒沐浴，整齐衣冠以奉承祭祀；祭祀的时候，又像鬼神在他之上，在他之左右，无不充满着、流动着。所引《诗经·大雅·抑》。格，作来字解。思，语助辞。度，入声。矧，作况字解。射，音亦，作厌怠不敬解。《诗经》作“斁”。鬼神来享受祭祀，无形无声，不可意度，又何况厌怠不敬呢！夫音扶。揜同掩。此段是以鬼神喻道，并非专论鬼神。视之弗见，听之弗闻，就是所谓“隐”。如在其上，如在其左右，体物不遗，无乎不在，就是所谓“费”。《道德经》说：“视之不见名曰夷，听之不闻名曰希，搏之不得名曰微”；“无状之状，无物之象，是谓惚恍”；“惚兮恍兮，其中有象；恍兮惚兮，其中有物；窈兮冥兮，其中有精”；“周行而不殆，可以为天下母”，也是同一说法。所以末二句说：所谓道者，其微之显，诚之不可揜，也如此吧！“此”字就指上文所说的“鬼神之德”。

上面一段，朱子以为是第十六章。按以上五章，旨在说明君子之道，用费体隐，而又不远乎人，仍是申明首章之意。

【问题】

（一）何谓“费而隐”？

（二）何谓“道不远人”？

（三）何谓“忠恕”？

（四）何谓“素其位而行，不愿乎其外”？

（五）此处何以忽插入论鬼神一段？

子曰：“舜其大孝也与！德为圣人，尊为天子，富有四海之内。宗庙飨之，子孙保之。故大德必得其位，必得其禄。必得其名，必得其寿，故天之生物，必因其材而笃焉。故栽者培之，倾者覆之。”

“与”同欤。孔子说，像舜这样真是个大孝的人吧！论他的道德，已致圣人之境；论他的地位，已是天子之贵；论他的富，已有四海之大；死了之后，世世受宗庙的祭养；他的子孙，又世世代代能保守着。由此可见有大德的圣人，必得大禄，必得高名，必得大寿。因为天之生人物，必因其材质而加厚之。如同树木一样，可栽植之材，必加以培溉；将倾倒之树，始因而斫伐。

《诗》曰：“嘉乐君子，宪宪令德。宜民宜人，受禄于天，保佑命之，自天申之。”故大德者必受命。

乐，音洛。所引《诗经·大雅·假乐》。嘉，作善字解，《诗经》作“假”。宪宪，兴盛的样子，《诗经》作“显显”。令德，就是美德。“宜民宜人”，说宜于治理人民。“受禄于天”，说受天禄，作天子。“保佑命之”，说天必保佑他，命他为天子。申，就是重；说天忠申其命。孔子既引《诗经》，又加以断语道，所以有大德的人，必受天命。这就是孟子所说：“古之人修其天爵，而人爵从之”的意思。

上面两段，朱子以为是第十七章。

子曰：无忧者，其惟文王乎！以王季为父，以武王为子，父作之，子述之。武王缵大王、王季、文王之绪，壹戎衣而有天下，身不失天下之显名，尊为天子，富有四海之内，宗庙飨之，子孙保之。

“大”同太。文王姬姓，名昌，殷之诸侯，为西伯。王季，名季历，文王父。武王名发，文王子，灭纣而为天子。王季，文王，武王三代，父亲创业，儿子继志述事。继便是继承；绪就是功业。太王，即《诗经》之古公亶父，王季之父。“壹戎衣”而有天下，说武王一着戎服，他用兵伐纣，便得了天下。按朱子说“壹戎衣”见《尚书·武成》。但今文尚书无武成“壹戎衣”即康诰之“壹戎殷”。郑玄注本篇说，“衣”读如“殷”。因为古“依”字作“”，“殷”字亦从“ ”声。壹同殪，是诛灭之意。戎，作大解。“壹戎殷”就是灭大殷。这是陈乔枞《礼记·郑读考》的解法，附录于此。

武王末受命，周公成文、武之德，追王大王、王季，上祀先公以天子之礼。斯礼也，达乎诸侯、大夫，及士、庶人。父为大夫，子为士，葬以大夫，祭以士。父为士，子为大夫，葬以士，祭以大夫。期之丧，达乎大夫。三年之丧，达乎天子。父母之丧，无贵贱一也。”

期，音基，是周年的意思。末，年老的意思。说武王末年方受命为天子。周公名旦，武王弟，相成王，继承文王武王之德业。追王，就是追溯上去，把先代加了王号。太王、王季、文王的王号，是周公所追加的。先公，是说太王以前的祖宗。“斯礼”指以天子之礼，祭祀以前的祖宗。从天子到诸侯大夫，及士与百姓，都照这个礼做。所以葬时用死者的爵位行礼，祭时则用其子的爵位行礼。旁系亲属的期年之丧只到大夫为止，大子诸侯，可以降服。直系亲属的三年之丧，则天子也须遵守。至于父母之丧，则毫无贵贱的分别了。按三年之丧，不尽为父母之丧；嫡孙承重为祖父母，继立者为先君，天子为后，也都是三年服。故与父母之丧分别而言。详见王夫之之《四书稗疏》。

上面两段，朱子以为是第十八章。

子曰：武王、周公，其达孝矣乎！夫孝者，善继人之志，善述人之事

者也。春秋修其祖庙，陈其宗器，设其裳衣，荐其时食。

达，作"通"字解。"达孝"犹孟子所谓"达尊"；天下之人通谓之孝，故曰"达孝"。夫，音扶。善继志，善述事，指上文武王赞绪，周公成德而言。祖庙，祖宗神位所在的庙；宗器，为先世重要的祭器。裳衣，是祖先穿过的衣服。时食，就是四季应时之食物。荐，祭祀时进献的意思。这是由武王、周公，善继志、善述事，说到祭祀也，是子孙不忘先人的意思。

宗庙之礼，所以序昭穆也。序爵，所以辨贵贱也。序事，所以辨贤也。旅酬下为上，所以逮贱也。燕毛，所以序齿也。

宗庙里的神位，左边称"昭"，右边称"穆"，行礼于宗庙，子孙亦以为序。序爵，以官爵的大小为序，所以辨别贵贱。"事"，是宗庙中行礼时的职事，分别才能，使各司其职，所以说："辨贤"。旅酬，是众人同饮酒的意思。逮，作"及"字解。按《礼记郊特牲》《仪礼特牲》馈食礼，均说使宾弟子，兄弟之子各举觯于其长，这便是"旅酬"。"下"及"贱"，即指弟子等而言。皆得举觯，是下为上所酬，是普及于贱者了。燕，同饮宴的宴；毛，同耄，老也。宴老人，以年齿为序。这一节所说，都是宗庙祭祀燕饮的礼节。

践其位，行其礼，奏其乐，敬其所尊，爱其所亲，事死如事生，事亡如事存，孝之至也。

"其"指祖先而言。践，履也，登也。登祖先之位，行祖先之礼，奏祖先之乐，敬祖先之所尊，爱祖先之所亲，奉事已死亡的尊亲，如生存时一样，可说是孝之极了。

郊社之礼，所以事上帝也。宗庙之礼，所以祀乎其先也。明乎郊社之

礼、禘尝之义，治国其如示诸掌乎！”

郊，是祭天；社，是祭地；祭天地，就是奉事上帝。宗庙里所供的是祖先，宗庙之礼，就是祭祀祖先。禘，是天子在宗庙中最重要的大祭。尝，是每年秋天所行的常祭，如同今人的做七月半。《论语·八佾》“或问禘之说。子曰：‘不知也。知其说者之于天下也，其如示诸斯乎！’指其掌。”与本节同意。天地是人之本，祖先是生之本，祭祀天地祖先，同是不忘本，同是一种敬鬼神的诚意。故因孝而述及祭祀祖先，又述及祭祀天地。古代以政治宗教合一，儒家尤重祭祀。祭祀时人人都恭敬虔诚，如有鬼神在上监察一般，为非作恶的念头，自然没有了。这是圣人神道设教的本意，可以通于治国。

【问题】

（一）何谓“因材而荐”？

（二）何谓“继志，述事”？

（三）古代祭祀与政治关系如何？

哀公问政。子曰：“文武之政，布在方策。其人存，则其政举；其人亡，则其政息。人道敏政，地道敏树。夫政也者，蒲卢也。

哀公是鲁国的国君，名将。方，就是木版；策，就是竹简编成的册子。古时用木版竹简代纸。方策，即指书籍而言。这是说文王、武王所施行的政事，都载在书籍上面。文王、武王存在的时候，一切政事都能举行。文王、武王死了，他的政事，也就息灭了。这是儒家主张“人治”的说法。敏，是快的意思。夫，音扶。蒲卢是一种容易生长的植物。人道莫敏于政治，地道莫敏于树植。蒲卢更是容易生长的，故以为政治易见成效之喻。

故为政在人，取人以身，修身以道，修道以仁。仁者，人也；亲亲为大。义者，宜也；尊贤为大。亲亲之杀，尊贤之等，礼所生也。

人存政举，人亡政息，故曰“为政在人”。应该怎样的取人呢？先要看他的本身，能不能修。何以修身，曰道。何以修道，曰仁。《孟子·尽心》说：“仁也者，人也。”《礼记·表记》说：“仁者，人也。”“仁”从二人，为人相偶之道，故古书多以“人”释“仁”。这就是说仁是做人的根本原则。《论语·学而》“孝弟也者，其为仁之本与。”《孟子·尽心》说：“仁之实，事亲是也。”又说：“亲亲，仁也。”儒家言仁，由亲及疏，故以“亲亲”为本。《法言重黎》也说：“事得其宜之为义。”以“宜”训“义”，取其音义都近。亲亲是由于情感，尊贤是由于理智，故义以尊贤为大。杀，音所界切。作等差解。先由最亲的人，以推之于次亲的人，再由次亲的人，以推之于疏远的人，一等一等的推去，叫做“亲亲之杀，尊贤之等”，是礼所由产生的。

（在下位不获乎上，民不可得而治矣。）

这三句，郑玄注应属于下，此处误重，应删。

故君子不可以不修身；思修身，不可以不事亲；思事亲，不可以不知人，思知人，不可以不知天。

这是承上文说的。君子要治国，便“不可以不修身”。“修身以道，修道以仁”而仁以“亲亲为大”，故“思修身，不可以不事亲”。想以孝事亲，必须知尊贤之义，庶几取友必端，可以辅仁，故“不可以不知人”。人之性，命自天，大道即天理，知人须先知自然之理，故“不可以不知天”。

天下之达道五，所以行之者三。曰：君臣也，父子也，夫妇也，昆弟也，朋友之交也，五者天下之达道也。知，仁，勇，三者天下之达德也，所以行之者一也。

达道，就是人人共由之路。人与人的关系，无非是君臣，父子，夫妇，兄弟，朋友五种。（现在政体共和，似已无所谓君臣。其实，人民对于一国的领袖，一个机关中的职员对于主管者，仍有广义的君臣关系）。达德，就是人人应有的德性。知同智，智慧，仁爱，勇敢，是知情意三种心理作用修养到极处的名称，是到处要用到最重要的德性。朱子说："所以行之者一也"的"一"是"诚"。按何孟春订注的《孔子家语》"一也"之下，有"一者诚也"句，正与朱子相合。王引之经义述闻说"一"是衍文。"所以行之者也"，正与上文"所以行之者三"相应，不当有"一"字；此因下文"所以行之者一也"句而衍。《史记·平津侯主父列传》"智，仁，勇，此三者，天下之通德，所以行之者也"。《汉书·公孙弘传》："仁，智，勇，三者，所以行之者也。"皆无"一"字。郑玄《礼记注》，于下文"所以行之者一也"句注："一，谓当豫也。"于此句不释"一"字，则郑注 无"一"字可知。理由也很充分。

或生而知之，或学而知之，或困而知之，及其知之一也。或安而行之，或利而行之，或勉强而行之，及其成功一也。

上智的人，不待教训学习，自然能知晓；次一等的，须教训学习，继能知晓；再次一等的，一时学不会，必须苦苦地学习，继得知晓。所以就资质说，人可分为三等。三等人虽有高下之别，但到既明晓之后，还是一样的。至于就实践说：有的人安然自得地做去，有的人以为有利才去做，有的人是勉强做的。这三等人，做时虽各不相同，但到成功之后还是一样的。

子曰：好学近乎知，力行近乎仁，知耻近乎勇。

"近乎知"的"知"，同智。此节"子曰"二字，朱子以为是衍文。中庸或问说，《孔子家语》，"成功一也"之下，还有哀公的说话，所以其下又用"子曰"。今无哀公的问说，而尚有"子曰"二字，所以是衍文。按

《孔子家语》是王肃所造的伪书。朱子据家语以议中庸，怕不妥当。翟灏《四书考异》说：“按《汉书·公孙弘传》，此间有‘故曰’二字；‘子’字或是‘故’字之误。”孔子的意思是说好学虽非“知”，但能求知，即可以破愚，故“近知”。力行虽非仁，但能求仁，即是足以忘私，故“近乎仁”。知耻虽非勇，但能知耻，即可以起懦，故“近乎勇”。

知斯三者，则知所以修身；知所以修身，则知所以治人；知所以治人，则知所以治天下国家矣。”

“斯三者”，指好学，力行，知耻。修身虽非是修养，智仁勇，三达德。所以说：“如斯三者，则知所以修身。”修身，齐家，治国，平天下，本是一贯的；所以说：“知修身则知所以治人；知治人，则知所以治天下国家矣。”

凡为天下国家有九经，曰：修身也。尊贤也，亲亲也，敬大臣也，体群臣也。子庶民也，来百工也，柔远人也，怀诸侯也。

“为”，就是治理的意思。“九经”，就是九项大纲。“体”就是体恤，朱子所谓“设身处地以查其心”。“子庶民”就是爱民如子。“来”，就是孟子“劳之来之”之“来”，字亦作“勑”亦作勤勉的意思。(此王引之《经义述闻》说，与下文“所以劝百工也”正相应。)朱注说：“柔远人，所谓‘无忘宾旅’者也。”“远人”。指远方之人；《论语》说的“近者悦，远者来”，孟子说的“天下之旅皆悦而愿出于其途”，就是“柔远人”的效果。

修身则道立，尊贤则不惑，亲亲则诸父昆弟不怨，敬大臣则不眩，体群臣则士之报礼重，子庶民则百姓劝，来百工则财用足，柔远人则四方归之，怀诸侯则天下畏之。

上文说“修身以道”，故“修身则道立”。尊贤，则事理明，自然进道而不会惑乱了；敬大臣，则信任专，自然临事而不昏眩了。体恤群臣，则才能之士，皆思感恩图报，而知所以尊敬君上了。爱民如子，百姓必为之感动，互相劝勉，以事其上了。劝勉百工，使之制器造物，则生之者众，为之者疾，财用自然充足了。柔远人，则四方之人，自然都来归附了。怀诸侯，则天下各国，都畏服来朝了。这都是说九经的效验。

齐明盛服，非礼不动。所以修身也；去谗远色，贱货而贵德，所以劝贤也；尊其位，重其禄，同其好恶，所以劝亲亲也；官盛任使，所以劝大臣也；忠信重禄，所以劝士也；时使薄敛，所以劝百姓也；日省月试，既廪称事，所以劝百工也；送往迎来，嘉善而矜不能，所以柔远人也；继绝世，举废国，治乱持危。朝聘以时，厚往而薄来，所以怀诸侯也。凡为天下国家有九经，所以行之者一也。

上面说九经的效验，这段说施行九经的方法。“齐”同斋，斋戒的意思。“明”是洁净，盛服，大礼服。“馋”是专说人家坏话的馋人；“色”指女色。货，就是财货。德就是道德。劝，是奖励的意思。“尊其位，重其禄”，就是孟子所说“亲之欲其贵，爱之欲其富”的意思。“好”“恶”皆去声。古代同姓贵族，为一国重望所系，故须“同其好恶”。“劝亲亲”，是以“亲亲”为天下倡。“官盛任使”，是说大臣当使属员盛多，听其任使，这是劝勉大臣的方法。“忠信重禄”，是说勉士以忠信之行，又给以重禄，这是劝勉士人的道理。“时使”就是《论语》的“使民以时”。使百姓服公役，当在农事空闲的时候；“薄敛”，就是减轻粮税，废除苛捐杂税；这是劝勉百姓的方法。“省”是视察，“试”是考验。“既”同“暨”，同“饩”。“既廪”，是公家发给的粮食。称，去声，是相当的意思。对于百工的工作，当日省月试，视其勤惰上下，为所给既廪的多少的标准；只是怀柔远人的道理。诸侯之国，有世系已绝的，使得继续；国事已废的，使得振兴；他们国内若有乱事，当为之治平；若有危险，当为之扶持；朝天子以聘各国，当使之依一定的时期；至于棉帛，送来的不妨薄，送去的必须丰厚；这是怀诸侯的方法。以上所说，是治天下国家的九项大纲的办法，“所以行之者”却只有个“诚”字。如其不诚，则虽有种种办法，都变成虚文故事了。郑玄注说：“一谓当豫也”。所当豫者，就是这个“诚”。（齐召南《中庸注疏考证》说）。郑朱二家之意，仍是相通的。

“凡事豫则立，不豫则废。言前定则不跲，事前定则不困，行前定则不疚，道前定则不穷。

“豫”就是准备的意思。凡百事体，都要先有准备，然后能做得成功。如果没有预备，必致废败而无所成。“跲”，音颊，朱注云：“踬也”。踬就是撅倒的意思。俞樾《群经平议》据张参《五经文字》，说当作“歛”就是老子“将欲歛之”的“歛”字，是闭塞的意思。譬如演说辩论，必须先把要说的话预先备好，才不至于理由站不住，也不至于格格不吐了。做事业是如此，把步骤预先定好，方不会感到困难。“疚”就是《论语》“内省不疚”的疚，是惭愧悔恨的意思。一切行为，也须预先加以思考决定，才不会惭愧悔恨；这就是《论语》“行寡悔”的意思。推而至于做人之道，也须预先定妥，则不至于行不通。凡事有诚心去做，才能预先准备；如果没有诚心，随随便便的做事，就毫无预备了。

在下位不获乎上，民不可得而治矣。获乎上有道，不信乎朋友，不获乎上矣；信乎朋友有道，不顺乎亲，不信乎朋友矣；顺乎亲有道，反诸身不诚，不顺乎亲矣；诚身有道，不明乎善，不诚乎身矣。

在下位的人，不能获得上面的信任，则百事掣肘，不能治百姓了。要获得上面的信任，必须对朋友先有信用；对朋友没有信用，必不能获得上面的信任的。要对朋友有信用，须先能孝顺自己的双亲；如果双亲尚不能孝顺，就不能使朋友相信了。孝顺双亲，先要反省自己做人是不是诚实；

不诚实，则对双亲也都出以虚伪，怎么说得上孝顺呢？要诚实，又必须心中真能明白善恶；对于善恶还不明白，如何能诚实呢？这一段说“明善诚身”为“治民”之本，和《大学》以“致知”“诚意”为“治平”之本，是同一道理。

诚者，天之道也；诚之者，人之道也。诚者不勉而中，不思而得，从容中道，圣人也。诚之者，择善而固执之者也。

天道运行，真实无妄，至公无私，所以说：“诚者，天之道也。”人既受天命之性以生，自不能违背天道，而求所以“诚之”，所以说“诚之者，人之道也”，从，七容反；“从容”不勉强的意思。圣人自然合于天道，故不必勉强，自能合乎中和。“进而知之”，故不思而得，“安而行之”，故从容中道。至于常人，拣定好的行为，坚执着做去了，所谓“择善而固执之”，就是上文所说“择乎中庸，得一善，则拳拳服膺，而弗失之”的意思。按朱注说：“中，并去声。”似两“中”字都作“合”字解。但答徐彦章书又说：“‘不勉而中’之中，以未发言恐未妥。此‘中’字却是发而无过不及之‘中’。”则两“中”字当如本字读平声了。既非“生知”，故须“择善”；不能“安行”，故须“固执”。

“博学之，审问之，慎思之，明辨之，笃行之。有弗学，学之弗能，弗措也；有弗问，问之弗知，弗措也；有弗思，思之弗得，弗措也；有弗辨，辨之弗明，弗措也；有弗行，行之弗笃，弗措也。人一能之己百之，人十能之己千之。果能此道矣。虽愚必明，虽柔必强。”

这一段是承上文“择善固执”而言。怎样择善固执以诚之呢？这要从学问思辨行为上着力了。“措”，是丢在一边就此作罢的意思。除非不学，既学了，不到学识渊博，决不肯便罢；除非不去问人，既问人，不到完全明白，决不肯便罢；除非不去思想，既思想了，非到想出道理，决不便罢；

除非不去辨别，既辨别了，非到是非得失完全明白，决不便罢；除非不去做，既做了，非到切切实实的做出成绩来，决不便罢。人家学了一遍就会了，我就学他一百遍；人家学十回就会了，我就学他一千回。一个人果然能够这样方法做，即使是个呆笨的人，也聪明起来了；是个柔弱的人，也刚强起来了。

上面十四段，朱子以为是第二十章。

【问题】

（一）何谓“五达道”，“三达德”？

（二）就“知”“行”二方面说，人可以分为几等？

（三）何谓治天下国家的“九经”？其效果如何？方法如何？

（四）“明善”，“诚身”，何以是“治民”之本？

（五）何谓“诚者”？何谓“诚之者”？

（六）愚者欲明，柔者欲强，应当如何努力？

自诚明，谓之性。自明诚，谓之教。诚则明矣，明则诚矣。

自诚而明，即上文之“不思而得，从容中道”，自然合于天道，这全然是从天性而来的，所以说：“自诚明，谓之性。”自得而诚，即上文之由“明善”而“诚身”。这是从努力于学问思辨而得的，所以说“自明诚，谓之教”。前者是“生知安行”，从本以沿流；后者是“学知利行”，“困知勉行”，由流以溯源。但到了成功以后，还是一样的，所以说：“诚则明矣；明则诚矣。”

上面一段，朱子以为是第二十一章。

唯天下至诚，为能尽其性；能尽其性，则能尽人之性；能尽人之性，则能尽物之性；能尽物之性，则可以赞天地之化育；可以赞天地之化育，则可以与天地参矣。

人之性，命自天，而诚是天道，故唯至诚的圣人，才能尽自己的性。人和人，所命于天的性，都是一样的。所以说："能尽其性，则能尽人之性"。更推而广之，则"能尽人之性"者，亦"能尽物之性"了。天地间森罗万象，无非是物；既能尽物之性，则我与天地合一，"可以赞天地之化育"了。可以赞天地之化育，则可以与天地并立了。这就是首章"致中和，天地位焉，万物育焉"的意思。张载西铭所说的"乾父坤母，民胞物与"；陆象山所说的"宇宙便是吾心，吾心即是宇宙"；也是这个道理。这是儒家最伟大的哲学思想。

上面一段，朱子以为是第二十二章。

其次致曲。曲能有诚，诚则形，形则著，著则明，明则动，动则变，变则化。唯天下至诚为能化。

上段说的是圣人；这里说的是贤人。"其次"，是次于圣人一等的意思。"曲"指细微的偏于一方面事情。致，作用心去做，一点不放松的意思。细微的一方面的事，都能做到诚的地步，则"诚于中，形于外"，所以说："诚则形，形则著，著则明。""明则动"，是说能感动众人。"动则变，变则化"两句，是说感动众人之后，全社会，全人类，自能改变恶习，化成善俗了。这些都是由至诚而来的，所以说："唯天下至诚为能化。"按康有为《中庸注》说："'诚'，有诸已之信也；'形'，'著'，充实之美也；'明'，'动'，充实而有光辉之大也；'变'，'化'，大而化之之圣也。"康氏用《孟子·尽心》语，就自身道德之进步言。说亦可通。

上面一段，朱子以为是第二十三章。

至诚之道，可以前知。国家将兴，必有祯祥；国家将亡，必有妖孽。见乎蓍龟，动乎四体。祸福将至，善，必先知之；不善，必先知之。故至诚如神。

祯祥是吉兆，妖孽是凶兆。蓍，是一种灵草，古用以卜。四体，即手足，指人的动作威仪而言，如执玉高卑，其容俯仰之类。这段说至诚如神，可以前知，看似迷信之谈。其实，国家兴亡，人事祸福，都有其前因后果的关系。常人蔽于情感，蔽于私欲，往往当局而迷。唯至诚之圣人，无妄念，无私欲，不为情感所牵动，其理知，如天青似洗，皓月当空，无微不照，故于兴亡祸福之机，了如指掌。且所谓“祯祥”“妖孽”亦不专指麟凤之端，物怪之妖而言。丰年厚俗，义士仁人，也都是国家的祯祥；水旱之灾，浇漓之俗，奸恶贪残之人，也都是国家的妖孽。如此推想，方能明“至诚前知”之理，方能信“至诚前知”之说。

上面一段，朱子以为是第二十四章。

诚者自成也，而道自道也。诚者物之终始，不诚无物。是故君子诚之为贵。诚者非自成己而已也，所以成物也。成己，仁也；成物，知也。性之德也，合外内之道也，故时措之宜也。

“道也”之“道”，音“导”。“诚”是自己完成人格的要件；“道”是自己当行的路径；所以说：“诚者自成也，而道自道也。”“物”，兼事物而言。万事万物，终始本末，无不以诚为主，所以“诚者物之终始”。沟水易涸，昙花易萎；退而至于道德，事功，文艺，苟出虚伪，终归泯灭；所以说“不诚无物”。因下断语说：“是故君子诚之为贵”。更近一层说，则所谓诚者，不但可以完成自己的人格，还可以使一般人都能完成人格，许多物都完成其所受于自然的性格。这就是《论语》说的“己欲立而立人，己欲达而达人”，大学说的“明明德”而“新民”。能完成自己人格的人，就是“仁”，能使一切人和物都完成其受于自然之性，就是“知”。所以说：“成己，仁也；成物，知也。”知与智同。仁知是天生的德性，不假他求，所以说“性之德也”。“内”指“己”，“外”指“物”，成己成物，物我一体。无内外之殊，所以说“合外内之道也”。能有此成己成物之德，则“用行”“舍藏”，“兼善”“独善”，无施不宜；所以说：“故时措之宜也。”

上面一段，朱子以为是第二十五章。

故至诚无息。不息则久，久则征；征则悠远，悠远则博厚，博厚则高明。博厚，所以载物也；高明，所以覆物也；悠久，所以成物也。博厚配地，高明配天，悠久无疆。如此者，不见而章，不动而变，无为而成。

这一段申说至诚的效用。至诚法天，天行不息，故至诚亦无息，自然可以持久。诚于中者既恒久而不息，形于外者自能有著明之征验，悠远而无穷。所以能集之广博而深厚，发为高大而光明。“博厚”，就是孟子所谓“充实之谓美”；“高明”，就是孟子所谓“充实而有光辉之谓大”。“博厚载物”，指地；“高明覆物”，指天；“悠久成物”，指天地运行不息以化育万物。唯圣人能参天地，赞化育，而无穷极。“如此者，不见而章，不动而变，无为而成”。是这一段总结的话。见音现。说圣人的道德，能够这样博厚，高明，悠久，所以必自己表现，自然彰明；不必有所动作，而自然变化入神，人不必有所施为，而自然成就远大了。

天地之道，可一言而尽也。其为物不二，则其生物不测。天地之道：博也，厚也，高也，明也，悠也，久也。今夫天，斯昭昭之多，及其无穷也，日月星辰系焉，万物覆焉。今夫地，一撮土之多。及其广厚，载华岳而不重，振河海而不泄，万物载焉。今夫山，一卷石之多，及其广大，草木生之，禽兽居之，宝藏兴焉，今夫水，一勺之多，及其不测，鼋、鼍、蛟龙、鱼鳖生焉，货财殖焉。

“可一言而尽也”就是说“可一言以蔽之”。“一言”，即指下“其为物不贰，则其生物不测”一句。不二，就是“至诚”。天地化生万物，所以有令人不可测度之妙者，就是因为它的“至诚无息”。什么叫“天地之道”呢？天地之道，就是“博呀，厚呀，高呀，明呀，悠呀，久呀”。这都是“至诚”的效果。夫，音扶。“多”字从重“夕”，故有重复积累之义。“昭昭”是小小的光明。“振”是“洒”的意思。《史记·司马相如传》“振溪通谷”索隐引郭璞云：“振犹洒也”。七经考文说：“‘卷’，本作‘拳’。拳石，谓石小如拳。”“勺”同杓，挹水之器。更就天地山水推而言之，天，不过这一点点的亮光所积；但是说到那无穷大的天体，则日月星辰，都悬于天，所有万物，无不被他所覆盖。地，不过是一撮土所积，但是说到那广厚的大地，则载着华岳那样高大的山，也不觉其重；洒着大河大海那么多的水，也不会泼去；所有的万物，都能载得住，山不过是拳头般的石块所积，但是说到那广大的山，则草木生在上面，禽兽也栖在上面，金银煤铁藏在山里的宝货，也从那里发掘出来。水，不过是一杓一杓的水所积；但是说到那深广不测的海洋，则鼋鼍蛟龙鱼鳖等类，都生在那里，货物财富都靠它而生产。天地山水，这样广大繁富的宇宙，推其所以能成为如此的原理，却不外一个“诚”字而已。

《诗》云：“维天之命，於穆不已！”盖曰天之所以为天也。“於乎不显，文王之德之纯！”盖曰文王之所以为文也，纯亦不已。

於，作呜。乎，作呼。不，同丕。所引《诗经·周颂·维天之命》。於音乌，是慨叹的声音。穆，深远的意思。“不已”就是“不息”。这二句说天之所以为天的道理。“於乎”同呜呼，也是叹词。“不”为发声，无义。见王引之《经传释词》。“纯”，即是“不二”的意思。此二句说文王之所以得号为文的缘故。“不二”“不息”皆由“至诚”，是文王之道即天道，故曰“纯亦不已”。

上面三段，朱子以为是第二十六章。

【问题】

（一）何谓“自诚明”？何谓“自明诚”？

（二）至诚何以能前知？

（三）何谓“成己”、“成物”？

（四）“至诚”何以可参天地？

大哉！圣人之道。洋洋乎！发育万物，峻极于天。优优大哉！礼仪三百，威仪三千。待其人而后行。故曰：苟不至德，至道不凝焉。故君子尊德性而道问学。致广大而尽精微。极高明而道中庸。温故而知新，敦厚以崇礼。是故居上不骄，为下不倍；国有道，其言足以兴；国无道，其默足以容。《诗》曰："既明且哲，以保其身。"其此之谓与！

洋洋，充满的样子。峻，作高字解。优优，宽裕的样子。这段首赞圣人之道之大，充满宇宙之间，足以发育万物，高于天等，宽裕广大。礼仪，为周朝所定的大礼节，如冠婚丧祭之礼。威仪，为周朝所定的小仪节，如动作周旋之容。"三百"、"三千"，极言其条数之多。"待其人而后行"，就是上文"人存政举"的意思。至德，指圣人之德。凝，成功的意思；就是《尚书·虞书·皋陶谟》"庶绩其凝"的凝字。《易·系辞》说："苟非其人，道不虚行。"也是这个意思。

尊，是恭敬奉持之意。"德性"即"天命之性"，吾心之理。"道问学"，就是"讲学问"。汉儒清儒章句训诂之学，是"道学问"；宋明诸儒心性义理之学，是"尊德性"。"尊德性而道问学"，则合汉学宋学之长，广大精微，各臻其心；但虽极高明之境，而仍由乎中庸。"温故而知新"，就是《论语》子夏所谓"日知其所亡，月无忘其所能"。"敦厚"，就是笃厚。笃厚而崇尚礼节，则重在践履，不知如后世学者之好新奇，骛高远，尚空谈，轻实践了。倍，同背，作悖逆解。君子居上位既不骄傲；在下位也不做逆乱之事。当国家有道的时候，他说的话足以振兴国家。当国家无道的时候，君子就默而不言，亦足使自己免于祸害。《诗》曰："既明且哲，以保其身"，是引诗经以解释"默足以容"一句的意义的。所引《诗经·大雅·烝民》。"与"同欤。

上面一段，朱子以为是第二十七章。

子曰："愚而好自用，贱而好自专，生乎今之世，反古之道：如此者，

灾及其身者也。”

裁“反古之道”，朱注说：“反，复也。”郑玄注也说：“谓世之人不知今王之新政可从。”反古就是复古，便不合于“时中”了。这段又引孔子的话。本是愚笨的人，偏要自以为是；本是卑贱的人，偏不肯听人指导，凭自己的意思做去，生在现今的时代，偏要复古；这样的做人，必定要受灾祸的。

非天子，不议礼，不制度，不考文。今天下，车同轨，书同文，行同伦。虽有其位，苟无其德，不敢作礼乐焉；虽有其德。苟无其位，亦不敢作礼乐焉。

行，去声，非圣人在天子之位，不能做礼乐，制法度，考定文字。按许慎《说文解字·序》说七国之时，“车途异轨，律令异法，衣冠异制，言语异声，文字异形”，且老庄申商阳墨诸子，异学蜂起，正是车不同轨，书不同文，行不同伦，与此处所说相反。本篇所以如此说者，不过因春秋之末，东周之共主尚存，而当时之有位者皆无圣人之德，有其德如孔子者，又无天子之位；无德而妄作，便是愚而好自用了；无位而妄作，便是贱而好自专了。这是作者的一种曲笔，而其义则重在有位无德，有德无位。不敢作礼乐数句，不是圣德的人，虽在天子之位，不敢作礼乐。虽有圣德的人，不再天子之位，也不敢作礼乐。

子曰：“吾说夏礼，杞不足征也。吾学殷礼，有宋存焉。吾学周礼，今用之，吾从周。”

周定天下以后，封夏之后为杞国，殷之后为宋国。征，就是证明的意思，按《论语》八佾篇子曰：“夏礼吾能言之，杞不足征也；殷礼吾能言之，宋不足征也；文献不足故也。足，则吾能征之矣。”又说：“周监于二代，郁郁乎文哉，吾从周。”与此所说略异。《论语》言“宋不足征”，而此言“有宋存焉”者，《史记》言子思居宋，作中庸，故讳之。（阎若据说，见四书释地。）

上面三段，朱子以为是第二十八章。

王天下有三重焉，其寡过矣乎！上焉者虽善无征，无征不信，不信民弗从；下焉者虽善不尊，不尊不信，不信民弗从。故君子之道：本诸身，征诸庶民，考诸三王而不缪，建诸天地而不悖，质诸鬼神而无疑，百世以俟圣人而不惑。质诸鬼神而无疑，知天也；百世以俟圣人而不惑，知人也。

王，去声。“三重”，郑玄注说：就是“三王之礼”。朱子章句引吕氏的话，说就是议礼，制度，考文。康有为《中庸注》，“重”字读平声，做重复解。三重，说拨乱，升平，太平三世之中，又各有三世；言三世之中，又各有其三世。明此世运升降之理，则可以寡过。此今文公羊学之说。“上焉者，虽善无征，无征不信，不信民弗从”，是说时王以前，如夏商的礼，虽然很好，因年代湮远，无从证明；既已无从证明，便不能使人相信；不能使人相信，又怎能使百姓遵行呢？“下焉者，虽善不尊，不尊不信，不信民弗从”，是说如孔子般在下位的人，虽善于礼，因不在尊位，人也不信；不信，百姓又哪能遵行呢？所以君子之道，必定要从自身做起，然后证之百姓，又考之三代王者，没一些缪（同谬）戾，建立于天地之间，并不反悖，即使问之鬼神，亦无所疑虑，等到百世以后，圣人出来，也不会有什么疑惑了。“质诸鬼神”之“质”，作就正解。“知天”是知天理；“知人”是知人情。

是故君子动而世为天下道，行而世为天下法，言而世为天下则。远之则有望，近之则不厌。

这为人所共由，与法度准则，为人所共遵者同义。说君子的举动，行为，说话，可为世世天下人做模范。远者慕之，故有望；近者悦之，故不厌。

《诗》曰："在彼无恶，在此无射。庶几夙夜，以永终誉！"君子未有不如此而蚤有誉于天下者也。

恶，音污。射，作斁 。蚤，通早。所引《诗经·周颂·振鹭》。"恶"，去声，厌恶的意思。"射"，《诗》作"斁"，郑玄注音亦，朱子音斁 ，也是厌恶的意思。此处与"誉"字，叶韵，以音斁为宜。"夙夜"就是早夜。"蚤"，借作早。"在彼无恶"，即上文的"远之则有望"。"在此无射"，即上文的"近之则不厌"。庶几早夜孳孳，以恒久永保其令誉。君子未有不如此，而能早有令誉于天下的。

上面三段，朱子以为是第二十九章。

【问题】

（一）何谓"尊德性而道问学"？

（二）何谓"温故而知新"？

（三）如何方可议礼制度考文？

（四）何谓"王天下有三重"？

（五）何谓"在彼无恶，在此无射"？

仲尼祖述尧舜，宪章文武：上律天时，下袭水土。辟如天地之无不持载，无不覆帱，辟如四时之错行，如日月之代明。万物并育而不相害，道并行而不相悖。小德川流，大德敦化，此天地之所以为大也。

"祖述"是宗其道而传述之。"宪章"是取法的意思。"律"，也是法。"袭"，就是因。"辟"，同譬。"帱"，也是覆盖的意思。"错"，"代"，都是更迭的意思。"悖"是反背的意思。"川流"是如川之流。"敦"是笃厚，"化"是化育。这一段是子思赞孔子之道，远宗尧舜近法文武，上法天时之顺，下因水土之宜。其道之大，如天之无不覆地，地之无不载；其至诚无息，如四时之更迭而运行，日月之更迭而普照。万物并育其间而不相害，是说天地之大；诸子之道与之并行而不相悖，是说孔子之道之大。“小德川流”，即指“并行不悖”之诸子之道，如川之流，以海为归，所谓诸子俱出于六艺，各得一察焉以自好，终殊途而同归。“大德敦化”，指孔子之道，如天地之化育万物。天地之所以为大在此；孔子之道之所以为大亦在此。

上面一段，朱子以为是第三十章。

唯天下至圣为能聪明睿知，足以有临也；宽裕温柔，足以有容也；发强刚毅，足以有执也；齐庄中正，足以有敬也；文理密察，足以有别也。

思想纯正而灵敏叫做“睿”。“知”同“智”。“发”是奋发的意思。“执”就是守。“齐”同“斋”。“齐庄”是敬肃庄重的意思。“文理”即条理。“密察”是详细而明白。“聪明睿知”是“圣”，足以临民。“宽裕温柔”是“仁”，足以容物。“发强刚毅”是“义”，足以力其守。“齐庄中正”是“礼”，足以致其敬。“文理密察”是“智”，足以辨别是非。唯天下至圣，方能备此五德。

溥博渊泉，而时出之。溥博如天，渊泉如渊。见而民莫不敬，言而民莫不信，行而民莫不说。

“见”，去声，同“现”。“说”同“悦”。“溥博”是周遍而广大的意思；“渊泉”是幽静而深潥的意思。这是说圣人之德，周遍广大，幽静深，而又时时表现仪容于言行之间，其溥博则如天；其渊泉则如渊；其表现于仪容言行，人民莫不尊敬，莫不信服，莫不欢悦。

是以声名洋溢乎中国，施及蛮貊。舟车所至，人力所通，天之所覆，地之所载，日月所照，霜露所队，凡有血气者，莫不尊亲，故曰配天。

“施”同“迤”，旁及的意思。“队”同“坠”。这段是综结上两段的。圣人之德如此，所以他的声名，充满于中国，旁及南方之蛮，北方之貊，国外之未开化诸民族。凡是船只和车子所能到的，人的力量所能通的，天所覆的，地所载的，日月所照及的，霜露所下着的地方，凡有血气的人，无不尊敬他，亲爱他的。所以说圣人之道之大，是可以和天相配的。

上面三段，朱子以为是第三十一章。

唯天下至诚，为能经纶天下之大经，立天下之大本，知天地之化育，夫焉有所倚？肫肫其仁，渊渊其渊，浩浩其天。苟不固聪明圣知达天德者，其孰能知之？

经纶，本为织丝的名词，引申作治理解。大经，就是上文所说“凡为天下国家有九经”的九项治平的大纲。大本，就是上文所说“中也者，天下之大本也”的“中”。知化育，就是上文所说的“赞天地之化育”。“夫”音扶。“焉”，平声，作“何”字解。“夫焉有所倚”就是说何尝倚着别的呢？“肫”音之纯反。“肫肫”，诚恳貌；“渊渊”肃穆之貌；“浩浩”，广大之貌。这三句是说天下至诚的圣人，态度诚恳，则粹然仁者；气象静穆，则渊泉如渊；胸襟广大，则溥博如天。唯英雄能识英雄，唯圣人能知圣人；所以说如其不是本来聪明圣知，通达天德的人，谁能知道他呢？

上面一段，朱子以为是第三十二章。

【问题】

（一）孔子之道，怎样的伟大？

（二）至圣的人，具有哪五种德性？

（三）至圣的人，何以配天？

（四）圣人的态度，气象，胸襟如何？

《诗》曰：“衣锦尚絅”，恶其文之著也。故君子之道，暗然而日章。小人之道，的然而日亡。君子之道：淡而不厌，简而文，温而理，知远之近，

知风之自，知微之显，可与入德矣。

“衣”，去声。锦，是彩色的绸衣。“絅”，音迥，同褧，絅，是禅衣，就是单层的罩衫，“尚”，就是加。“恶”，去声。“衣锦尚絅”，是说穿了有彩色的绸衣，外面一定还要加上一件单衫，因为嫌那锦衣的文彩太显著的缘故。按《诗经·卫风·硕人》：“衣锦褧衣”。又《郑风丰》：“衣锦褧衣，裳锦褧裳。”均与此所引不同。故毛奇龄《四书賸言》，说所引的是逸诗；康有为《中庸注》，说所引的是鲁诗。俞樾据孔颖达《礼记正义》，说有俗本作“衣锦褧裳”，以为“尚”字是“裳”字的假借字，本作“衣锦尚絅”，是撮举《郑风·丰》“衣锦褧衣，裳锦褧裳”二字之辞。《说文》日部引《齐风·鸡鸣》：“东方明矣，朝既昌矣”二句，亦撮举其辞曰“东方昌矣”，正与此同例。（见古书疑义举例“古人引书每有增减例”。）照俞说，这句是说衣裳为锦制的，都有絅衣絅裳了。这是引《诗》以衣裳为比喻。“故君子之道，暗然而日章；小人之道，的然而日亡。”方是本意。章，作显著解。“的然”之“的”，钱大昕说当作“旳”，“音勺，明也。”（见《十驾斋养新录》）正是“暗然”的反面。这二句说君子之道，如衣锦尚絅，文采不露，但日久，自然会渐渐显著起来；小人则反是，乍看是文采鲜明，但天天消亡下去。君子之道，就待人一面说，虽淡淡不见亲密，然不会使人讨厌；其本质说，虽简易温柔，而文理粲然。

“知远之近，知风之自，知微之显”。俞樾《古书疑义》举例说：“此三句，自来不得其解。若谓远由于近，微由于显，则当云‘知远之由于近，知微之由于显’，文义方明。不得但云‘远之近，微之显’也。且‘风之自’句，义不一例。‘微之显’句，亦与第一句不伦。既云‘远之近’，则当云‘显之微’矣。今按此三‘之’字，皆连及之词。‘知远之近’者，知远与近也。‘知微之显’者，知微与显也。‘知远之近，知风之自，知微之显，可与入德矣。’犹易系辞传云：‘君子知微知彰，知柔知刚，万夫之望也。’然则‘知风之自’句，当作何解？风，读为凡，风字本从凡声，故得通用。《庄子·天地》：‘愿先生之言其凡也。’风即凡字；犹云：‘言其大凡也’。自者，‘目’字之误。周官宰夫职：‘二曰师，掌官成以治凡。三曰司，掌官廉以治目。’郑注曰：‘治凡，若月计也。治目，若今之日计也。’然则‘凡之与目’，事有矩细，故以对言，正与远近微显一例。”按俞氏此解，比前人所解好得多。《考工记》：“作其鳞之面。”就是说“做它的鳞和须”，“之”字亦用做连及之辞。“可与入德”之“与”，作“以”字解。《礼记·玉藻》：“大夫有所往，必与公士为宾。”“与”字亦作“以”字用。这几句是说君子能知远与近，知微与显，知大凡与细目，这样，才可以入道德之门了。

《诗》云：“潜虽伏矣，亦孔之昭。”故君子内省不疚，无恶于志。君子所不可及者，其唯人之所不见乎！

恶，音污。所引《诗经·小雅·正月》，“潜”，作隐藏解。“伏”，不见的意思。“孔”，作甚字解。“昭”，作明字解。这是引《诗经》以释“暗然而日章”一句的。疚，作悔恨解。“恶”，去声。君子只要自己心里反省，没有什么悔恨，无愧于心，那就行了。所以接着说，君子之所不可及者，全在于人所不见的地方。

《诗》云：“相在尔室，尚不愧于屋漏。”故君子不动而敬，不言而信。

所引《诗经·大雅·抑》。相，去声。作看字解。“尔”就是你，指君子。“屋漏”，屋的西北隅最深之处。这二句说君子独居内室，亦能无愧于心。所以君子没有行动，人都敬重他；没有说话，人都相信他。

《诗》曰：“奏假无言，时靡有争。”是故君子不赏而民劝，不怒而民威于鈇钺。

所引《诗经·商颂·烈祖》“奏”，作进字解。“假”，徦之通借字。徦，音格，作至字解。“靡有”就是没有。此处引诗仅断章取义，说进至无言，时无与之争者。“无言”者，默化潜移；靡有争者，人皆信之。即上文“不言不信”，下文“不赏而民劝，不怒而民威于鈇钺”的意思。“鈇”同斧；“钺”，古代杀人之器。

《诗》曰：“不显惟德，百辟其刑之！”是故君子笃恭而天下平。

所引《诗经·商颂·烈祖》“不”发声，无义；“不显”就是“显”的意思。“辟”，就是君。指诸侯。“刑”，同型，“刑之”是奉为典型。不显，说君子所显著的，只有德行；凡百人君，自能奉他为典型的。“笃恭而天下平”。就是《论语》赞舜“无为而治”，“恭己正南面而已矣”的意思。

《诗》云：“予怀明德，不大声以色。”子曰：“声色之于以化民，末也。”《诗》曰：“德輶如毛。毛犹有伦。”“上天之载，无声无臭”，至矣！

这段三引《诗经》，一见《大雅·皇矣》，一见《小雅·烝民》，三见《大雅·文王》。“以”字作与字解。《仪礼·乡射礼》“主人以宾揖”，“以”亦解作与。此处所说的“明德”就是大学的“明德”。这两句说我怀明德以化民，不在大声与大色。“声”，指言论；“色”指仪容。子曰：“声色之于以化民，末也”。是孔子赞这二句的话。“輶”，作轻字解。说道德之感化，不着痕迹，犹如毛一般的轻。这一句是所引之诗，“伦”，比较的意思。但毛还是比较的轻。“则如毛”还是不足以形容“德”。这句是作者加的按语。下又引《诗经毛传》说：“载，事也。”《论语·阳货》“天何言哉？四时行焉，百物生焉；天何言哉！”行四时，生百物，即是上天之事。言必如此二句，方为形容尽致。

上面六段，朱子以为是第三十三章。

【问题】

（一）何谓“衣锦尚絅”？

（二）何谓“知远之近，知风之自，知微之显”？

（三）何谓“不愧屋漏”？

（四）何谓“笃恭而天下平”？

（五）何谓“上天之载，无声无臭”？

古圣先贤为楷模>>>

范仲淹人生二三事

范仲淹（989—1052年），出身于贫寒，少有壮志，刻苦学习 而成才，为官数十年，入能为相，出能为将，数次升迁，数次被贬，不以物喜，不以己悲，唯有忧国忧民。先天下之忧而忧，后天下之乐而乐，是他一生的座右铭，并身体力行而实践之。

划粥断齑

范仲淹于公元989年8月出生于徐州，其祖居河南，后迁居苏州吴县。他两岁丧父，母亲谢氏带他扶柩南归，在苏州守丧两年，无依无靠，生活十分艰难。经人介绍，谢氏带着4岁的范仲淹改嫁给在尹江府任推官的朱文翰。从此，范仲淹在继父朱文翰的指导下刻苦读书。为了更好地读书，他投奔长山的醴泉寺一位很有学问的高僧门下。醴泉寺地处深山之中，生活非常清苦，他过着“划粥断齑”的生活——每天晚上煮少许米粥，盛到碗里，冷却后划为四块，早晚各吃二块。没有菜，便到山上挖些野韭菜，拌些盐当菜吃。

范仲淹有一个同窗好友叫石梅卿，父亲是做官的，家里很富裕，看到他安贫苦读的情景，十分感动。一天，石梅卿带了好些酒肉和一些其他的好菜来，说是要和他聚聚，实际上是有意周济他，不料被范仲淹一口回绝了。范仲淹说：“你带来这么好的酒菜，真是谢谢你，你的心意我领了，但是我苦日子过惯了，每天划粥断齑也不觉得苦，要是吃了你的就过不惯苦日子了，这倒反而害了我。”一席话说得石梅卿心里热腾腾的，更加佩服范仲淹了。

在醴泉寺南边山里，有一片安静的山林，林中有一个可容十几个人的山洞，范仲淹为避开寺院的喧嚣，经常一个人在此处读书，常常是读书入了迷，忘记了吃饭。在醴泉僧人的照顾下，他如饥似渴地学习，学业大进。

广德治狱

宋真宗大中祥符八年（1015年）八月，范仲淹考中进士，出任广德军事司理参军。司理参军是掌狱讼的低级官员。赴任前，他的母亲谢氏再三嘱咐，为官要公正廉明，不能冤枉一个好人。传说他们还做了一个试验：范仲淹请人做了一百个馒头，自己先藏了一个，其余交给家中的丫环。第二天，范仲淹叫丫环拿出馒头，反复点数只有九十九只。范仲淹将丫环叫到正屋，佯装大怒："明明是一百个，今天却少了一个，是不是你偷吃了！如果承认，看在初次，不责罚你；如果不承认，则要动家法了！"那丫环听后一想，为了一个馒头，也犯不着挨打，便索性承认了，范仲淹从此小事中知道了，如此审案，如此断案，会造成多大冤案啊 ！

范仲淹到广德任司理参军时，每每接到案状，总是注意调查，反复核实，从不轻易结案。有时为了结论和处理方法，常和上司的意见相左，而范仲淹总是据理力争，既能坚持原则，秉公执法；又颇具民主作风，不枉不纵，甚至时常"引囚访问"。在办完一个案件之后，他常常把狱讼的结论和争论的焦点，记在室内的屏风上，以便自己反复观看，反复推敲，从实践中不断总结和提高。

范仲淹在广德管理狱讼3年，始终保持自己的清廉自守的作风。天禧元年（1017年）他调离广德时，两袖清风，甚至连盘缠都没有，只好将自己的一匹马卖掉，徒步上任。

正直陈词

在御史中丞晏殊的极力推荐下，天圣七年（1029年）范仲淹任秘阁校理，尽管这是一个掌管文牍、图书之类的小官，却使范仲淹由一个地方小官跻身于京官行列。

这年冬天，宋仁宗皇帝为了显示自己的孝道，打算率百官为皇太后上寿。刚到京城的范仲淹则认为，如尽孝道行家人之礼是可以的，若率百官在前殿向皇太后上寿，则是有损皇帝的威信。他向皇上送了奏章，皇太后看了奏章十分不高兴。这年宋仁宗已经 20 岁了，范仲淹认为皇太后再继续把持朝政大权，实在不妥，于是上奏《乞太后还政疏》，即请求太后让权于皇帝。此事触怒了皇太后，又惹得皇帝不快。范仲淹感到自己官小职微，不便在京城任职，于是请求外放，皇帝也顺水推舟。在天圣七年（1029年）岁末，范仲淹出任河中府（今山西永济县）通判。这次外放，表面是范仲淹的请求，实质上是一次贬官放逐。

第二年，即天圣八年（1030 年)三月，仁宗皇帝批准了重修太乙宫和洪福院的建议。这是一项耗资巨大的工程，仅木材一项就要 94000 多根。诏书下到地方，百姓怨声载道。范仲淹深知，人民的生活已是苦不堪言，如大规模地征用木材，人民简直无法生活。于是不顾自己的安危，越级上本，反复说明如此大兴土木，破民产，坏民气，上不合天意，下不顺民心，劝皇帝取消这个于国无补、于民无利的工程，仁宗皇帝听取了范仲淹的意见，认为是忠谏之言，遂下令取消了原来的计划，停止了重修太乙宫和洪福院的工程。

苏州治水

苏州原是范仲淹的祖籍，范仲淹在景祐元年(1034 年)六月被调往苏州，能回到祖籍之邦，他感到无比的快慰，但他面对的现实，又困难重重。

苏州地势平坦，河汊纵横。西南有太湖，北有长江。但由于年久失修，堤坝圮塌，河道淤塞，每年春夏大雨，湖水暴涨，泛滥成灾。范仲淹上任之时，正是大雨滂沱，积水难泄，百姓苦不堪言。为了根治苏州水患，范仲淹根据在泰州、睦州的经验，他亲自带人对苏州境内的诸河道的流向作了实地的察看，了解水情，研究了治理疏通的方略：苏州东面的水流入松江，导入长江；苏州西北另开挖一条新河；太湖北面的水导入长江。这样苏州的水患可以解除。经过反复推敲，此方案得到了朝廷的支持。在范仲淹的主持下，一项巨大的水利工程开始了。在治河的工地上，范仲淹身先士卒，亲临工地，无论是烈日炎炎，还是冷风刺骨，他总是与数万民工一道吃住在工地上。在他的组织和督促下，疏通了5条河，苏州境内的积水逐渐减少，过去的沼泽地变成了稻米之乡。

范仲淹在治理水患的同时，积极筹办苏州学府。他认为“国家之忧，莫大于缺乏人才”，要造就人才，非大力发展教育不行。经过多次踏看，他在原吴越广陵王钱之臻治苏州的旧址，筑建明伦学堂，面积有500平方米。学堂建成后，又积极聘请知识丰富、道德高尚的教师任教。在他的大力倡导下，苏州学府学风大盛，多人成才，著名的理学家程颐、程灏都是苏州学府的学子。 范仲淹在苏州的德政，令老百姓难以忘怀，他们刻石像、建祠堂，以纪念这位为政清廉的好官。

延州治军

康定元年(1040年)正月，西夏发兵八万，先后攻占了陕西的保安县，围攻延州城，守兵在三川口（今延安西北）被西夏军全军覆没，消息传来，震动了宋朝朝野。

在此国难当头之日，范仲淹被任命为陕西经略安抚副使，兼任鹿延、环庆两军的统帅。范仲淹到延州后，深入实地，了解情况。当时的延州边寨破坏严重，士兵无精打采，供应紧缺。针对当时情况，范仲淹采取了重大措施：一是强兵固边，扩充军队，严格考选制度，鼓励学武习艺，训练攻守阵法，增强个人战斗力，进者奖，退者罚，杀敌多者赏，有创新贡献者晋升职位；二是修复城寨，动员军民合作，保卫家园，加强防务，使整个延州边境连成一体；三是解决军队供应问题，大搞营田，建设新庄，动员守边士兵把家属搬来，开荒种地。这样一来，州兵的身家性命和边城的守御连在一起了，既发展了经济，又使官兵安心守边；四是选拔启用能干之才。在他的推荐下，欧阳修、狄青等人后来成为了宋朝的杰出人才。特别是范仲淹本人，尽管他多次被贬，又已是 50 多岁的老人，却整日跋山涉水，深入边寨，与军民一起奋战，大大地鼓舞了士气，振奋了民心。

善言善行

范仲淹不仅仅在公务上尽心尽力，即使在小事上也是努力为善，并且孜孜不倦，乐此不疲，深受全国百姓的爱戴，人们尊敬的称呼他为“范文正公”，以表达对他的崇敬之情。

有一次，他的儿子尧夫回到家乡苏州，去取回五百斛的麦子。尧夫在路上遇到了老朋友石曼卿。石曼卿向尧夫哭诉：“我没有钱办丧事啊！”尧夫听了之后，就立刻把五百斛的麦子，连同运麦的船全都送给了石曼卿。回到家中还没来得及说，范仲淹就问尧夫：“你这次返乡有没有遇到老朋友啊？”尧夫回答说：“我遇到了石曼卿，他穷得没钱办丧事啊！”范仲淹说：“你为什么不把麦子和运麦的船送给他呢？”尧夫说：“爹，我已经把麦子和船全都送给石曼卿了！”父子连心，果然不假。

范仲淹告老还乡后，回到苏州，想在城里买一块土地，造一所房子，以便养老终身。苏州老百姓都知道范仲淹是个好官，希望他住在苏州城里，为大家办点好事。因此，不少人都在为他踏勘地形，物色地方。

一日，有位白发苍苍的老人求见范仲淹，说：“我是苏州城里的风水先生，特来向大人介绍一块地方。”

范仲淹问：“不知在哪里？”

老人道：“就是沧浪亭西边的那块荒丘。苏州城是龙穴宝地，卧龙街笔笔直直，是龙的本身；街上砌的石块，是龙的鳞片；北寺塔高高矗立，是龙的尾巴；那龙的头呢，就是那块荒丘。大人买下这块宝地，兴建住宅，一则可以镇住龙头，二则将来子孙会科甲不断。”

正在这时，苏州府开考，考生成绩平常。范仲淹想：成绩不佳，恐怕同缺乏名儒指点有关。他不禁想起了孔子办学，决定在苏州创办一所府学，府学办在哪里好呢？范仲淹决定造在风水先生说的那块“龙头”上。

范仲淹一面筹集资金，一面叫人设计，在荒丘上建造府学。动工那天，风水先生兴冲冲地来到工地上，见了范仲淹，高兴地说：“大人，是贵府动工了吧？”

范仲淹道：“不，不是造私宅，是造府学。”

老人听了，着急地说：“这可是一块宝地哪！造个私宅，你子孙可以万世昌盛呀！”

范仲淹道：“我一家的子孙昌盛有何用？倒不如叫大家的子孙昌盛。先天下之忧而忧，后天下之乐而乐。苏州没有府学，读书人没有深造的地方，考不中进士、状元呀。”

范仲淹勤苦一生，将自己的一生精力都用来为人民造福，从不谋求私利，完全没有自己，深受百姓尊敬和爱戴。后来，他的儿子也官至大宋副宰相，儿孙辈非常昌盛，一直延续到今天。这也正应验了一句古话：“积善之家，必有余庆；积不善之家，必有余殃。”范文正公的存心与行事，就是这句古话最好的注释。

杨震四知

东汉时期著名的大臣杨震，字伯起，东汉弘农郡华阴县人。他曾在京城洛阳为官直至丞相。他清正廉洁，为世人所称颂。再加上杨震的子孙均位至三公，千百年来，关于杨震的传奇故事一直在洛阳广为流传。

杨震的父亲杨宝，性情慈爱。杨宝九岁那年到华山游玩时，看到树上一只黄雀被一只老鹰袭击受伤，坠落在地上。杨宝赶忙上前将黄雀救起来藏在怀里带回家中，放在房梁上养伤。

当天夜里，杨宝听到黄雀鸣叫声非常急切，就点亮灯去看是怎么回事。原来一群蚊子在叮咬黄雀的伤口。于是他把黄雀移到一只布箱子里，并嚼碎菊花喂养它。这样过了一百多天，黄雀受伤脱落的羽毛渐渐长齐，终于能够自由飞了。它早晨飞到外面，晚上仍回到杨宝放养它的那只布箱子里过夜。这样过了一年多。忽然有一天，黄雀带着一群鸟飞到杨宝家里，连续几天在杨宝的屋中哀鸣着飞翔不止，几天后才飞翔而去。

这一天晚上，杨宝发现黄雀没有回来。于是，他就点灯读书，等待黄雀归来。一直等到三更半夜。杨宝有点困倦的时候，突然那只黄雀飞进屋来，化为一个穿黄衣服的少年。他向有些惊奇的杨宝拜了两拜说："我是西王母的使者。以前出使蓬莱岛，不小心被老鹰抓伤，多亏您仁爱相救。现在我该走了，特地向你告别。"看着依依不舍的杨宝，黄衣少年把四只玉环交给杨宝，说："戴着这些玉环，可以使您的子孙人品高洁如玉，并且做到三公这样的高官。这些玉环算是对您的报答吧。"交待完毕，黄衣少年向杨宝拜了三拜，转身化为黄雀飞了出去。

后来，杨宝的儿子杨震当了丞相。杨震的儿子杨秉、孙子杨赐、重孙杨彪连续四代都取得三公丞相的高位，数目正像黄衣少年交给杨宝的玉环数目一样。等到第五代杨修的时候，只当上了丞相曹操的主簿，并因受忌而遭杀身之祸。 黄雀衔环报恩德的故事，从此成为我国历史上非常有名的传奇。

杨震的父亲杨宝终身不仕，居家讲学。但杨震少有大志，聪敏好学，一直研究儒家经典，终于成为名闻天下的学者。杨震对教育事业特别热心，从20岁以后，对于地方州郡长官征召他出仕做官的召请任命置之不理，一心一意自费设塾授徒，开始了他长达三十年的教育生涯。他当时家住华山脚下的牛心峪口，就利用其父授徒的学馆收徒传业。他坚持有教无类，不分贫富，因此，四方求学者络绎不绝，学生多达2000余人。由于他教学有方，名气很大，学生很多，因此，学馆如市，书声朗朗，规模很大。当时牛心峪槐树很多，故当时人称牛心峪为“杨震槐市”。他教书育人以清白正直为要，其严谨的治学精神和高尚的师德情操被人们誉为“槐市遗风”。继牛心峪学馆讲学之后，杨震还在华阴双泉学馆、客居于湖（今河南灵宝市豫灵镇董社源）讲学将近十多年，弟子多达1000多人，加上牛心峪学馆的学生已超过了3000人，完全可以同孔子有三千弟子相媲美。所以，当时人们就称杨震为“西孔子杨伯起（后人亦称其为‘关西夫子’）。”杨震教授的学生，英贤甚多，不少成为国家的栋梁之材，如虞放、陈翼就出自杨震门下。

东汉安帝永初四年(公元110年)，杨震50岁时，有一天，一只鹳雀飞到他讲书堂前，为他衔来三条黄鳝。于是，杨震的弟子纷纷向他道贺。他的一个弟子说：“蛇鳝者，卿大夫之服象也。数三者，法三台也。先生自此要入仕朝廷，位居三公了。”

这一年，杨震的确步入佳途。由于杨震学问渊博、门生众多，再加上他为人光明磊落、德才兼备、声明远播。因此当时临朝听政的邓太后，令其兄大将军邓陟三次登门征召杨震入朝为官。杨震大受感动，再加上有鹳雀衔鳝的吉祥征兆，于是一改过去拒绝做官的态度，应召赴朝为官。

此后多年，杨震一直官运亨通。他政绩显赫，清正廉洁，终于在他为官十年时官居丞相，掌管全国的民政。

杨震为官，从不谋取私利。在任涿郡（今河北省涿县）太守期间，从不吃请受贿，也不因私事求人、请人、托人，请客送礼。他的子孙们与平民百姓一样，蔬食步行，生活十分简朴。亲朋好友劝他为子孙后代置办些产业，杨震坚决不肯，他说："让后世人都称他们为'清白吏'子孙，这样的遗产，难道不丰厚吗！"

杨震为官唯才是举，选贤任能。汉安帝元初四年（公元117），杨震被调入朝廷担任太仆之职，后来升调为太常。杨震在任太常之前，博士选举大多名不副实。杨震任太常后，唯才是举，他所选用的陈留、杨伦等，都是通晓经书、学识过人的名士，能将所从事的本门学业弘扬光大，儒生们对此称赞不已。延光二年，杨震代替刘恺为太尉，汉安帝的舅父、官居大鸿胪（九卿之一，分管礼仪）的耿宝向杨震推荐中常侍李闰的哥哥，想让其入朝做官，杨震坚决予以拒绝。于是耿宝就亲自到杨震住处拜访，并威胁说："李常侍是皇上所重用的人，想让你征召他的哥哥入朝做官，我耿宝仅仅只是给你传达一下皇上的意思而已。"杨震义正词严地说："如果朝廷想让'三公'之府征召谁，就应该由尚书那里把皇帝的敕书送来，怎么能让你来传达皇上的意思呢？"耿宝无言以对，愤恨而去。

杨震为相以后，就有一些人想方设法讨好他，希望他能加以关照，以利于个人仕途发展。传说，有一天夜里，杨震以前的门生昌邑县令王密，利用进京述职的机会到杨府拜访。杨震听说门生来访，就传令到书房相见。王密向杨震报告了自己任官的情况以及自己学业中的长进。最后，看看四下无人，就把自己秘密携带的十斤黄金拿出来呈上，恳请丞相笑纳，以示对老师的报答之意。

杨震见状大为吃惊，他恼火地说："我是你的老师，非常理解你这个学生。而你这个学生怎么不理解老师呢？"王密说："我很敬仰老师的清正廉洁。但这是半夜三更，又在您的书房，根本不会有谁知道这件事，不会有损于您的名望，畏惧什么呢？"杨震回答说："人的名誉要自觉维护。对于受金之事要想人不知，除非己莫为。眼前之事，就有四方知晓，难道你还不畏惧吗？”王密不理解话的含义。杨震说：“眼前之事，苍天知道，大地知道，我知道，你知道，怎么能说谁也不知呢？”王密听到这义正辞严的话，感到非常惭愧。于是，他赶忙带着那十斤黄金告辞而去。

后来，王密本人怀着对杨震的敬意将这事说了出去。从此，杨震拒收礼金被传为佳话，世人怀着敬意称颂：“震畏四知，拒收礼金。”后来，有人劝杨震添置产业，留给子孙。杨震回答说：“让他们被后世称为清官杨震的子孙，不就是我留给他们最好的遗产吗？”

千百年来，杨震的后人都为自己先祖有这样的传奇故事而骄傲。直到近代，在洛阳经商的杨震后代还将自己的门店命名为“四知堂”，以示诚信无欺可昭天地。

人生宝典>>>

“蒙学之冠”《三字经》

《三字经》简介

《三字经》的作者是南宋著名学者王应麟。王应麟，字伯厚，号深宁居士。

《三字经》自南宋以来，已有七百多年历史，是学习中华传统文化不可多得的儿童启蒙读物，共一千多字，可谓家喻户晓，脍炙人口。因其具有识字、见闻和教化功能，历来深受人们的喜爱。此书中有段仅用三百多字便概括了中华五千年历史的变迁，历来备受赞誉。三字一句的韵文极易成诵，内容包括了中国传统的教育、历史、天文、地理、伦理和道德以及一些民间传说，广泛生动而又言简意赅。《三字经》早就不仅仅属于汉民族了，它有满文、蒙文译本。《三字经》也不再仅仅属于中国，它的英文、法文译本也已经问世。1990 年新加坡出版的英文新译本更是被联合国教科文组织选入“儿童道德丛书”，加以世界范围的推广。

《三字经》《百家姓》《千字文》，俗称“三百千”，而《三字经》后来居上。这里的“居上”殆源于数字顺序，未必便是根据三书之内容与作用的有意排列。但事实上，综其覆盖读者之广、教育作用之深以及流传时间之久而言，《三字经》 在中国古代蒙书教材中，不能不说是影响最大、最有代表性的书，堪称“蒙学之冠”。

《三字经》内容的排列顺序极有章法，体现了作者的教育思想。作者认为教育儿童要重在礼仪孝悌，端正孩子们的思想，知识的传授则在其次，即“首孝悌，次见闻”。训导儿童要先从小学入手，即先识字，然后读经、子两类的典籍。经部子部书读过后，再学习史书，书中说：“经子通，读诸史。”《三字经》最后强调学习的态度和目的。可以说，《三字经》既是一部儿童识字课本，同时也是作者论述启蒙教育的著作，这在阅读时需加注意。

另外，《三字经》的版本很多，清朝道光年间刊行的版本是最通行的一种。我们采用的则是民国年间的增补本。

人之初，性本善。性相近，习相远。苟不教，性乃迁。
教之道，贵以专。昔孟母，择邻处。子不学，断机杼。
窦燕山，有义方。教五子，名俱扬。养不教，父之过。
教不严，师之惰。子不学，非所宜。幼不学，老何为。
玉不琢，不成器。人不学，不知义。为人子，方少时。
亲师友，习礼仪。香九龄，能温席。孝于亲，所当执。
融四岁，能让梨。弟于长，宜先知。首孝悌，次见闻。
知某数，识某文。一而十，十而百。百而千，千而万。
三才者，天地人。三光者，日月星。三纲者，君臣义。
父子亲，夫妇顺。曰春夏，曰秋冬。此四时，运不穷。
曰南北，曰西东。此四方，应乎中。曰水火，木金土。
此五行，本乎数。曰仁义，礼智信。此五常，不容紊。
稻粱菽，麦黍稷。此六谷，人所食。马牛羊，鸡犬豕。
此六畜，人所饲。曰喜怒，曰哀惧。爱恶欲，七情俱。
匏土革，木石金。与丝竹，乃八音。高曾祖，父而身。
身而子，子而孙。自子孙，至玄曾。乃九族，人之伦。
父子恩，夫妇从。兄则友，弟则恭。长幼序，友与朋。
君则敬，臣则忠。此十义，人所同。凡训蒙，须讲究。
详训诂，明句读。为学者，必有初。小学终，至四书。

论语者，二十篇。群弟子，记善言。孟子者，七篇止。
讲道德，说仁义。作中庸，乃孔汲。中不偏，庸不易。
作大学，乃曾子。自修齐，至平治。孝经通，四书熟。
如六经，始可读。诗书易，礼春秋。号六经，当讲求。
有连山，有归藏。有周易，三易详。有典谟，有训诰。
有誓命，书之奥。我姬公，作周礼。著六官，存治体。
大小戴，汪礼记。述圣言，礼乐备。曰国风，曰雅颂。
号四诗，当讽咏。诗既亡，春秋作。寓褒贬，别善恶。
三传者，有公羊。有左氏，有谷梁。经既明，方读子。
撮其要，记其事。五子者，有荀杨。文中子，及老庄。
经子通，读诸史。考世系，知终始。自羲农，至黄帝。
号三皇，居上世。唐有虞，号二帝。相揖逊，称盛世。
夏有禹，商有汤。周文武，称三王。夏传子，家天下。
四百载，迁夏社。汤伐夏，国号商。六百载，至纣亡。
周武王，始诛纣。八百载，最长久。周辙东，王纲坠。
逞干戈，尚游说。始春秋，终战国。五霸强，七雄出。
嬴秦氏，始兼并。传二世，楚汉争。高祖兴，汉业建。
至孝平，王莽篡。光武兴，为东汉。四百年，终于献。
魏蜀吴，争汉鼎。号三国，迄两晋。宋齐继，梁陈承。
为南朝，都金陵。北元魏，分东西。宇文周，兴高齐。
迨至隋，一土宇。不再传，失统绪。唐高祖，起义师。
除隋乱，创国基。二十传，三百载。梁灭之，国乃改。
称五代，皆有由。炎宋兴，受周禅。十八传，南北混。
辽与金，皆称帝。元灭金，绝宋世。尽中国，为夷狄。
明朝兴，再开辟。太祖兴，国大明。号洪武，都金陵。
迨成祖，迁燕京。十六世，至崇祯。阉乱后，寇内讧。
闯逆变，神器终。清顺治，据神京。至十传，宣统逊。
举总统，共和成。复汉土，民国兴。廿二史，全在兹。

载治乱，知兴衰。读史书，考实录。通古今，若亲目。
口而诵，心而惟。朝于斯，夕于斯。昔仲尼，师项橐。
古圣贤，尚勤学。赵中令，读鲁论。彼既仕，学且勤。
披蒲编，削竹简。彼无书，且知勉。头悬梁，锥刺股。
彼不教，自勤苦。如囊萤，如映雪。家虽贫，学不辍。
如负薪，如挂角。身虽劳，犹苦卓。苏老泉，二十七。
始发愤，读书籍。彼既老，犹悔迟。尔小生，宜早思。
若梁灏，八十二。对大廷，魁多士。彼既成，众称异。
尔小生，宜立志。莹八岁，能咏诗。泌七岁，能赋棋。
彼颖悟，人称奇。尔幼学，当效之。蔡文姬，能辨琴。
谢道韫，能咏吟。彼女子，且聪敏。尔男子，当自警。
唐刘晏，方七岁。举神童，作正字。彼虽幼，身已仕。
尔幼学，勉而致。有为者，亦若是。犬守夜，鸡司晨。
苟不学，曷为人。蚕吐丝，蜂酿蜜。人不学，不如物。
幼而学，壮而行。上致君，下泽民。扬名声，显父母。
光于前，垂于后。人遗子，金满嬴。我教子，唯一经。
勤有功，戏无益。戒之哉，宜勉力。

《三字经》释义

人之初，性本善。性相近，习相远。

【译文】人生下来的时候都是好的，只是由于成长过程中，后天的学习环境不一样，性情也就有了好与坏的差别。

苟不教，性乃迁。教之道，贵以专。

【译文】如果从小不好好教育，善良的本性就会变坏。为了使人不变坏，最重要的方法就是要专心一致地去教育孩子。

昔孟母，择邻处。子不学，断机杼。

【译文】战国时，孟子的母亲曾三次搬家，是为了使孟子有个好的学习环境。一次孟子逃学，孟母就割断织机的布来教子。

窦燕山，有义方。教五子，名俱扬。

【译文】五代时，燕山人窦禹钧教育儿子很有方法，他教育的五个儿子都很有成就，同时科举成名。

养不教，父之过。教不严，师之惰。

【译文】仅仅是供养儿女吃穿，而不好好教育，是父亲的过错。只是教育，但不严格要求就是做老师的懒惰了。

子不学，非所宜。幼不学，老何为。

【译文】小孩子不肯好好学习，是很不应该的。一个人倘若小时候不好好学习，到老的时候既不懂做人的道理，又无知识，能有什么用呢？

玉不琢，不成器。人不学，不知义。

【译文】玉不打磨雕刻，不会成为精美的器物；人若是不学习，就不懂得礼仪，不能成才。

为人子，方少时。亲师友，习礼仪

【译文】做儿女的，从小时候就要亲近老师和朋友，以便从他们那里学习到许多为人处事的礼节和知识。

香九龄，能温席。孝于亲，所当执

【译文】东汉人黄香，九岁时就知道孝敬父亲，替父亲暖被窝。这是每个孝顺父母的人都应该实行和效仿的。

融四岁，能让梨。弟于长，宜先知

【译文】汉代人孔融四岁时，就知道把大的梨让给哥哥吃，这种尊敬和友爱兄长的道理，是每个人从小就应该知道的。

首孝悌，次见闻。知某数，识某文

【译文】一个人首先要学的是孝敬父母和兄弟友爱的道理，接下来是学习看到和听到的知识。并且要知道基本的算术和高深的数学，以及认识文字，阅读文学。

一而十，十而百。百而千，千而万

【译文】我国采用十进位算术方法：一到十是基本的数字，然后十个十是一百，十个一百是一千，十个一千是一万……一直变化下去。

三才者，天地人。三光者，日月星

【译文】还应该知道一些日常生活常识，如什么叫“三才”？三才指的是天、地、人三个方面。什么叫“三光”呢？三光就是太阳、月亮、星星。

三纲者，君臣义。父子亲，夫妇顺

【译文】什么是“三纲”呢？三纲是人与人之间关系应该遵守的三个行为准则，就是君王与臣子的言行要合乎义理，父母子女之间相亲相爱，夫妻之间和顺相处。

曰春夏，曰秋冬。此四时，运不穷

【译文】再让我们看一看四周环境，春、夏、秋、冬叫做四季。这四时季节不断变化，春去夏来，秋去冬来，如此循环往复，永不停止。

曰南北，曰西东。此四方，应乎中

【译文】说到东、南、西、北，这叫做“四方”，是指各个方向的位置。这四个方位，必须有个中央位置对应，才能把各个方位定出来。

曰水火，木金土。此五行，本乎数

【译文】至于说到“五行”，那就是金、木、水、火、土。这是中国古代用来指宇宙各种事物的抽象概念，是根据一、二、三、四、五这五个数字和组合变化而产生的。

十干者，甲至癸。十二支，子至亥

【译文】“十干”指的是甲、乙、丙、丁、戊、己、庚、辛、壬、癸，又叫“天干”；“十二支”指的是子、丑、寅、卯、辰、巳、午、未、申、酉、戌、亥，又叫“地支”，是古代记时的标记。

曰黄道，日所躔。曰赤道，当中权

【译文】地球围绕太阳运转，而太阳又围绕着银河系中心运转。太阳运行的轨道叫“黄道”，在地球中央有一条假想的与地轴垂直的大圆圈，这就是赤道。

赤道下，温暖极。我中华，在东北

【译文】在赤道地区，温度最高，气候特别炎热，从赤道向南北两个方向，气温逐渐变低。我们国家是地处地球的东北边。

曰江河，曰淮济。此四渎，水之纪

【译文】中国是个地大物博的国家，直接流入大海的有长江、黄河、淮河和济水，这四条大河是中国河流的代表。

曰岱华，嵩恒衡。此五岳，山之名

【译文】中国的五大名山，称为“五岳”，就是东岳泰山、西岳华山、中岳嵩山、南岳衡山、北岳恒山，这五座山是中国大山的代表。

曰士农，曰工商。此四民，国之良

【译文】中国是世界上人口最多的国家。知识分子、农民、工人和商人，是国家不可缺少的栋梁，称为四民，这是社会重要的组成部分。

曰仁义，礼智信。此五常，不容紊

【译文】如果所有的人都能以仁、义、礼、智、信这五种不变的法则做为处事做人的标准，社会就会永保祥和，所以每个人都应遵守，不可怠慢疏忽。

地所生，有草木。此植物，遍水陆

【译文】除了人类，在地球上还有花草树木，这些属于植物，在陆地上和水里到处都有。

有虫鱼，有鸟兽。此动物，能飞走。

【译文】虫、鱼、鸟、兽属于动物，这些动物有的能在天空中飞，有的能在陆地上走，有的能在水里游。

稻粱菽，麦黍稷。此六谷，人所食。

【译文】人类生活中的主食有的来自植物，像稻子、小麦、豆类、玉米和高粱，这些是我们日常生活的重要食品。

马牛羊，鸡犬豕。此六畜，人所饲。

【译文】在动物中有马、牛、羊、鸡、狗和猪，这叫六畜。这些动物和六谷一样本来都是野生的。后来被人们渐渐驯化后，才成为人类日常生活的必需品。

曰喜怒，曰哀惧。爱恶欲，七情俱。

【译文】高兴叫做喜，生气叫做哀，害怕叫做惧，心里喜欢叫做爱，讨厌叫做恶，内心很贪恋叫做欲，合起来叫做七情。这是人生下来就有的七种感情。

青赤黄，及黑白。此五色，目所识。

【译文】青色、黄色、赤色、黑色和白色，这是我国古代传统的五种颜色，是人们的肉眼能够识别的。

酸苦甘，及辛咸。此五味，口所含。

【译文】在我们平时所吃的食物中，全能用嘴巴分辩出来的，有酸、甜、苦、辣和咸，这五种味道。

膻焦香，及腥朽。此五臭，鼻所嗅。

【译文】我们的鼻子可以闻出东西的气味，气味主要有五种，即羊膻味、烧焦味、香味、鱼腥味和腐朽味。

匏土革，木石金。丝与竹，乃八音。

【译文】我国古代人把制造乐器的材料，分为八种，即匏瓜、黏土、皮革、木块、石头、金属、丝线与竹子，称为“八音”。

曰平上，曰去入。此四声，宜调协。

【译文】我们的祖先把说话声音的声调分为平、上、去、入四种。四声的运用必须和谐，听起来才能使人舒畅。

高曾祖，父而身。身而子，子而孙。

【译文】由高祖父生曾祖父，曾祖父生父亲，父亲生我本身，我生儿子，儿子再生孙子。

自子孙，至玄曾。乃九族，人之伦。

【译文】由自己的儿子、孙子再接下去，就是玄孙和曾孙。从高祖父到曾孙称为“九族”。这“九族”代表着人的长幼尊卑秩序和家族血统的承续关系。

父子恩，夫妇从。兄则友，弟则恭。

【译文】父亲与儿子之间要注重相互的恩情，夫妻之间的感情要和顺，哥哥对弟弟要友爱，弟弟对哥哥则要尊敬。

长幼序，友与朋。君则敬，臣则忠。

【译文】年长的和年幼的交往要注意长幼尊卑的次序；朋友相处应该互相讲信用。如果君主能尊重他的臣子，官吏们就会对他忠心耿耿了。

此十义，人所同。当师叙，勿违背。

【译文】前面提到的十义：父慈、子孝、夫和、妻顺、兄友、弟恭、朋信、友义、君敬、臣忠，这是人人都应遵守的，千万不能违背。

斩齐衰，大小功。至缌麻，五服终。

【译文】斩衰、齐衰、大功、小功和缌麻，这是中国古代亲族中不同的人死去时穿的五种孝服。

礼乐射，御书数。古六艺，今不具。

【译文】礼法、音乐、射箭、驾车、书法和算数是古代读书人必须学习的六种技艺，这六种技艺到现在已经没有人能同时具备了。

惟书学，人共遵。既识字，讲说文。

【译文】在六艺中，只有书法现在还是每个人都推崇的。当一个人认识字以后，就可以去研究《说文解字》，这样对于研究高深的学问是有帮助的。

有古文，大小篆。隶草继，不可乱。

【译文】我国的文字发展经历了古文、大篆、小篆、隶书、草书，这一定要认清楚，不可搞混乱了。

若广学，惧其繁。但略说，能知原。

【译文】假如你想广泛地学习知识，实在是不容易的事，也无从下手，但如能做大体研究，还是能了解到许多基本的道理。

凡训蒙，须讲究。详训诂，明句读。

【译文】凡是教导刚入学的儿童的老师，必须把每个字都讲清楚，每句话都要解释明白，并且使学童读书时懂得断句。

为学者，必有初。小学终，至四书。

【译文】作为一个学者，求学的初期打好基础，把小学知识学透了，才可以读“四书”。

论语者，二十篇。群弟子，记善言。

【译文】《论语》这本书共有二十篇。是孔子的弟子们，以及弟子的弟子们，记载的有关孔子言论是一部书。

孟子者，七篇止。讲道德，说仁义。

【译文】《孟子》这本书是孟轲所作，共分七篇。内容也是有关品行修养、发扬道德仁义等优良德行的言论。

作中庸，乃孔伋。中不偏，庸不易。

【译文】作《中庸》这本书的是孔伋，“中”是不偏的意思，“庸”是不变的意思。

作大学，乃曾子。自修齐，至平治。

【译文】作《大学》这本书的是曾参，他提出了“修身齐家治国平天下”的主张。

中书熟，孝经通。如六经，始可读。

【译文】把四书读熟了，孝经的道理弄明白了，才可以去读六经这样深奥的书。

诗书易，礼春秋。号六经，当讲求。

【译文】《诗》、《书》、《易》、《礼》、《春秋》，再加上《乐》称六经，这是中国古代儒家的重要经典，应当仔细阅读。

有连山，有归藏。有周易，三易详。

【译文】《连山》、《归藏》、《周易》，是我国古代的三部书，这三部书合称“三易”，“三易”是用“卦”的形式来说明宇宙间万事万物循环变化的道理的书籍。

有典谟，有训诰。有誓命，书之奥。

【译文】《书经》的内容分六个部分：一典，是立国的基本原则；二谟，即治国计划；三训，即大臣的态度；四诰，即国君的通告；五誓，起兵文告；六命，国君的命令。

我周公，作周礼。著六官，存治体。

【译文】周公著作了《周礼》，其中记载着当时六宫的官制以及国家的组成情况。

大小戴，注礼记。述圣言，礼乐备。

【译文】戴德和戴圣整理并且注释《礼记》，传述和阐扬了圣贤的著作，这使后代人知道了前代的典章制度和有关礼乐的情形。

曰国风，曰雅颂。号四诗，当讽咏。

【译文】《国风》、《大雅》、《小雅》、《颂》，合称为四诗，它是一种内容丰富、感情深切的诗歌，实在是值得我们去朗诵的。

诗既亡，春秋作。寓褒贬，别善恶。

【译文】后来由于周朝的衰落，诗经也就跟着被冷落了，所以孔子就作《春秋》，在这本书中隐含着对现实政治的褒贬以及对各国善恶行为的分辩。

三传者，有公羊。有左氏，有谷梁。

【译文】三传就是羊高所著的《公羊传》，左丘明所著的《左传》和谷梁赤所著的《谷梁传》，它们都是解释《春秋》的书。

经既明，方读子。撮其要，记其事。

【译文】经传都读熟了然后读子书。子书繁杂，必须选择比较重要的来读，并且要记住每件事的本末因果。

五子者，有荀扬。文中子，及老庄。

【译文】五子是指荀子、扬子、文中子、老子和庄子。他们所写的书，便称为子书。

经子通，读诸史。考世系，知终始。

【译文】经书和子书读熟了以后，再读史书、读史时必须要考究各朝各代的世系，明白他们盛衰的原因，才能从历史中记取教训。

自羲农，至黄帝。号三皇，居上世。

【译文】自伏羲氏、神农氏到黄帝，这三位上古时代的帝王都能勤政爱民、非常伟大，因此后人尊称他们为“三皇”。 唐有虞，号二帝。相揖逊，称盛世。

唐有虞，号二帝。相揖逊，称盛世。

【译文】黄帝之后，有唐尧和虞舜二位帝王，尧认为自己的儿子不肖，而把帝位传给了才德兼备的舜，在两位帝王治理下，天下太平，人人称颂。

夏有禹，商有汤。周文武，称三王。

【译文】夏朝的开国君主是禹，商朝的开国君主是汤，周朝的开国君主是文王和武王。这几个德才兼备的君王被后人称为三王。

夏传子，家天下。四百载，迁夏社。

【译文】禹把帝位传给自己的儿子，从此天下就成为一个家族所有的了。经过四百多年，夏被汤灭掉，从而结束了它的统治。

周武王，始诛纣。八百载，最长久。

【译文】周武王起兵灭掉商朝，杀死纣王，建立周朝，周朝的历史最长，前后延续了八百多年。

周辙东，王纲坠。逞干戈，尚游说。

【译文】自从周平王东迁国都后，对诸侯的控制力就越来越弱了。诸侯国之间时常发生战争，而游说之士也开始大行其道。

始春秋，终战国。五霸强，七雄出。

【译文】东周分为两个阶段，一是春秋时期，一是战国时期。春秋时的齐恒公、宋襄公、晋文公、秦穆公和楚庄王号称五霸。战国的七雄分别为齐楚燕韩赵魏秦。

嬴秦氏，始兼并。传二世，楚汉争。

【译文】战国末年，秦国的势力日渐强大，把其他诸侯国都灭掉了，建立了统一的秦朝。秦传到二世胡亥，天下又开始大乱，最后，形成楚汉相争的局面。

高祖兴，汉业建。至孝平，王莽篡。

【译文】汉高祖打败了项羽，建立汉朝。汉朝的帝位传了两百多年，到了孝平帝时，就被王莽篡夺了。

光武兴，为东汉。四百年，终于献。

【译文】王莽篡权。改国号为新，天下大乱，刘秀推翻更始帝，恢复国号为汉，史称东汉光武帝，东汉延续四百年，到汉献帝的时候灭亡。

魏蜀吴，争汉鼎。号三国，迄两晋。

【译文】东汉末年，魏国、蜀国、吴国争夺天下，形成三国相争的局面。后来魏灭了蜀国和吴国，但被司马懿篡夺了帝位，建立了晋朝，晋又分为东晋和西晋两个时期。

宋齐继，梁陈承。为南朝，都金陵。

【译文】晋朝王室南迁以后，不久就衰亡了，继之而起的是南北朝时代。南朝包括宋齐梁陈，国都建在金陵。

北元魏，分东西。宇文周，兴高齐。

【译文】北朝则指的是元魏。元魏后来也分裂成东魏和西魏，西魏被宇文觉篡了位，建立了北周；东魏被高洋篡了位，建立了北齐。

迨至隋，一土宇。不再传，失统绪。

【译文】杨坚重新统一了中国，建立了隋朝，历史上称为隋文帝。他的儿子隋炀帝杨广即位后，荒淫无道，隋朝很快就灭亡了。

唐高祖，起义师。除隋乱，创国基。

【译文】唐高祖李渊起兵反隋，最后隋朝灭亡，他战胜了各路的反隋义军，取得了天下，建立起唐朝。

二十传，三百载。梁灭之，国乃改。

【译文】唐朝的统治近三百年，总共传了二十位皇帝。到唐哀帝被朱全忠篡位，建立了梁朝，唐朝从此灭亡。为和南北朝时期的梁相区别，历史上称为后梁。

梁唐晋，及汉周。称五代，皆有由。

【译文】后梁、后唐、后晋、后汉和后周五个朝代的更替时期，历史上称作五代，这五个朝代的更替都有着一定的原因。

炎宋兴，受周禅。十八传，南北混。

【译文】赵匡胤接受了后周“禅让”的帝位，建立宋朝。宋朝相传了十八个皇帝之后，北方的少数民族南下侵扰，结果又成了南北混战的局面。

辽与金，皆称帝。元灭金，绝宋世。

【译文】北方的辽人、金人和蒙古人都建立了国家，自称皇帝，最后蒙古人灭了金朝和宋朝，建立了元朝，重又统一了中国。

舆图广，超前代。九十年，国祚废。

【译文】元朝的疆域很广大，所统治的领土，超过了以前的每一个朝代。然而它只维持了短短九十年，就被农民起义推翻了。

太祖兴，国大明。号洪武，都金陵。

【译文】元朝末年，明太祖朱元璋起义，最后推翻元朝统治，统一全国，建立大明，他自己当上了皇帝，号洪武，定都在金陵。

迨成祖，迁燕京。十六世，至崇祯。

【译文】到明成祖即位后，把国都由金陵迁到北方的燕京。明朝共传了十六个皇帝，直到崇祯皇帝为止，明朝就灭亡了。

权阉肆，寇如林。李闯出，神器焚。

【译文】明朝末年，宦官专权，天下大乱，老百姓纷纷起义，以闯王李自成为首的起义军攻破北京，迫使崇祯皇帝自杀，明朝最后灭亡。

清世祖，膺景命。靖四方，克大定。

【译文】清军入关后，清世祖顺治皇帝在北京登上帝座，平定了各地的混乱局面，使得老百姓可以重新安定地生活。

由康雍，历乾嘉。民安富，治绩夸。

【译文】顺治皇以后，分别是康熙、雍正、乾隆和嘉庆四位皇帝，在此期间，天下太平，人民生活比较安定，国家也比较强盛。

道咸间，变乱起。始英法，扰都鄙。

【译文】清朝道光、咸丰年间，发生了变乱，英军挑起鸦片战争。英、法两国分别以亚罗号事件和法国神父被杀为由组成联军，直攻北京。

同光后，宣统弱。传九帝，满清殁。

【译文】同治、光绪皇帝以后，清朝的国势已经破败不堪，当传到第九代宣统皇帝时，就被孙中山领导的辛亥革命推翻了。

革命兴，废帝制。立宪法，建民国。

【译文】孙中山领导的辛亥革命，推翻了清朝政府的统治，废除了帝制、建立了宪法，成立了中华民国政府，孙中山任临时大总统。

古今史，全在兹。载治乱，知兴衰。

【译文】以上所叙述的是从三皇五帝到建立民国的古今历史，我们通过对历史的学习，可以了解各朝各代的治乱兴衰，领悟到许多有益的东西。

史虽繁，读有次。史记一，汉书二。

【译文】中国和历史书虽然纷繁、复杂，但在读的时候应该有次序：先读《史记》，然后读《汉书》。

后汉三，国志四。兼证经，参通鉴。

【译文】第三读《后汉书》，第四读《三国志》，读的同时，还要参照经书，参考《资治通鉴》，这样我们就可以更好地了解历史的治乱兴衰了。

读史者，考实录。通古今，若亲目。

【译文】读历史的人应该更进一步地去翻阅历史资料，了解古往今来事情的前因后果，就好像是自己亲眼所见一样。

口而诵，心而惟。朝于斯，夕于斯。

【译文】我们读书学习，要有恒心，要一边读，一边用心去思考。只有早早晚晚都把心思用到学习上，才能真正学好。

昔仲尼，师项橐。古圣贤，尚勤学。

【译文】从前，孔子是个十分好学的人，当时鲁国有一位神童名叫项橐，孔子就曾向他学习。像孔子这样伟大的圣贤，尚不忘勤学，何况我们普通人呢？

赵中令，读鲁论。彼既仕，学且勤。

【译文】宋朝时赵中令——赵普，他官已经做到了中书令了，天天还手不释卷地阅读论语，不因为自己已经当了高官，而忘记勤奋学习。

披蒲编，削竹简。彼无书，且知勉。

【译文】西汉时路温舒把文字抄在蒲草上阅读。公孙弘将春秋刻在竹子削成的竹片上。他们两人都很穷，买不起书，但还不忘勤奋学习。

头悬梁，锥刺股。彼不教，自勤苦。

【译文】晋朝的孙敬读书时把自己的头发拴在屋梁上，以免打瞌睡。战国时苏秦读书每到疲倦时就用锥子刺大腿，他们不用别人督促而自觉勤奋苦读。

如囊萤，如映雪。家虽贫，学不辍。

【译文】晋朝人车胤，把萤火虫放在纱袋里当照明读书。孙康则利用积雪的反光来读书。他们两人家境贫苦，却能在艰苦条件下继续求学。

如负薪，如挂角。身虽劳，犹苦卓。

【译文】汉朝的朱买臣，以砍柴维持生活，每天边担柴边读书。隋朝李密放牛把书挂在牛角上，有时间就读。他们在艰苦的环境里仍坚持读书。

苏老泉，二十七。始发愤，读书籍。

【译文】唐宋八大家之一的苏洵，号大泉，小时候不想念书，到了二十七岁的时候，才开始下决心努力学习，后来成了大学问家。

彼既老，犹悔迟。尔小生，宜早思。

【译文】象苏老泉上了年纪，才后悔当初没好好读书，而我们年纪轻轻，更应该把握大好时光，发奋读书，才不至于将来后悔。

若梁灏，八十二。对大廷，魁多士。

【译文】宋朝有个梁灏，在八十二岁时才考中状元，在金殿上对皇帝提出的问题对答如流，所有参加考试的人都不如他。

彼既成，众称异。尔小生，宜立志。

【译文】梁灏这么大年纪，尚能获得成功，不能不使大家感到惊异，钦佩他的好学不倦。而我们应该趁着年轻的时候，立定志向，努力用功就一定前途无量。

莹八岁，能咏诗。泌七岁，能赋棋。

【译文】北齐有个叫祖莹的人，八岁就能吟诗，后来当了秘书监著作郎。另外唐朝有个叫李泌的人，七岁时就能以下棋为题而作出诗赋。

彼颖悟，人称奇。尔幼学，当效之。

【译文】他们两个人的聪明和才智，在当时很受人们的赞赏和称奇，现在我们正是求学的开始，应该效法他们，努力用功读书。

蔡文姬，能辩琴。谢道韫，能咏吟。

【译文】在古代有许多出色的女能人。像东汉末年的蔡文姬能分辩琴声好坏，晋朝的才女谢道韫则能出口成诗。

彼女子，且聪敏。尔男子，当自警。

【译文】像这样的两个女孩子，一个懂音乐，一个会作诗，天资如此聪慧；身为一个男子汉，更要时时警惕，充实自己才对。

唐刘晏，方七岁。举神童，作正字。

【译文】唐玄宗时，有一个名叫刘晏的小孩子，才只有七岁，就被推举为神童，并且做了负责刊正文字的官。

彼虽幼，身已仕。有为者，亦若是。

【译文】刘晏虽然年纪这么小，但却已经做官来，担当国家给他的重任，要想成为一个有用的人，只要勤奋好学，也可以和刘晏一样名扬后世。

犬守夜，鸡司晨。苟不学，曷为人。

【译文】狗在夜间会替人看守家门，鸡在每天早晨天亮时报晓，人如果不能用心学习、迷迷糊糊过日子，有什么资格称为人呢。

蚕吐丝，蜂酿蜜。人不学，不如物。

【译文】蚕吐丝以供我们做衣料，蜜蜂可以酿制蜂蜜，供人们食用。而人要是不懂得学习，以自己的知识、技能来实现自己的价值，真不如小动物。

幼而学，壮而行。上致君，下泽民。

【译文】我们要在幼年时努力学习不断充实自己，长大后能够学以致用，替国家效力，为人民谋福利。

扬名声，显父母。光于前，裕于后。

【译文】如果你为人民做出应有的贡献，人民就会赞扬你，父母也可以得到你的荣耀，不仅给祖先增添了光彩，也给下代留下了好的榜样。

人遗子，金满赢。我教子，唯一经。

【译文】有的人遗留给子孙后代的是金银钱财，而我并不这样，我只希望他们能精于读书学习，长大后做个有所作为的人。

勤有功，戏无益。戒之哉，宜勉力。

【译文】反复讲了许多道理，只是告诉孩子们，凡是勤奋上进的人，都会有好的收获，而只顾贪玩，浪费了大好时光是一定要后悔的。

古文中的人生智慧>>>

礼运大同篇

文／孔子

孔子，名丘，字仲尼，春秋时期鲁国人。是我国最伟大的思想家和教育家，儒家学派创始人。

这篇文章选自《礼记》。题目的意思是，如果人们皆在“礼”的道路上走，“运”行不息，人人知道明礼，从不明白处，载运到明白处，那么整个世界就是一家人，人人爱彼如己，就不会有欺骗的行为，人人都会以诚相待，互相援助，这就是大同世界。所以，孙中山先生将此篇从《礼记》中提出来，极力提倡“天下为公”。简单地说，大同就是你我一样，没有彼此、人我、是非分别，人人自由，人人平等，也就是佛家所描绘的极乐世界。

《礼运大同篇》描述了孔子的政治理想，能成就大同世界，天下就太平。没有战争，人人和睦相处，丰衣足食，安居乐业，这就是最为理想的社会。

原文

大道之行也，天下为公。选贤与能，讲信修睦。故人不独亲其亲，不独子其子。使老有所终，壮有所用，幼有所长。鳏寡孤独废疾者，皆有所养。男有分，女有归。货恶其弃于地也，不必藏于己。力恶其不出于身也，不必为己。是故谋闭而不兴，盗窃乱贼而不作。故外户而不闭。是谓大同。

译文

圣人的大道能够实行的时代，天下是为天下人所共有的。大家选举贤能的人来共同治理，人人讲求诚信，彼此和睦相处。不独爱护自己的亲人，不独慈爱自己的儿女，更能推广爱心到其他人身上，使得社会上年长的老人皆能安享天年，青壮者都能贡献一己 之力，青少年与儿童也都能接受良好的教育，那些孤苦无依及残废者，也都能受到适当的照顾。男人能恪尽自己本分应尽的职责，女生也各有自己的家室。各种物质资源，不喜欢被浪费、弃置，希望能发挥应有的功效；但也不能私藏据为己用。有能力不应该舍不得服务奉献，但也不能只是图利自己。能够做到这样，整个社会就不会发生勾心斗角，损人利己的事，也不会再有抢劫、偷窃、杀人的事出现，纵然窗不关、门不闭，也不用担惊害怕，生活自在安乐，那样的社会真可以说是大同世界了。

前出师表

文／诸葛亮

诸葛亮，字孔明，号卧龙，是三国时期杰出的政治家和军事家，谥号忠武侯。后来的东晋政权为了推崇诸葛亮的军事才能，特追封他为武兴王。这篇文章是诸葛亮在出征前，给后主刘禅写的一篇表。出师表是出兵打仗前，主帅给君主上的奏章。这种表，或是表明精忠报国之心，或是献攻略地之策。历来以战名世者甚众，以表传后者颇少。唯独诸葛亮的《出师表》不仅存之典册，而且灿然于文苑。这是因为孔明之作，持论贤明通达，行文情浓义明，因而被奉为理政的规范，为人的圭臬，作文的楷模。

诸葛亮上《出师表》是在蜀汉后主建兴五年（公元227），率兵北伐之时。这时蜀偏居一隅，国力疲敝，又“北畏曹公之强，东惮孙权之逼”，诸葛亮为了实现刘备振兴汉室、一统天下的遗愿，“五月渡泸，深入不毛”，平定了南方，有了较巩固的后方，并抓住了曹魏兵败祁山、孙吴兵挫石亭的时机，挥师北伐，拟夺取魏的凉州，向后主刘禅上了两道表文，“前表开导昏庸，后表审量形势”，这就是著名的《前出师表》《后出师表》。我们现在读的是《前出师表》。

《前出师表》前半部分是临行时的进谏，后半部分乃表明此行夺胜的决心。诸葛亮向后主提出三项建议：广开言路，执法公平，亲贤远佞。这三项建议，既是安定后方的措施，也是施政的方针，可见作者在行文上颇费神思。

原文

臣亮言：先帝创业未半而中道崩殂；今天下三分，益州疲弊，此诚危急存亡之秋也。然侍卫之臣不懈于内，忠志之士忘身于外者：盖追先帝之殊遇，欲报之于陛下也。诚宜开张圣听，以光先帝遗德，恢弘志士之气；不宜妄自菲薄，引喻失义，以塞忠谏之路也。

宫中府中，俱为一体；陟罚臧否，不宜异同；若有作奸犯科及为忠善者，宜付有司论其刑赏，以昭陛下平明之理；不宜偏私，使内外异法也。

侍中、侍郎郭攸之、费祎、董允等，此皆良实，志虑忠纯，是以先帝简拔以遗陛下：愚以为宫中之事，事无大小，悉以咨之，然后施行，必能裨补阙漏，有所广益。

将军向宠，性行淑均，晓畅军事，试用于昔日，先帝称之曰能，是以众议举宠为督：愚以为营中之事，悉以咨之，必能使行阵和睦，优劣得所。

亲贤臣，远小人，此先汉所以兴隆也；亲小人，远贤臣，此后汉所以倾颓也。先帝在时，每与臣论此事，未尝不叹息痛恨于桓、灵也！侍中、尚书、长史、参军，此悉贞良死节之臣，愿陛下亲之、信之，则汉室之隆，可计日而待也。

臣本布衣，躬耕于南阳，苟全性命于乱世，不求闻达于诸侯。先帝不以臣卑鄙，猥自枉屈，三顾臣于草庐之中，咨臣以当世之事，由是感激，遂许先帝以驱驰。后值倾覆，受任于败军之际，奉命于危难之间，尔来二十有一年矣。

先帝知臣谨慎，故临崩寄臣以大事也。受命以来，夙夜忧叹，恐托付不效，以伤先帝之明；故五月渡泸，深入不毛。今南方已定，兵甲已足，当奖率三军，北定中原，庶竭驽钝，攘除奸凶，兴复汉室，还于旧都：此臣所以报先帝而忠陛下之职分也。至于斟酌损益，进尽忠言，则攸之、祎、允等之任也。

愿陛下托臣以讨贼兴复之效，不效，则治臣之罪，以告先帝之灵；若无兴德之言，则责攸之、祎、允等之慢，以彰其咎。陛下亦宜自谋，以咨诹善道，察纳雅言，深追先帝遗诏。臣不胜受恩感激！

今当远离，临表涕零，不知所言。

译文

先帝开创的事业没有完成一半，却中途去世了。现在天下分裂成三个国家。蜀汉人力缺乏，物力短缺，这实在是危急存亡的时候啊。然而朝中官员在首都毫不懈怠，忠诚有志的将士在外面舍生忘死，是因为追念先帝对他们的特殊厚待，想要在陛下身上报恩啊。实在应该广泛地听取意见，发扬先帝遗留下来的美德，振奋有抱负的人们的志气，不应该随便看轻自己，说一些不恰当的话，以致堵塞人们忠言劝谏的道路啊！

皇宫中和丞相府中的人，都是国家的官员；升降官吏，评论人物，不应该因在宫中或在府中而异。如果有作奸邪事情、犯科条法令，或做了好事对国家有贡献的，都应该交给主管的官员判定他们受罚或者受赏，来显示陛下公正严明的治理，而不应当有偏袒和私心，使朝廷内外刑赏的法令不同。

侍中侍郎郭攸之、费祎、董允等人，这些都是善良诚实的人，他们的志向和思虑都忠诚纯正，所以先帝把他们选拔出来给予陛下。我以为宫廷中的事情，无论大小，都拿来跟他们商量，然后实行，就一定能够补救缺点，防止疏漏，得到更多的成效。

将军向宠，性格品行善良平正，通晓军事，过去任用他的时候，先帝称赞他能干，所以大家商议推举他做中部督。我认为军营中的事情，都拿来和他商量，就一定能够使军中团结和睦，才能高的和才能低的都得到合理安排。

亲近贤臣，疏远小人，这是先汉兴旺发达的原因；亲近小人，疏远贤臣，这是后汉倾覆衰败的原因。先帝在世时，每次和我谈论这些事情，没有不对桓、灵二帝的昏庸感到痛心遗憾的。 侍中、尚书、长史、参军，这些人都是忠贞优秀、以死报国的大臣，希望陛下亲近他们，信任他们，这样汉朝的兴隆便为时不远了。

我本来是个平民，在南阳亲自种地，只希望在乱世里姑且保全性命，并不想在诸侯中做官扬名。先帝不嫌我身份低微，见识浅陋，不惜降低身份，委屈自己，多次到草庐来探望我，向我询问当代的大事，我因此有所感而情绪激动，就答应为先帝奔走效劳。后来遇到挫折，在军事上失败的时候接受重任，在危难紧迫的关头奉命出使，从那时到现在二十一年了。

先帝知道我办事谨慎，所以临终的时候，把国家大事托付给我。我接受命令以来，早晚忧虑叹息，唯恐托付给我的大事做得没有成效，而有损于先帝的明察，所以五月渡过泸水，深入到不长庄稼的荒凉地方。现在南方的叛乱已经平定，武器装备已经充足，应该勉励三军，率领他们北上平定中原。我希望能够奉献平庸的才能，去铲除那些奸邪凶恶的敌人，振兴汉朝，迁回旧都洛阳。这是我报答先帝、忠于陛下的职责。至于考虑朝中政事是否可行，毫无保留地向陛下提出忠诚的劝谏，那是郭攸之、费祎、董允等人的责任了。

希望陛下把讨伐曹魏兴复汉室的任务交付给我，如果不能实现，就治我的罪，来告慰先帝在天之灵。如果没有发扬圣德的忠言，就应当责罚郭攸之、费祎、董允等人的怠慢失职，指明他们的过失；陛下也应该自行谋划，征询治国的良策，认识、采纳正确的言论，深切追念先帝的遗命。我接受您的恩泽，心中非常激动。

现在我就要远离陛下了，面对这份奏表，禁不住流下泪水，也不知说了些什么。

陈情表

文／李密

李密，名虔，字令伯，犍为武阳（今四川省眉山市彭山县）人，是西晋著名文学家。李密从小依赖祖母刘氏抚养成人，故侍奉刘氏十分孝顺，《晋书·孝友传》将他列在首位，誉之“以孝谨闻”。泰始三年（公元267年），晋武帝招李密为太子洗马，他以祖母年老多病无人照料为由，辞不赴命。但因为他是蜀汉旧臣，又恐晋武帝怀疑自己心念旧朝而招致祸患，于是写了这篇饱含深情的文章。文章陈述委婉尽情，感人至深，是一篇有浓厚感情色彩的抒情名作。因此，《古文观止》评点此篇是“俱从天真写出，无一字虚言驾饰。”

细细品读此文，作者在文中所陈之情不外三个方面：一是因处境狼狈而产生的忧惧之情；二是对“诏书切峻，责臣逋慢”的畏惧情绪；三是对祖母刘氏的孝情。正因为作者所写的都是“至性之言”，所以才会产生“悲恻动人”的效果。

原文

臣密言：“臣以险衅，夙遭闵凶。生孩六月，慈父见背；行年四岁，舅夺母志。祖母刘，愍臣孤弱，躬亲抚养。臣少多疾病。九岁不行。零丁孤苦，至于成立。既无伯叔，终鲜兄弟。门衰祚薄，晚有儿息。外无期功强近之亲，内无应门五尺之童。茕茕孑立，形影相吊。而刘夙婴疾病，常在床蓐；臣侍汤药，未尝废离。

逮奉圣朝，沐浴清化。前太守臣逵，察臣孝廉；后刺史臣荣，举臣秀才。臣以供养无主，辞不赴命。诏书特下，拜臣郎中。寻蒙国恩，除臣洗马。猥以微贱，当侍东宫，非臣陨首所能上报。臣具以表闻，辞不就职。诏书切峻，责臣逋慢。郡县逼迫，催臣上道。州司临门，急于星火。臣欲奉诏奔驰，则以刘病日笃；欲苟顺私情，则告诉不许。臣之进退，实为狼狈。

伏惟圣朝，以孝治天下。凡在故老，犹蒙矜育；况臣孤苦，特为尤甚。且臣少事伪朝，历职郎署，本图宦达，不矜名节。今臣亡国贱俘，至微至陋。过蒙拔擢，宠命优渥，岂敢盘桓，有所希冀？但以刘日薄西山，气息奄奄，人命危浅，朝不虑夕。臣无祖母，无以至今日？祖母无臣，无以终余年。母孙二人，更相为命。是以区区不能废远。

臣密今年四十有四，祖母刘今年九十有六；是以臣尽节于陛下之日长，报刘之日短也。乌鸟私情，愿乞终养！臣之辛苦，非独蜀之人士，及二州牧伯，所见明知；皇天后土，实所共鉴。愿陛下矜愍愚诚，听臣微志。庶刘侥幸，卒保余年。臣生当陨首，死当结草。臣不胜犬马怖惧之情，谨拜表以闻！”

译文

臣李密告禀陛下：我自认为命运坎坷，罪孽深重，幼年时便遭不幸。我出生六个月，父亲就去世了。年纪到了四岁，我的舅舅强迫我母亲改嫁，而母亲则立志守节。我的祖母刘氏怜惜我孤弱，就亲自抚养我。臣李密年幼多病，九岁还不会走路，孤苦伶仃一直到长大成人。我既无叔叔伯伯，也少有兄弟。家门衰微福薄，很晚才有子孙。家外没有服丧期长的近亲，家内没有照看门户的五尺孩童，孤孤单单，形影相吊。而且我祖母刘氏一直疾病缠身。常年卧病在床。我服侍吃药，从未停止和离开。

到了侍奉朝廷，身受清明的教化。前任太守陈逵，荐举本人为孝廉。后来刺史又使我获得乐荣耀，推荐我为秀才。我则以没人奉养祖母，辞却报到。皇上的命令下达，任命我为郎中。不久又受到国恩，免旧职任命为洗马，以微贱之身侍从太子，即使杀头也不能报答皇上的恩典。这些我都以奏章呈报，辞不就职。而皇上的命令严厉，责备我回避怠慢，郡县长官催逼我上路，州官都来到我家，催得比星火还急。我是要接受任命前往效劳，可是祖母刘氏的病却一天比一天加重；想姑且迁就个人的情意，请求又得不到许可。我是进退两难，实在尴尬。

我恭恭敬敬地想：圣朝以孝治理天下，凡是属于故旧、遗老，尚且得到怜悯和抚养，何况我孤苦的情况特别厉害。而且我年轻时供职前朝，一直做到郎署，本来就是打算做官求得显达，并不想自命清高；现在我是亡国俘虏，极为卑微低贱，蒙皇上过分的提拔，恩宠有加，岂敢犹疑另有更高的指望。但是我祖母刘氏日薄西山，气息奄奄，人命微浅，朝不虑夕。我没有祖母，无法活到今天，祖母没有我无法了却剩下的日子；我们祖孙二人彼此相依为命，就因这些区区小事不能停止供奉而远离。

臣李密今年四十四，我祖母刘氏今年九十六了。如此是我效忠于陛下的日子长，报答我祖母刘氏的日子短了。乌鸦尚有私情，我也企望为祖母养老送终。我的苦处，不仅是蜀地的人士和二州的长官了解，天地神明也实实在在看得清清楚楚。愿陛下怜悯我的愚拙诚恳，准许我的小小的心愿，或许我祖母刘氏侥幸保全到底，我愿活时杀头抵命，死后作草绳来报答祖母。

臣子李密不胜犬马，诚惶诚恐，以此奏章上呈。

德育故事>>>

姜肱大被

汉朝的时候，有个人姓姜名肱。他有两个弟弟，一个叫姜仲海，另一个叫姜季江。他们兄弟三人非常的友爱，情同手足。

兄弟三人形影不离。天天在一起读书，下课又一起温习功课、玩耍，还一起帮家里做家务事。而且三个兄弟缝了一床大棉被每天都睡在一起。

或许我们会觉得，这种情形在幼年的时候才有可能发生，长大之后不可能，因为已经成家立业了。可是姜肱三兄弟长大之后感情依旧非常的好，好到有时还三个人睡一块，这就真的非常难得。他们三兄弟能同一条棉被，这样到成家之后，感情还这么好，就突显他们三兄弟的确是一条心。

有一次姜肱跟他的弟弟一同去京城，结果半夜路遇强盗。月光下，强盗面目狰狞，手里的匕首泛出幽幽寒光，看了直叫人打颤。强盗嚣张的晃着明晃晃的匕首一步步逼进抱在一起的两兄弟。突然，哥哥推后弟弟，走上前一步说："我弟弟还小，我是做哥哥的，我可以牺牲，我要挽救我的弟弟，希望你们放他一条生路。"这时，后面的弟弟也走上前来说道："不!你不可以伤害我哥哥，还是杀我吧！"兄弟俩都争着让对方活着，想到兄弟就要生离死别，俩人不禁抱在一起，痛哭流涕。

盗贼也不是铁石心肠，也是因饥寒才起盗心。他深深地被兄弟俩的手足情感动了，讲道：我今天终于见到什么叫亲情了。于是抢了一些财物便匆匆离开。

到了京城里头去办事，有人见到姜肱衣冠不整，穿得很破烂，就问他：出了什么事，你会如此的落魄？但是姜肱用其他种种的言语，来掩饰他被抢的这一段经历，绝口不提被抢的这一件事。因为他深盼盗贼能悔改。

后来事情辗转传到盗贼那里，他听到姜肱被抢而不说，非常感激，悔恨交加。于是隔天就跑去请求拜见姜肱，亲自把所有抢来的衣物还给了姜肱。并表明痛改之意。姜肱可以说仁慈到极点，怎会不感化人？何况盗贼也是人啊。姜肱这样的仁慈，这样爱人之心，实在是难能可贵。

兄弟能和睦相处，父母会感到高兴，而兄弟姐妹就好比是手足四肢一样，父母如同身躯，身躯与四肢能互相搭配，这样才是健全。这也就是常形容的骨肉是一体，手足是一体。所以自古以来，兄弟就要彼此相互友爱、相互提携，长大成人之后，更要相互的帮助。

现今我们不用像他们三兄弟睡在一起，可是我们兄弟姐妹间也要相亲相爱，互相帮助。我们的一生中和兄弟姐妹相处的时间是最长的，如果一直有个亲人在身边，当遇到困难时，可以帮助你；当不开心时，可以安慰你；当你拥有喜悦时，可以和你共同分享，那是多么快乐的事！现在社会上有些兄弟姐妹互相猜疑，争夺家产，斗的鱼死网破。又为何呢！

同样，我们人与人之间也要像姜肱兄弟一样，相亲相爱，互相帮助。让世界成为一个和睦、友善、美好的大家庭。

苏武牧羊

两千多年以前的汉朝，版图非常的辽阔，活跃在北方的匈奴不时地侵犯边疆，因此朝廷也经常出兵反击他们。

后来匈奴的单于派使节向汉朝朝贡，希望能借此拉拢彼此之间的邦国友谊。于是汉武帝决定派苏武向匈奴回礼，并护送他们的使节回去。

出使的那一天，苏武手中持着长长的“汉节”，那是邦国之间互相往来的信物，他带领着由一百多人组成的和平使团，随着一声威武的号令，庄严而肃穆地启程。他们带着丰厚的礼物，放眼望去，那浩荡的队伍展现出无比的威德，要传达给远方匈奴的，是大汉民族对于战争永远不再发生的殷切期望。

但不幸的是，他们遇到了匈奴内部的一场叛乱。叛变的人和苏武的副使张胜，过去曾经有过密切往来，结果不但张胜被连坐，连苏武也无辜地受到了牵连，被扣押在了匈奴，和平的任务尚未完成，即遭此劫难，让苏武非常痛心。

单于知道苏武为人忠贞爱国，于是想要借机劝他投降，就派遣卫律等人去游说，苏武义正辞严地说：如果我忘恩负义，背叛朝廷，就算是活着，也没有颜面再回到汉朝！说罢，抽出配刀，往自己身上刺了进去。一时间，鲜血喷洒而出，他倒在了一片血泊中。卫律大惊失色，赶紧冲上前去救他，医治了半天之久他才苏醒过来。

单于看到苏武的志节这样的高迈，内心对他产生了敬佩之情，就想用高官厚禄来收买他，请他为匈奴效力，但是均被苏武断然回绝了。后来，恼羞成怒的单于把他幽禁到了地牢里，想把他活活地饿死，逼他投降。

在寒气逼人的地洞中，身心交瘁的苏武躺在刺骨的寒冰上，疲惫地昏了过去。不久，难以忍受的饥饿使他苏醒了过来，他爬到雪堆旁，将一把雪塞进了嘴里，又抓起汉节上的一撮毡毛，艰难地咽了下去。奇迹出现了，几天之后，苏武居然没有死。单于被他惊吓坏了，以为他一定是个神人，否则这要换成别人，不早就死了好几回了吗？

后来，单于把苏武流放到了荒无人烟的北海，只送给他几只公羊，目的是要让他像无法繁殖的公羊那样衰老、绝后、自生自灭，要他等到公羊能够哺乳才可以回来。

苏武拄着汉节，在风雪交加的北海牧羊，他常常抚摸着它，就像是见到汉王一样。汉节从来没有离开过他的手，节上的毛早就已经脱落了，完成出使匈奴任务的使命感和忠于汉朝的气节，始终在支持着他一定要活着回去。

苏武就凭着这股坚忍不拔的毅力，吃着野鼠、啃着野草，艰难地活下去，希望还有那么一天，能重见曙光，返回大汉的国土。

六年过去了，有一次，单于的弟弟于靬王到北海去打猎，惊奇地发现苏武居然还活着。在这种严酷恶劣的环境中，人怎么可能活得下去呢？于靬王被他深深地感动了，他默默地送来了一些食物和牲畜，希望能改善他的生活。

但是好景不长，三年之后于靬王过世，而苏武赖以生存的这些财物却全部被偷走了。又回复到从前那种艰苦不堪的日子。

艰辛的日子又过了五年，单于派李陵来劝苏武投降。李陵是汉朝李广将军的孙子，也是一位骁勇善战的将军，他在投降匈奴之后，一直都不敢去拜见苏武，苏武高尚的人格，始终令他感到自责和羞耻。而这次受命于单于，他只好硬着头皮去。

李陵恳切地劝他说：在这种没有人烟的不毛之地，哪里有信义可言？有谁见得到你的信和义，忠与贞呢？回到汉朝的希望太遥远、太渺茫了，人生那么短暂，就像朝露一样，你究竟是何苦呢？

苏武长叹了一口气说道：做臣子的忠于他的君王，就如同做儿子的孝顺他的父母一样，是天经地义的事情，儿子为了报答父母，就算是死了都在所不惜，更不要说这样的一点折磨了。我和父亲受封于朝廷，国家曾经给予我们非常优厚的恩宠，朝廷的深恩大德是我报答不尽的。今天就算是为国家牺牲、赴汤蹈火我都心甘情愿，请你不要再劝我了。

李陵听了之后百感交集，一时悲从中来，痛哭流涕，他赞美苏武是一位真正的义士，并对自己的苟且偷生悔恨不已。回去之后，他送来了几十头牛羊，希望能改善苏武的生活。

不久之后，汉武帝驾崩了，当李陵把这个消息告诉他的时候，苏武沧桑的脸上乍现出深切的痛苦。他面向南方，扑倒跪地，放声痛哭，鲜血顺着嘴角流在了地上。从那以后，他终日悲恸的哭泣，谁都劝他不了。

数年之后，汉朝跟匈奴开始和亲了，苏武终于能够回到故乡，李陵流着泪，目送他消失在万里黄沙中。十九年前由一百多人组成的声势浩大的使团，现在只剩凄冷的九个人，怀着无尽的伤感，踏上返乡的道路。

他回到京师，奉上太牢，泪流满面地拜谒了汉武帝的陵墓。朝廷有感于他的志节，给了他非常优厚的待遇，后来宣帝封他为“关内侯”。苏武把财产全部分送给亲朋、故旧，自己什么都没有留下。他的妻子已经改嫁，儿子因被连坐而死，而他自己也已经白发苍苍了。

苏武得到了天下人对他的敬仰，不但是在汉朝，在匈奴这样的国家，也赢得了匈奴人的尊敬。

许止净先生说，苏武的忠义精神真的是空前绝后、光耀千古。想想看，在冰天雪地的北海中，生活所需要的“衣食住”是一无所有，他怎么可能活得下去呢？可是他不但安然无恙，而且一住就是十九年，这岂不就是因为他的忠诚和节义感动了天地，而得到鬼神冥冥当中的呵护吗？或者说，这种绵延不绝的力量，正是源于他心中生生不息的浩然正气。

孔子说：“志士仁人，有杀身以成仁，无求生以害仁”，又说：“使于四方，不辱君命”，这正是苏武最最真实的写照。

温公爱兄

司马光一生孝顺父母、友爱兄弟、忠于朝廷。他地位显赫，德高望重，人们除了对他的德行备极推崇之外，他发乎真诚的友爱兄弟的情怀，更是流传千古。

司马光的哥哥，字伯康，名旦，兄弟两人的感情特别地好。当司马光退居在洛阳的时候，每次返乡探亲，总会探望兄长，他对哥哥既敬重又极关怀。

当时伯康已八十岁了，而司马光也年事不小，但侍奉兄长就如同事奉父亲一样地尽心尽力。尤其老人家体质羸弱，消化不佳，为保康健常需少量多餐，故照顾颇为费神。所以每当吃完饭不久，温公总会亲切地问候哥哥："您饿了吗？要不要再吃点东西？"几乎是时时刻刻地关注，就如同照顾婴儿般地无微不至。

当季节交替时，气候极其不稳，老人最怕的是着凉。所以天气稍稍转凉，司马光就常常轻抚着兄长的背，并关切地问道："衣服会不会太薄？会不会冷？"随时都注意到哥哥的衣服是不是足够保暖。日日嘘寒问暖，兄弟间的情怀自然地流露，这是何等地温馨感人！

人的一生，和兄弟姐妹相处的时间，往往超过父母，故应该彼此相互提携照顾，正所谓"同气连枝，骨肉相连"。又谚云："一回相见一回老，能得几时为弟兄？"因而，兄弟间真挚的友爱，是多么地弥足珍贵，我们应当更加地珍重爱惜。

温公和兄长间的手足情怀一直是古今的美谈。故李文耕说道，司马温公是“一代完人”，他的品德、学识、涵养都无懈可击，他的孝顺、友爱、忠诚都出自于天性，是我们后人的表率。

孟子说：“孩提之童，无不知爱其亲者，及其长也，无不知敬其兄也。”也就是说，孩子在孩提时代懂得敬爱父母，稍微长大之后懂得友爱兄弟，这些都不用学习就能知道的，因为它是源自于自然的天性，是人人本具的良知良能，正是所谓的“人之初，性本善”。

温公虽然高官显贵，但照料兄长从不委由仆人代劳，巨细靡遗，都亲自操持，这种至情至亲的手足之爱，与下人照顾是全然不同的。我们想想，两位白发苍苍的老人，相互扶持、相互照顾，那是何等感人的画面！

对于兄长伯康，温公是恭敬到了极处，也爱护到了极处，所谓“友爱至极，无以复加”。《礼记》云：“听于无声，视于无形。”难道不正是如此吗？

的确，天底下很少有人能拥有这般幸福的手足之情，毕竟人懂得珍惜的时候短，往往都是在失去之后才知后悔，为什么过去不对他好一点？所以珍惜亲情的可贵，是何其重要！

温公的儿子司马康，也继承父亲之志，自幼就聪颖过人、勤奋好学，不仅学识渊博，更通晓经史，又以严谨的治学态度和深厚的史学功底，参与了父亲《资治通鉴》的编纂工作。侍奉父母极其孝顺的他，在母亲去世之后，悲痛至极，三天三夜都滴水不进，哀痛逾恒，完全看到温公的风范。

司马康为人恭敬谨慎，不苟言笑。在路上，人们见到他温文的举止和脱俗的内涵，即使不认识他，也知道他一定是司马光的儿子。因为深厚的学识与严谨的家风，熏陶了他非凡的气宇。他能如此优秀，都与父亲的教诲息息相关。

司马温公照耀青史的伟大风范，启发和鼓舞了一代又一代的中国人。人们从他不凡的品操中，体会到了真正的忠诚爱国与骨肉的至情，也见到了一位读书人能“退则独善其身、进则兼善天下”的卓绝操守。希望我们每一个人，都能身体力行，追随这种不朽的精神风范，世世代代绵延不绝、长盛不衰。

李善乳主

在汉朝，有一位叫李善的人，当过李家的苍头。他忠实老成、勤勉厚道，多年来，一直忠心耿耿奉侍主人。在建武年间，瘟疫横扫淯阳县，李府全家上下不幸都染上了瘟疫。短短期间，一家大小都接二连三地过世了，只留下了万贯的家财，和出生不久的婴儿——李续。

这是多么悲惨的景况啊！一个人丁兴旺的大户人家，一夕之间，家人相继撒手人世，空旷的房舍，只剩下孤儿李续凄凉的啼哭声。李家堆积如山的金银财宝，刹那间成为了婢女和仆人争夺的对象，利字当头，他们铤而走险，随时都想杀害李家这个唯一的命脉与忠心耿耿的老仆，然后夺取所有的财产。

李善望着这个孤苦伶仃的小生命，多少恍如昨日的往事，一幕幕地浮现在眼前，心中激荡奔腾，眼泪不禁涔涔而下。想起多年来，李元夫妇一直都把他当成是李家的一分子，无尽的关怀和照顾令李善感动不已，而这种恩情，哪里是“感恩”两个字所能诉尽的！如今物是人非，受过李家深恩的李善，怎么能够在主人家里最艰难的时候，就这样离去呢？

尽管主仆处在险象环生中，随时都有生命的危险，但在势单力薄下，实在是敌不过这些唯利是图的佣人。李善唯一能做的就是，不管怎样，也一定要保护小主人的安全。万般不得已之下，只有赶紧一走了之，放弃一切家产，才能保护幼小的李续。于是他偷偷地收拾行李，伺机逃离李家。

他带着熟睡的李续，连夜逃了出去，他们逃到了山阳瑕丘的深山中，开始了无比艰难的隐居生活。可是维持生计用的一切从哪里来啊？尤其这么小的李续怎么喂乳呢？李善不由自主地仰天长叹。

意志坚强的李善有着男子汉的坚定气魄，他刻苦耐劳，不怕吃苦，喝着山间的露水，啃着树上的野果，就得以饥一顿饱一顿地活下去。可是婴儿还那么小、还那么脆弱，又是李家唯一的命根子，面对这个娇弱的小生命，李善真的犯了愁，到底要怎么抚养他、怎么照顾他呢？他开始感到无助和忧虑。

李善跪在地上，哀伤不已，不断地磕头祈求说：苍天啊！孩子生下来才几十天，如果没有办法活下去，我怎能对得起主人在天之灵呢？……说着说着，他伏在了地上放声痛哭，悲怆凄凉的哭声在深山中久久地回响着。

想不到几天之后奇迹出现了，李善的双乳竟然流出了乳汁。饥饿难忍的李续终于停止了哭泣，开始尽情地吮吸这天赐的美味。多日的啼哭早已使他筋疲力尽，吃饱了之后，小生命就甜甜地睡了过去。

李善看到这一幕，感激地流下泪来。一想到自己终于见到了希望，再想到自己终于得以告慰主人在天之灵，他忍不住跪倒在地，磕头礼拜，感恩老天眷顾他们这样孤苦无依的人。

山居的生活，是常人无法想象的艰难。一个男人，不但要耕种采集、煮饭洗衣，而且还要养育年幼的李续，那更是难上加难了。李善就像慈母一样，推干就湿地细心照顾小主人，尽管倍尝艰辛，但在他的呵护与照顾下，李续渐渐地长大了。每天，李善都会讲故事给他听，教给他做人的道理，在李善的言传身教下，年少的李续也秉承了他厚道善良的品格。

当李续还在襁褓的时候，不管大小事情，李善都会在小主人面前，恭敬地向他禀报，因为他把李家唯一的命脉，看作是主人的化身，一样地尊敬他。所以特别地教导他，希望李续能成为才德兼备的人，将来能重振李家门风。

光阴如梭，转眼间，李续已经十岁了。李善决心为李家恢复家业，于是就来到官府击鼓申冤，希望能讨回公道。县令钟离意，了解了李善忠义的节操之后，被深深地感动了，他为李家平反了冤情、收回了财产，谋害李续的佣人都受到了惩治，李善带着小主人终于回到了久别的故乡。

县令在感佩之余，决定把李善感动天地的事迹呈禀皇上，他相信李善忠义的节操，不仅能够移风易俗，而且能够教化后人。光武皇帝非常感动，于是就礼请李善来担任太子舍人这一个要职。

在古时候，培育太子是帝王特别用心的一件事。司马光曾经感叹地说，为什么历史上会出现那么多的昏君？这多半是由于他们当太子的时候，就没有受到很好的教育。所以贤明的父王总是会精挑细选，把太子托付给真正贤德之人，让他跟老师生活在一起，举凡出入应对，日常礼仪，点点滴滴的言行举止，都得到严格的调教和指正。老师会日以继夜地看顾太子，长养他的德行，进而奠定成为贤明仁君的基础，承担治理天下的重责。

饱经沧桑的李善，深深了解百姓的疾苦，所以能够用仁民爱物的心来照顾大众，把地方治理得很好，得到了人们对他的爱戴。后来小主人李续也很有成就，成为了河间王的相官。

当李善要就任太守时，途经了淯阳，阔别了李家这么多年，回忆过去，历历如前，此时的李善百感交集，在一里之外，他仿佛已经见到了李元的坟墓。一时悲从中来，就命人停下了轿子。他卸下官服，换上粗布衣裳，缓缓地走向墓园荒芜的小径，杂草丛生，李善提起一把老旧的锄头，开始卖力地清理杂草。他一步步地来到主人的墓旁，抚摸着残损不堪的墓碑，禁不住心中的悲恸，跪地放声大哭，哭声哀凄，闻者莫不为之动容泣泪。

李善开始整理周围的环境，他把墓园打扫的干干净净，筑起了炉灶，准备了丰富的祭品，来奉祀主人。他跪在主人的灵位前，非常伤感地说：老爷、夫人，我是李善，我今天回来探望、祭拜你们，愿你们在天之灵都能够得到安慰……

几天来，他都徘徊不忍离开墓园，时时刻刻地追思恩主，不时见到李善抚着墓碑暗自抽泣。纵使今天他已经不再是卑微的佣人，而是令人尊敬的朝廷命官，但是他依然不忘本，他依然感念李元当年关心照顾他的恩德情义，就好像自己仍然是往昔的李善一样，随侍在主人的身旁。

孔子云：君使臣以礼，臣事君以忠，君臣之义是水乳交融、相生互通的，李善的美德之所以能流芳千古，在于卑微之时，不但能忍辱负重，尽忠职守，显达之后，仍然对主人感恩戴德。千百年来，他的忠义精神始终鼓舞着我们见贤思齐，不论身处任何环境地位，都能够做一个尽职负责之人。这个感人至深的故事，不仅结合了恩义、情义与道义，更为后人留下了一个知恩报恩的不朽典范。

朱显焚券

在元朝真定这个地方，有一位叫朱显的人。元世祖至元年间，朱显的祖父卧病在床，想到自己随时都会撒手人寰，于是他决定在弥留之际，将家产按等份分好，还立下了字据，把后事交代得非常妥当。

英宗至治年间，朱显的哥哥不幸过世了，留下了几个嗷嗷待哺的孩子，家里一片萧瑟凄凉，令人分外感伤。看到侄子们孤苦无依，朱显非常地难过，因此，在日常生活当中，他对侄儿彦昉等人有着特别的照顾，把他们看作是自己的亲生孩子一样，无微不至地细致关怀。

看到侄子们年纪这么小，还没有能力自立。如果就这样把财产均分，各奔前程的话，那有谁能够关心到孩子们的教育？又有谁能在身边料理他们想象不到的种种问题？如果没有人帮助他们撑起这个家的话，往后的情形将会怎样？放他们不管的话，于心何忍？想到这里，道义之情油然而生。

于是，朱显就对他的弟弟朱耀说：父子兄弟，本就同气连枝，不可分离。现在，哥哥已经离开我们了，他的孩子那么小，无论是情理还是道义上，我们都需要代替哥哥，来履行长辈应有的责任，把侄子的生活安顿好，让他们没有后顾之忧。此外，如果没有长辈在他们品行上，日日督导的话，又怎能培养他们的厚道善良？所以我们是不是不要分家，全心全力来看护和照顾？

平日，哥哥总是在默默地关怀年幼的侄子，那么地真诚无私，弟弟被他深重的情义所感动。而今，哥哥又为了侄子，而决定放下这笔丰厚的遗产，让整个大家庭共同来分享。对哥哥无私的心怀，他由衷地佩服与敬爱。

于是，他们一同来到祖父的墓前，把祖父留下来的分产证明，全部焚毁。从此之后,这一家继续其乐融融地共同生活在一起，互相关怀照顾，非常地温馨。

年少就失去父母，这真是人间的至痛。如果没有亲情的力量来维持家庭的温暖，那孩子如何心智健全地成长呢？如何培养对周遭一切热切的关怀，经营积极向上的人生？在侄子们最为艰难的时候,如果还分家分财产，情何以堪？朱显的焚券，不但是尽了兄弟应有的手足情义，也是对父母尽最大的孝心。

兄弟同气连枝，对父母而言，都是亲生的骨肉。而对于祖父母来说，这些儿孙，都是他们最疼爱的人。兄弟姐妹同根同源，就像是从同一棵树生出来的枝杈一样，彼此亲密无间。

在祖父的眼中，儿孙都同样可爱，因而一视同仁，平等关怀。这就如同父亲看待自己的孩子一样，并没有轻重厚薄之分。因此，一家人相互扶持照顾，是天经地义的，就像一只手帮助另外一只手一样，何来分别之有呢？

朱显和弟弟朱耀，看到侄子们生活贫困、无依无靠，于是将祖父留下的田产证明全部烧毁，一家大小继续生活在一起。实际上，这不但没有违背祖父的遗愿，反而深深地慰藉着祖父的心。哪一位父母不希望自己的儿孙贤德孝顺，互相关怀帮助？父母那期盼牵挂的心，是永不磨灭的，就算是远隔天涯，也要把自己对孩子深深的爱，带到另一个世界去。

孝顺的朱显，深深体会到父亲对子孙的关怀疼爱。立下均分财产的证明，正是源于这样的爱；而今将它全数烧毁，更是从根本之处，透彻理解了爱的真义。这良苦的用心，更加显扬了朱显的一片孝心。因为天下没有一个父母希望见到儿孙分了财产之后，反而更加贫困、拮据。

综观现代社会的生活情形，这种浑朴厚道的心行，已经越来越少见了。甚至有许多人，在父母还健在的时候，就很想要得到父亲的财产。曾经听一位朋友说到，有一次他儿子看过电视之后，就问父亲说：爸爸，如果你死了之后，你的财产就全都是我的了，对不对？

当时，孩子才七岁，他的父亲听到这样的言语，非常地难过。到底自己对孩子辛勤地养育，为的是什么？为什么孩子这么小，就会讲出这样的话来？他内心十分感慨地说：在这种仁义道德废绝殆尽的社会当中，将来年纪大了的时候，养儿防老是不可能实现的，唯有自求多福，才是最好的保生之道。伤感的话语，令人感慨莫名。

这确实是一个非常严重的教育问题。孩子看了电视之后，竟然说出这样的言语，为人父母的人，是否曾经考虑过，电视媒体，网际网络，它们的危害性、它们污染的程度，到底有多深、有多强？我们一定要正视这个问题。

因此为人父母的人，有没有认真地去了解，孩子们所看的到底是什么样的节目？是否注意到，电视的污染，网络的影响，对孩子的品德、思想，所产生的种种负面作用？

期望天下的父母，能从日常生活中，切实关注自己子女的教育问题，多着重德行的培养才能防患于未然。如果我们能为他们多讲解一些忠孝的德育故事，从生活的一点一滴开始，建立孩子孝悌的观念，深信，将来他一定能够成为一位孝顺而又贤德的人。

人生大道>>>

清词丽句必为邻——读书与人生

文／肖仁福

题出唐代诗圣杜甫的诗句：不薄今人爱古人，清词丽句必为邻。作为中国读书人，还真回避不了唐诗。唐诗太伟大了，有说诗经是长出来的，唐诗是淌出来的，宋诗是想出来的，清诗是仿出来的。淌出来的唐诗，开阔大气，奔放热烈，丰盈富丽，五彩缤纷，人见人爱。不读唐诗，不爱唐诗，生而有憾。

杜诗的意思明确，只要是清词丽句，无论出自于谁，都喜爱，都会珍惜，近邻样天天要见面，一日不见如隔三秋。这就是杜甫的境界。曹丕说文人相轻，自古而然，杜甫没有文人相轻的习。有人非议唐初四杰，杜甫作诗辩驳：王杨卢骆当时体，轻薄为文哂未休，尔曹身与名俱灭，不废江河万古流。批评那些说四杰烂话的人，要不了多久就烟消云散，王杨卢骆的诗和名则像江河样，万古流芳。杜甫不仅维护诗名小于自己的作者，也不嫉妒名气大于自己的诗人。他比李白小十余岁，他才出道，李白已名扬天下，红遍大江南北。他不嫉妒李白，倒真心喜欢李白，从不背后说他不是，在《饮中八仙歌》里大加赞扬：李白斗酒诗百篇，长安市上酒家眠；天子呼来不上船，自称臣是酒中仙。

我开玩笑说，杜甫搞的都是无偿文学，他写朱门酒肉臭，路有冻死骨，不可能有谁给他发稿费。李白却谁给酒喝，谁给他官做，他就表扬谁。有个叫汪伦的人，名不见经传，却很会追星，写信给李白，说他家乡有十里桃花，万家酒店，要李白去玩。李白就喜欢诗酒两样东西，桃花可助诗兴，万家酒店够你醉生梦死的，飞脚到了汪伦家。抬头一看，却并无十里桃花，更没万家酒店，很是丧气。汪伦指着门前潭水说，这叫桃花潭，十里之长，岸上还有一家酒店，老板姓万，叫万家酒店。李白大呼上当，拔腿要走。汪伦忙拦住李白，天天请他上万家酒店，好酒好肉款待。李白有酒就高兴，临别时赋诗道：桃花潭水深千尺，不及汪伦送我情。汪伦更合算，追星追出千古之名。

李白还奉旨写过著名的《清平调》。一天唐玄宗带着儿媳兼情人杨贵妃，一边饮酒，一边欣赏牡丹。美人美酒美景，男人做到这个分上，亦复何求？唐玄宗感觉好得不得了，给李白布置硬任务，搞个主旋律，写首赞美诗，歌颂一下大唐盛世和他做皇帝的。李白官帽是领导给的，当然乐意写这诗。不过他不直接表扬领导，表扬领导情人：云想衣裳花想容，春风拂槛露华浓；若非群玉山头见，便向瑶池月下逢。意思好懂，无非说领导情人仙女样美丽华贵，风情万种。领导情人是仙女，领导岂不就是仙人么？做了皇帝想登仙，皇帝最愁的就是不能长生不老，不能将皇帝永远进行下去。这下跟着仙女情人做了仙人，还不高兴？这可比直接表扬领导本人高明得多。如果谁搞马屁诗评比，李白这首《清平调》绝对是天下第一马屁诗。

闲话少说，还是回到主题。

我觉得人生有两本书要读，一是有字书，二是无字书。先读有字书，再读无字书。读好有字书，才能更好地读无字书。今天结合有字书和无字书，谈谈个人读书与人生的话题。

一、读书是大化人生的有效方法

人生苦短，人生有涯。陈子昂说：前不见古人，后不见来者，念天地之悠悠，独怆然而涕下。又是唐诗。绕开唐诗还真不容易。诗里的前后是时间，天地是空间。人生于天地之间，能占有的空间仿佛沧海之一粟，能占有的时间仿佛双目之一瞬。就像段子说的，眼睛一睁一闭，一天过去了；眼睛一闭一睁，一夜过去了；眼睛一闭不睁，一辈子过去了！

那么怎么大化人生，延长人生呢？只有读书。读者可以跨越时间与空间的限制，与千年之前的人对话，与千里之外的人会晤。思念曹雪芹，去读他的红楼梦。见不着莎士比亚，读他的哈姆雷特。没到过唐朝，走进唐诗，就到了唐朝。没到过欧美和俄国，可通过雨果海明威和契可夫托尔斯泰，抵达欧美和俄国。看来还真只有通过书本，延伸短暂人生的空间和时间，才能有效大化人生。

如今有公款消费的人，喜欢鼓吹自己行万里路，读万卷书。有位领导公款旅游到了德国，看过莱茵桥，回来说还没咱们的湘江大桥和猴子石大桥气派。人家那桥气派不如咱，可文化含量高，是第二次世界大战的见证。如果这么行万里路，还不如在家里读书。

也有一种说法，叫读万卷书不如行万里路，行万里路不如阅人无数。这话多少有些道理。有些人书读得不多，甚至根本不认字，也通情达理，做人做得很成功。老话也说：世事洞明皆学问，人情练达即文章。六祖慧能就不识字，后成禅宗大师。相反有些人读了不少书，却不谙世事，不懂人情，读成了书呆子。用乡下人的粗话，叫书读到牛屁眼里去了。

不过古往今来只有一个慧能，其悟性不是普通人可比的，普通人还得靠读书提升自己。如果不读书，仅行万里路，仅阅人无数，还是不够。就是行了万里路，还有一万零一里路没行到。阅人无数，也不可能将所有人都阅遍。走在路上，与人接触，固然可增长识见和才干，可你能碰得上孔子，遇得到苏格拉底么？路上你可能碰上高人，也可能碰上蠢人，接触的人可能是智者，也可能是庸众。高人和智者是可遇不可求的，也许穷尽一生，只能与普通人接触。要改变这种局限，还真只有读书。

一旦读书成为一种习惯和生活方式，我想你的人生就已成功一半。有人说工作忙，应酬多，生活累，哪有时间读书。这不应该成为不读书的借口。我有位朋友叫冯伟林，是湖南省高速公路管理局局长，管理着建成和在建的高速公路数十条，整个系统上万人，二十四小时不睡觉都有他忙的。可他还要挤时间读书写作。他不打牌，不赌博，不抽烟，不喝酒（除必要应酬稍稍喝些），不去娱乐场所，把人家泡欢场情场酒场娱乐场的时间用来读书和锻炼身体，每天手不释卷，稍有成块的时间，还要写大块文章。他的《书生报国》和《谁与历史同行》等新儒家散文著作，就是工作之余写成的，如今一版再版，行销全国，深受读者喜爱。他说人都有惰性，人贵在与自己的惰性作不懈斗争，能战胜惰性，再忙再累也会抽空和振作精神读书写作。他一直坚持三勤：勤工作，勤读书，勤写作，湖南的高速公路建设和管理一年一个台阶，进入全国先进行列，他的儒家大散文也收获颇丰。

比冯先生更忙的人恐怕不多，有些人有玩乐的时间，就是没有读书的时间，最后玩乐成为一种习惯和生活方式，与书本越来越远。若干年过去后，再去看读书和不读书两种人，读书的人事业有成，不读书的人还在玩乐，如果不玩乐，欢场娱乐场没他的影子，八成已躺倒在医院病床上。

二、读书是提升人生的最佳途径

说读书大化人生，是从人生宽度和长度意义来说的。从人生高度意义上说，读书可提升人生。读者提升人生的途径有两种：

一是学以致用，认知世界。湖湘文化传统就是经世致用。湖湘文化的源头就在岳麓书院。近两百年以来，湖南人才辈出，影响整个中国历史进程，从魏源曾国藩，到黄兴蔡锷，再到毛泽东刘少奇，数不胜数的湖南人撑起中国整个天空。为什么这些名字如此响亮？就是他们读书的目的非常明确，经世致用，改造社会，服务民众，造福人类。不玩虚的，要来就来真的。如果躲在小我里，弄点风花雪月，无关乎社会和大众痛痒，恐怕难得成才，要成才也是小才，袖珍才，不容易产生社会影响。就是搞文学，也要多关注社会，与民共忧乐，这才可能引起读者关注，对你的作品产生共鸣。有人说肖老师的作品受欢迎，几乎每部小说都畅销，畅销过后多年还在畅销，经得住市场考验，还经得住时间考验，向我讨教成功经验。我说我的小说值钱，经验更值钱，你先送上大红包，我就告诉你：一心读圣贤书，两耳闻窗外事，与国家与民族同呼吸共命运，你写出的东西就有人喜欢爱读。

要学以致用，必得学有用的东西，提高本领。一方面加强文化学习，打下牢固基础。学好数理化，走遍天下都不怕。另一方面加强专业学习，术业有专攻；加强技能学习，学有所长。人要博学，提高综合素质，同时也要有看家本领，能养活自己。三方面加强智能学习，比如数学和哲学，虽不是实用科学，却能提升智能，增强你的思维能力，优化你的思维方法。

送给同学们三个字：一个斌：在校努力学本领，能文能武，文武双全；一个尖：出校门认真干事业，能大能小，更要从小事做起；一个卡，日后无论做官经商或从事别的行当，能上能下，耐得住寂寞，经受得住考验。

二是学以得乐，美化人生。古人说书中自有颜如玉，书中自有黄金屋。意思通过读书改变命运，才能讨美女做老婆，修造美庐华宅。我倒觉得一本好书，本身就是红颜知己，就是美庐华宅，让你快乐无比。也许大家都有这方面的经验，最忘不掉的，不是在哪里吃过什么好饭好菜，在哪里住过如何高级的宾馆，是曾经读过的一本非常喜欢的书。所以我主张读自己喜欢的书，从书中得到乐趣，这样才能潜移默化，修身和修心。除非专业学习，读书不一定要有实际作用，要能学到赚钱本事，掌握升官手段。人生的目标是什么？就是快乐和幸福，还没发财，没升官，就在书中享受到了快乐和幸福，不是更合算吗？

刚才说要经世致用，可我们也要清楚地认识到，书本不是万能的，教科书之外的书，最大作用恐怕还是满足人的审美需要和精神需求。就是教科书也不见得有实用，能带来实际利益。宋初有位叫赵普的宰相，文化不高，却天天捧着《论语》，装成很喜欢读书的样子。太宗赵匡义问他，怎么不读别的书，老抱着《论语》不放？赵普说《论语》好哇，过去我用半部《论语》帮宋太祖打天下，现在我又用半部《论语》帮陛下治天下。世人都觉得赵普回答得机智，很欣赏这句话。我却觉得他在作秀。论语是教人怎么做人的，主要是为修身，至于治天下，还得有硬手段，靠法治，靠制度，靠规矩。内圣外王，王道其实就是霸道，斯斯文文要别人服从你的统治，有人服从吗？打天下更不用说，毛主席说枪杆子里面出政权，《论语》是出不了政权的，要不孔子和其子弟都做皇帝去了，也不至于行迹匆匆，到处乱撞，到处碰壁。相反刘项从来不读书。尤其是刘邦，不读书，不也打下天下，做上大汉皇帝么？皇帝做得还很有水平呢。我这么说，不是贬低《论语》，相反是对《论语》的真心推崇。如果《论语》不是教我们真诚做人，提高修为和品格，是教我们如何谋官弄权，如何搞钱发财，就可怕了。教人谋官弄权搞钱发财的书多如牛毛，数不胜数，可又有几本能传之多久，有多少人真心喜欢呢？

读书的最大好处是丰富精神，愉悦人生。人都有欲望，追求财富和名利一点没错，非常正当。可我们别忘了，人还是精神动物，有精神需求。明星大腕名利双收，且是大名大利，为什么还要自杀？或是一不小心就进了牢门？就是精神出了问题。疗救精神的最好办法，就是读书。读书读出了境界，读出了快乐，人的精神就不会出问题。沈从文说不要相信权力，要相信智慧。智慧从何而来？从阅读而来。当然包括读有字书和无字书。通过阅读获取快乐，便是最大的智慧。即使好读书，不求甚解，也是乐，也是智慧。

我本人以读书为乐，也以写书为乐。有人问肖老师你写了那么多书，尤其是《仕途》，三大卷，百余万字，写得一定很苦吧？我说恐怕没你想象的那么苦。若苦不堪言，我还写什么小说？干任何事包括写作，如果只有苦，没有乐，是不可能长久坚持下去的。写作的好处就是有莫大乐趣，悟出一个好细节，觅得一句好对话，都会让写作者欣喜若狂。当然也有不得要领，冥思苦想的时候，那也是苦中作乐。我的写作体会或写作经验就是，让自己写得快乐，再让读者读得快乐。

读过《仕途》的读者也提出过类似的问题，说你笔下的乔不群等知识分子官员，官做得有滋有味，快乐无比，你在官场待着时一定也像乔不群那样快乐吧？既然快乐，为什么还要离开官场，躲进书斋写小说呢？我说做官肯定是件快乐的事，不然也就没有那多人乐意做官了。可对于我来说，写作比做官更快乐，所以我选择了写作。写作还有一个最大的好处，爱怎么写就怎么写，不用看人眼色，仰人鼻息，能充分享受写作的快乐和自由，包括人身自由和心灵自由。人身自由了，心灵自由了，就可以不做你不想做的事，不像做官要受许多限制，身不由己，甚至心不用己。康德说自由不是你想做什么就做什么，而是你不想做什么可以不做什么。写作能享受康德式自由，又何乐而不为呢？

三、读书是完善人生的必然选择

要完善人生，不可不读书。完善的人生必须是有深度和有价值的人生。那么怎么读书，读什么书，才能完善人生，实现有深度和有价值的人生目标呢？我觉得应该多读传统，多读名著，多读爱好。

先说传统。能留传下来的，绝对是好东西，是精华。有种说法，对传统的东西要批判性继承，要取其精华，去其糟粕。这种说法很成问题，是妄自尊大。前人比我们学养深厚，更知道什么是精华，什么是糟粕，早把糟粕去掉了，还轮得着我们饶舌吗？

再说名著。名著之所以成为名著，肯定是有道理的。这里的名著，包括文学名著，哲学名著，历史名著，包括前人留下的名著，和现代人的名著。还是杜甫那句话：不薄今人爱古人，只要是好文章好书，谁写的都值得读。有人瞧不起当代作家作品，这太偏执，当代作家作品其实不乏好东西。我觉得读书要喜新不厌旧，新书里的内容离当下近，给人启发大。交友则有区别，要喜旧不厌新。人贵旧，碰到老朋友老同学老相识，很亲切。可也要结交新朋友，今天的新朋友，到明天就成了老朋友，今天不交新朋友，明天就没有老朋友。

另说爱好。爱什么读什么，这是读书的最好选择。不喜爱的东西，怎么有动力去读呢，好像喜欢一个女孩或男孩，追求起来才起劲。爱好没有高下，爱好诗词，爱好小说，爱好武侠，爱好戏曲，爱好外国文化，都是爱好，都是难能可贵的。最可怕的是没有爱好，一见书本就头疼。人不可无癖，一定要有所爱好，没有爱好，不读书的人，必然面目可憎。

下面具体谈谈怎么通过读书，完善人生。我认为读书的目的，不仅仅是学技术，主要是提高个人修为，实现三修：修身，修心，修德。道家尚清气，讲究清心寡欲，重修身。佛家尚和气，推崇心平气和，重修心。儒家尚正气，提倡以天论德，正己正人，重修德。我们可以发扬三家传统，为我所用，不断完善人生。

一是学习道家，重修身。身要修，不修就不正，只有身正才不怕影子斜，只有身正才挺得直脊梁，做堂堂正正的人。君子坦荡荡，小人常戚戚，做人不正，满脑歪念头，成天心事重重，忧心忡忡，怎么激情满怀干事业？修身说白了，就是学做人。旧时学徒，先不学艺，先服务师傅三年，挑水担柴，做饭洗衣。过去我不懂，挑水担柴洗衣做饭太简单了，何必浪费徒弟宝贵青春和年华呢？后来才知道，学艺容易，学做人难。必须先学做人，再学艺，不能倒着来。没先学会做人，艺学得再好，也难有大作为。小孩路都走不稳，就逼着学这文化学那技艺，唯独不教他学做人，长大后变成自私自利的个人主义者，谁会接纳他，给他提供成才机会？二十多年前热闹一时的科技少年大学生，如今几人成了气候？

为什么要修身？身是欲望的载体，欲望往往不容易驾驭。欲望本身没有过错，是一切行动的原动力，没有欲望就没有创造。没有物欲，没人创造物质财富；没有情欲，没人追求美好爱情；没有权欲，没人管理复杂社会。应该感谢上帝赋于我们丰富美好的欲望，让我们活着觉得挺有意思。可同时也要注意，千万不能让欲望膨胀，失去控制。欲望是好东西，欲望又往往不容易满足，叫欲壑难填。难填的欲壑其实就是陷阱，就等着你去跳。

修身另一个意义就是健身。道家讲究清心寡欲，不为欲望左右。寡欲是少欲，不是无欲和绝欲。只有少欲，才能健身。少欲就是不能纵欲，包括食欲，情欲，权欲，物欲。有些人要钱不要命，要权不要命，要色不要命，都不可取。有人四十岁前用命赚钱，四十岁后用钱买命，只怕有钱也买不到健康之命。还是少欲好，只有少，才能少，年少的少。老子也说：五色令人色盲，五音令人耳聋，五味令人口爽，驰骋田猎，令人心发狂，难得之货，令人行妨。世上任何好东西受用的东西，都有害人的一面。且好东西都是为满足人的欲望的，容易让人眼花缭乱，意动神迷。不可纵情声色，陷入欲望泥淖，无以自拔。老话说，酒是穿肠毒药，色是刮骨钢刀，财是下山猛虎，气是惹祸根苗。这话夸张了点，却不是没一点道理。如今什么都放开了，想干啥就干啥，没人干预你。比如性，过去法律有通奸罪，现在好像已经取消，法院不会再以通奸罪论处谁。非婚性质的男女关系不再叫通奸，叫上床，叫同居，叫婚外恋，又动听，又动心。性的放开让男人女人有了许多选择，也变得更随意，不必天长地久，只要曾经拥有。将性当成一次性筷子，说好天亮就分手。我不是伪道士，没有丝毫嘲讽这种性开放或叫性自由的意思，性是各人的本能，你怎么挥发自己的本能，是你的权利，别人无从干涉。我要说的是你在享用随意和没节制的性本能的时候，也要为此承担一定的风险。比如艾滋病的威胁。过去的艾滋病主要在吸毒和同性恋等特殊人群里流传，现在已经蔓延到普通人群。这可不是个什么好消息，有关组织对特殊人群还能掌控，对太广泛的普通人群却无能为力。除了艾滋病的威胁，没有节制的放纵的性也容易损伤身体。有些男孩才二十出头，就荣获肾亏美誉，太可怕。肾是生命之本，只有固本才能身健。过去西方有个理论，认为精液无非两种物质，一是蛋白质，二是水，流失就流失，不会有大碍。后才发现，精液流失过重，没什么固本，人体免疫力会严重下降。拥有三宫六院的皇帝为啥短命？原因就在这里。

说到怎么健身，还是遵循道家天人合一原则，让人道适应天道。天道没什么神秘的，就是自然规律。春生夏长，秋收冬藏，是天道。人的一生也如同四季，年少要有朝气，年轻要有志气，年长要有力气，年老要有静气。日起落，月圆缺，同样是天道。我们的生活方式，饮食习惯，最要遵循天道。日出而作，日入而息，该劳动劳动，该休息休息，就是适应天道。上午精气上升，身体各种功能得到充分调动，要多动多工作。下午是成熟期，多创造。夜里是休整期，不能瞎折腾。不要早晨从傍晚开始，夜晚从清晨开始，颠三倒四。

二是学习佛家，重修心。心为何物？心是整个人体组织的完美代表。古印度《奥义书》将心称为宇宙的轴心，耶稣说天国就在人的心里。佛家则认为心为形之主，切不可心为形役，让心迷失方向，做形的奴隶。形就是身，刚才说身是欲望的载体，心如果被身的欲望所支配，所左右，不能自主，绝对会出问题。任何错误都是心出现偏差造成的结果，故佛家毫不含糊地告诫我们，心为恶源，人不修心，有了歪心歹心，有了痴心妄想，形随心动，必然酝出大祸大难，以至万劫不复。

咱们不是耶稣，也不是佛陀，是些平常人，没有高僧大德的觉悟和品德，可咱们也有一颗心，也得讲诚心，讲良心，讲善心。诚心非常重要，心诚则灵。我的意思不是信神信佛就灵，是你的心诚，别人是能感受得到的。一次我和一位科长陪局长去看扶贫点，给点上解决了不少实际问题，村长自然好酒好肉招待我们。回到城里已经天黑，几个人在酒店里订了一桌。中午局长喝了不少，酒还没全醒呢，我怕他受不了，问他还上不上酒，言下之意是吃点饭算了，别伤着身子。局长眼睛一瞪，我正尴尬，随行的科长比我乖巧多了，早让服务员端上了好酒。我为自己的愚笨后悔了好久，以为得罪了局长，肯定进步无望。不想局长却依然看得起我，还把我推荐给组织部门，作为后备市管干部培养。倒是那位特别善于讨好领导的乖巧科长，局长一直没重视他。我有些想不通，我这么不善于巴结局长，局长凭什么还如此看得起我？多年后我才想明白，我虽不会讨好卖乖，可我对局长的心是诚的，局长不傻，还能体会不出我不让他喝酒的诚心？有人就说：假朋友见了你点头微笑，真朋友见了你没有问候；假朋友送烟给你抽，真朋友拿你的烟送人抽；假朋友总是说，不喝完这杯不是朋友，真朋友总是说，别喝太多了。是呀，只有真心关爱你的人才会要你少喝酒。这就叫心诚则灵，哪怕你表达心迹的方式不够聪明。想想也是，谁愿意跟聪明人打交道？跟聪明人在一起，心里不踏实，也不舒服。我特别体贴聪明人，做聪明人不容易，方方面面要照顾到，生怕哪里出差错，损害自己利益。做诚实人相当简单。只要有颗诚实的心就足够，技巧方面讲究得来尽量讲究，讲究不来也不要耿耿于怀。这叫智可及，愚不可及。我觉得做人的原则就是真诚待人，对人诚心诚意，不假心假意。这是一辈子要坚持的原则。

做人还要懂得将心比心，换位思考。已所不欲，勿施于人。手里掌着审批权，人家来找你办手续，非得请吃请喝，请玩请乐，还得献上红包，才给人家办。这是小人作派，卑鄙行为，君子莫为。应该想想，换了你找人办事，且是公事公办，人家也要搞这么多铺垫，转这么多弯子，你痛快不痛快？有些人身居要职，人家对你客客气气，恭恭敬敬，满脸是笑，以为自己多么有威信有能量，多么了不起，得意洋洋，目空一切。殊不知人家一转背就会骂你娘，骂娘还不解恨，恨不得捅你一刀。其实早应该想得到，哪是你了不起？是你屁股下的位置了不起，谁到了那位置上，都可以享受笑脸恭维和红包。设想一下，你从那位置上下来后，那些笑脸恭维和红包还会不会老追着你不放？有句话叫用之为虎，不用为鼠。组织上把你安在好位置上，你威风如虎，不可一世，把你从位置上赶下来，你就是只惶恐不安的老鼠。甚至老鼠都不如，老鼠钻出鼠洞，还能吸引眼球，叫老鼠过街，人人喊打，你从街上走过，恐怕谁都看不见你。有位下台领导就感慨：在位时人家看得见我，我看不见人家；下位后倒了过来，我看得见人家，人家看不见我。

做人还要宽以待人，严于律已，不断反省自己。这说起来容易，做起来难。妈妈和女儿在厨房里洗碗，忽传出哐咣一声脆响，然后归于安静。客厅里的父亲说打烂碗了。儿子说肯定是妈妈打烂的。父亲说你没看到，怎么知道？儿子说若姐姐打烂了碗，妈妈早暴跳如雷了。人就是这样，苛责人家易，严格自己难。正因为有易有难，才必须时时自我警醒，多宽容人家，多反省自己。人非圣贤，孰能无过？有过不可怕，有过能自省，有过能改过，才会有所长进。有过不改，一错到底，才可怕甚至可恶。反省需要定力，读书能让人入定，让人心静。反过来，心能静，有定力，才坐得住，读得进书，明得了理。当今诱惑太多，诱惑面前，人容易失控，更需要读书修心。诱惑为什么那么多？前面说了，就是诱惑有声有色，有滋有味，快人感官，娱人身心。事物都有两重性，好事往往又容易变成坏事。风流得意之事，过之则生悲凉；清真寂寞之乡，愈久愈增意味。守得住清真，耐得住寂寞，是做人的第一功夫。清真寂寞好读书，书读进去了，读出了体会和意味，读出了境界和快乐，即使成不了圣贤，也能通情达理，成为正人达人和无忧无虑的快乐人。

修心的目的就是做个好心人，昧良心的事莫为。好心不要图回报，老想着回报，万一得不到回报，心里就没法平衡，自寻烦恼，何苦呢？赠人玫瑰，手留余香，付出本身就是享受和收获，且是高层次的享受和收获。付出时已经得到莫大回报，还要图别的，就是奢求了。有时好心不见得有好报，也不要后悔，更不要恼怒。既然好心不是为图回报，好报不好报也就无所谓了。你管得了自己，管不了人家，你能做到好心待人，已问心无愧，心安理得，已经很伟大也很幸福了，人家对你好不好，那是人家的事，你管不着，也别去管。你对他人好，就是对自己好，你有了对人对己好的能力，人不对你好，你并没受损失。

修心要修平常心，尽量少些好强心。好强没什么错，可再好强也要量力而行，不能好高骛远，脱离实际。年轻时多些好强心有好处，可以奋发图强。到了一定年纪，还盲目好强，恐怕就有害无益了。有些人为了不切实际的目的，钻天入地，不惜付出任何代价，甚至出卖人格，实在大可不必。代价太大的成功，等于失败。有些成功完全可以看轻点，比如做大官，发大财。做大官发大财没有错，只要是合理合法获得的。问题是做大官发大财的人总是少数，大多数人还是平常人，人家做得平常人，你为什么做不得？何况大官也好，大财也好，也是可遇不可求的，倒是以平常心看待成功，相反更容易成功。邓亚萍总结他的成功经验，做事先要下决心，再有要信心，又要有坚持下去的恒心，万一不能成功，还要有平常心，不要垂头丧气。人生是个过程，你努力了，经历了，就该满足了，成功不成功，另当别论。

修心要修平淡心，尽量少些贪婪心。平平淡淡才是真，贪心不足，吃着碗里的，盯着锅里的，太费神。好多错误都是贪婪造成的。街上有人拿着块表，说是拣到的，要与你平分好处，你一起贪婪心，就会掉入他的陷阱。世上没有免费午餐，可偏偏还有人相信这种午餐。为什么相信？就是贪婪心作怪。做上处长想做局长，这是应该的，可急于求成，整天只想着做局长，不惜一切手段去达到目的，终究是要坏事的。我有位朋友已做到县委书记，上副厅台阶是迟早的事，可他就是等不得，想走捷径。捷径怎么走？拿钱开路呗。拿钱开路先得自己有钱，几个工资显然不够，就狮子大开口受贿，结果东窗事发，自己进了里面不算，还把家人一起带了进去。也有人会说，这是倒霉蛋，不见得受贿的领导都出事，据说官员腐败出事概率比飞机失事概率还低。这也确是客观现实，无可否定。可再低的概率也是概率，还是有出事可能，你不贪不腐，清白做人，不是万无一失么？

修心还要修平和心，尽量少些嫉妒心。不要什么都看不惯，总认为世上没一个好人，除了他自己。特别是成就比自己大的人，总觉得人家不正当。愤世嫉俗没什么不好，愤世嫉俗的人都是有自己想法的人。可也不能太过，光顾着愤世嫉俗，干不出一点成绩，也白愤世，白嫉俗了。有人看过我的小说，见不乏批判锋芒，以为我是个老愤青，见了面才发现我这人还算平和，心态也可以，有些想不通。我说我敢于通过小说大胆批判社会不良现象，并非我这人身上长着刺，头上生着角，是我有一颗慈善心，希望读者对不健全的机制和不健康的文化引起足够警惕。我心既善又慈，跟具体人打交道时，自然与人为善，又低调又平和。我不会像有些人，作品写得比少女还清纯，现实生活里就老红着眼睛，看谁都不顺眼，尤其是人家成就比自己高，就嫉妒得要死，骂无名娘。要说这嫉妒心，也是与生俱来的，谁都有嫉妒心。高僧大德都有人嫉妒，达摩也好，苏格拉底也好，他们品格高，有人嫉妒，非置他们于死地不可。为什么文人相轻，自古而然？就是嫉妒心使然。文人总见不得人家的文章好，老觉得文章自己的好，老婆人家的好。我认为要倒过来，老婆自己的好，文章人家的好。老婆自己的好，就少去打人家老婆主意，少耽误时间，专心做自己的事。过去说人家老婆过不得夜，如今不同了，过夜不算什么。可当你被逮进去后，给你送饭送衣的还是自己老婆。认为文章人家的好，可多向人家学习，取长补短，提高自己，自己的文章才可能真的好起来。如果老觉得自己的文章好，自鸣得意，固步自封，还怎么长进？

三是学习儒家，重修德。西方文化是智型文化，中国文化是德型文化。《礼记 · 大学》曰：大学之道，在明明德，在亲民，在止于至善。儒家三立：立德，立功，立言，立德为首。以天论德，为政以德，是儒家始终坚守不逾的。以德治国当然不够，还得有好的制度，好的法制，可对个体而言，修德却至关重要。大家只听过见过以德服人，没听过见过以势服人，以力服人，只听过见过德高望重，没听过见过权高望重，钱多望重。湖南攸县有个刘副书记，受贿数百万，造了三十多亩的私家庄园，有关部门逮捕他时，从他身上搜出五道护身符。我很有感慨，既然要护身，干嘛以神护身，不以德护身？把德修好，少贪少占，谁会动你半个指头儿？有位风水师迷了路，三天两夜没吃没喝，好不容易看到一户人家，匆匆跑过去，主人给他端过一碗水，顺手撒了把喂马的草料在上面。风水师吹开草料，慢慢把水喝下，保住小命一条。知恩当图报，风水师要给主人选块风水宝地。事到临头，想起主人给水时，还要在上面撒把草料，风水师心里不畅了，指给主人一块并不怎么好的地。若干年后风水师路过此处，发现当年他选的并不怎么好的地上盖起了大厦，人丁兴旺，觉得奇怪，进去要看个究竟。正好碰上原来的主人，见是风水师，高兴地把他请进屋，好酒好肉一番招待，感谢他看了块好地。风水师心里清楚，这块地其实并不乍的，只是不好直说，就问主人当年给水时，为什么还要撒把马料在上面。主人说你三天两夜没吃没喝，腹内空空，又渴又饿，不在碗里撒把草料，将水猛地喝进肚里，会冲烂你的五脏六腑。原来风水师误会主人的好心了。他很有感触，叹道：一德二运三风水。风水并不是最重要的，最重要的是积德积善。积善之家，必有余庆啊。

《周易》有言：天行健，君子以自强不息；地势坤，君子以厚德载物。

德厚如地，才能载物啊。人物是物，尤其是大贵大富的重量级人物，一言九鼎，身价过亿，说句什么话，搞个什么动作，都会带来大动静，大影响，更不用说还要面对那么多诱惑和考验，德不厚，承载得起吗？承载不起，就会翻船，自取灭亡。不像吾等草民，不富不贵，算不上人物，轻飘飘的，德薄点就薄点，反正没什么可承载的，不会有人拿权拿钱拿色来招惹你，引诱你，难得有你犯错误的机会，要犯错也是些小错误，出不了大事。平时咱们羡慕大贵大富之人，殊不知他们所要面对的考验，所要承担的责任和压力，比一般人大得多，更需修德功夫。功夫不到，德薄不能载物，好好的人物就会成为废物。

还有一句比较流行的话，叫小胜靠智，大胜靠德，也挺有道理。如今企业都想着做强做大，其实做强做大没什么了不起的，做久做远才算真本事。为什么企业红火一时易，做久走远难？就是德不够。竞价排名是百度公司一直使用的主要盈利模式，企业只要出一定的费用购买搜索关键字，就可排在搜索结果前列。出价高者往前排，拒绝付费的企业则被恶意屏蔽，企业只能逼迫就范。这是对客观、公平、公正的践踏，说白了就是缺德事。缺德不得人心，随着百度赢得的财富越积越厚，针对这种竞价排名模式的种种批评也越来越多。更有甚者，在三鹿奶粉事件发生后，被曝光的一些问题奶制品企业，出巨资让百度消除负面信息。缺德事让百度遭来骂声一遍，业绩也一落千丈。反观谷哥，走的却是另一条路子，一切为了读者，以德为先，不是以钱为先，效益相反越来越好。

有人说缺德之人也发大财，做大官，怎么解释。这样的现象肯定存在，不足为奇。不过这若成为普遍现象，绝对是一个国家一个民族的奇耻大辱。也有人以德的名义标榜自己，好像做了大官，发了大财，就是德行高。德行高不高，不能看权位和财富，要看怎么谋权谋钱，怎么用权花钱。不要羡慕缺德大官和缺德富翁，人家缺德能做大官发大财，你缺德试试？只怕不仅做不了大官，发不了大财，还会坏大事。再说发大财，做大官，不是衡量人生价值的唯一标准，人生的终极目的是幸福和快乐，并非官位和财富。官帽在顶，生怕被人摘走，忧心忡忡；腰缠万贯，老担心看守不慎，落入别人腰包，惴惴不安，还不如做个小民百姓自在。

中国有提倡孝德的传统，德即孝，孝即德。《弟子规》强调在家为子，出门为弟。弟不是指的生理年龄小，是一种谦卑姿态。碰上比你小的人甚至晚辈，也可自称为弟。闻道有先后，年龄小，辈份晚，闻道在先，也是你的师长。念念不忘自己子弟的身份，就会看到自己的不足，不断鞭策自己，好好学习，天天向上。子弟有子弟的责任。咱们乡下有句话，叫大的出门小的苦，出门在外，小的要勤快，要不怕吃苦，多做事情，这样才能得到锻炼，学到东西，有所提高。

《弟子规》里还有一句话：身有伤，贻亲忧；德有伤，贻亲羞。请大家牢牢记住这句话。你身上有病有痛，最担忧的是谁？自然是你的父母双亲。同学们在外要爱护自己的身体，处处注意安全，坚持锻炼，保持强健体魄，决不能为了学习和玩乐，熬夜或胡来。身体垮掉，不仅仅自己遭罪，亲人也会为你忧心不安。至于德有伤，德行方面出了问题，则会让双亲羞愧。我有位朋友，在县里做县长，后又提拔为书记。他一向孝顺父母，再忙再累，过年过节都要回家陪父母。过去的县官叫县太爷，村里人就喊这位朋友父亲为老太爷，朋友的父亲很得意，天天村前村后转，等着人家叫他老太爷。后这位朋友受贿被抓，父亲听到消息，当场倒地，是医院送得及时才抢救过来。从此不敢见人，也不好意思在村里住，躲到了外面。回头再看朋友从前过年过节回去陪父母，那纯粹是小孝，不是大孝；是假孝，不是真孝。若懂大孝真孝，就不应该受贿，让父母蒙羞。贻亲羞比贻亲忧更可怕啊。所以说孝德孝德，做好真孝子，做个堂堂正正的人，不让父母蒙羞，才是大德。

结束语

读书可大化人生，提升人生，完善人生，读书有为，有乐，可修身，修心，修德，为什么不读书呢？

读书月会过去，读书却不应停止。读书是人生最有意思的事，既要读有字书，又要读无字书。读书吧，不薄今人爱古人，清词丽句必为邻。有书必读，好读书，读好书，书读好，读书好。（根据2009年12月13日下午于湖南大学图书馆演讲提纲整理而成）

为学与做人

文／梁启超

诸君！我在南京讲学将近三个月了，这边苏州学界里，有好几回写信邀我，可惜我在南京是天天有功课的，不能分身前来。今天到这里，能够和全城各校诸君聚在一堂，令我感激的很，但有一件，还要请诸君原谅：因为我一个月以来，都带着些病，勉强支持，今天不能作很长的讲演，恐怕有负诸君期望哩。

问诸君“为什么进学校？”我想人人都会众口一词的答道：“为的是求学问。”再问：“你为什么要求学问？”“你想学些什么？”恐怕各人的答案就很不相同，或者竟自答不出来了。诸君啊！我替你们回答一句罢：“为的是学做人。”你在学校里头学的什么数学、几何、物理、化学、生理、心理、历史、地理、国文、英语，乃至什么哲学、文学、科学、政治、法律、经济、教育、农业、工业、商业等等，不过是做人所需的一种手段，不能说专靠这些便达到做人的目的，任凭你把这些件件学的精通，你能够成个人不成个人还是个问题。

人类心理，有知、情、意三部分。这三部分圆满发达的状态，我们先哲名为三达德——智、仁、勇。为什么叫做“达德”呢？因为这三件事是人类普通道德的标准，总要三个具备，才能成一个人。三件的完成状态怎么样呢？孔子说：“知者不惑，仁者不忧，勇者不惧。”所以教育应分为知育、情育、意育三方面，——现在讲的智育、德育、体育不对，德育范围太笼统，体育范围太狭隘——知育要教到人不惑，情育要教到人不忧，意育到教到人不惧。教育家教育学生，应该以这三件为究竟，我们自动的自己教育自己，也应该以这三件为究竟。

怎么样才能不惑呢？最要紧的是养成我们的判断力。想要养成判断力，第一步，最少须有相当的常识，进一步，对于自己要做的事须有专门知识，再进一步，还要有遇事能断的智慧。假如一个人连常识都没有，听见打雷，说是雷公发威，看见月蚀，说是蛤蟆贪嘴。那么，一定闹到什么事都没有主意，碰到一点疑难问题，就靠求神问卜看相算命去解决，真所谓“大惑不解”，成了最可怜的人了。学校里小学中学所教，就是要人有了许多基本的知识，免得凡事都暗中摸索。但仅仅有点常识还不够，我们做人，总要各有一件专门职业。这门职业，也并不是我一人破天荒去做，从前已经许多人做过，他们积累了无数经验，发现出好些原理原则，这就是专门学识。我打算做这项职业，就应该有这项专门的学识。例如我想做农吗，怎么的改良土壤，怎么的改良种子，怎么的防御水旱病虫，等等，都是前人经验有得成为学识的；我们有了这种学识，应用它来处置这些事，自然会不惑，反是则惑了。做工、做商等等都各有他的专门学识，也是如此。我想做财政家吗，何种租税可以生出何样结果，何种公债可以生出何样结果等等，都是前人经验有得成为学识的；我们有了这种学识，应用它来处置这些事，自然会不惑，反是则惑了。教育家、军事家等等，都各有他的专门学说，也是如此。我们在高等以上学校所求的知识，就是这一类。但专靠这种常识和学识就够吗？还不能。宇宙和人生是活的不是呆的，我们每日碰见的事理是复杂的变化的，不是单纯的刻板的，倘若我们只是学过这一件，才懂这一件，那么，碰着一件没有学过的事来到跟前，便手忙脚乱了。所以还要养成总体的智慧，才能有根本的判断力。这种总的智慧如何才能养成呢？第一件，要把我们向来粗浮的脑筋着实磨炼他，叫它变成细密而且踏实。那么，无论遇着如何繁难的事，我都可以彻头彻尾想清楚它的条理，自然不至于惑了。第二件，要把我们向来浑浊的脑筋，着实将养它，叫它变成清明。那么，一件事理到跟前，我才能很从容很莹澈地去判断它，自然不至于惑了。以上所说常识学识和总体的智慧，都是知育的要件，目的是教人做到“知者不惑”。

怎么样才能不忧呢？为什么仁者便会不忧呢？想明白这个道理，先要知道中国先哲的人生观是怎么样。“仁”之一字，儒家人生观的全体大用都包在里头。“仁”到底是什么？很难用言语说明，勉强下个解释，可以说是：“普遍人格之实现。”孔子说：“仁者人也。”意思是说人格完成就叫做“仁”。但我们要知道，人格不是单独一个人可以表现的，要从人和人的关系上来看。所以仁字从二人，郑康成解他做“相人偶”。总而言之，要彼此交感互发，成为一体，然后我的人格才能实现。所以我们若不讲人格主义，那便无话可说；讲到这个主义，当然归宿到普遍人格。换句话说，宇宙即是人生，人生即是宇宙，我们的人格，和宇宙无二区别，体验得这个道理，就叫做“仁者”。然则这种仁者为什么就会不忧呢？大凡忧之所从来，不外两端，一曰忧成败，二曰忧得失。我们得着“仁”的人生观，就不会忧成败。为什么呢？因为我们知道宇宙和人生是永远不会圆满的，所以《易经》六十四卦，始“乾”而终“未济”。正为在这永远不会圆满的宇宙中，才永远容得我们创造进化。我们所做的事，不过在宇宙进化几万万里的长途中，往前挪一寸，两寸，哪里配说成功呢？然则不做怎么样呢？不做便连这一寸都不往前挪，那可真是失败了。“仁者”看透这种道理，信得过只有不做事才算失败，肯做事便不会失败。所以《易经》说：“君子以自强不息。”换一方面来看，他们又信得过凡事不会成功的几万万里路挪了一两寸，算成功吗？所以《论语》：“知其不可而为之。”你想，有这种人生观的人，还有什么成败可忧呢？再者，我们得着“仁”的人生观，便不会忧得失。为什么呢？因为认定这件东西是我的，才有得失之可言。连人格都不是单独存在，不能明确地画出这一部分是我的，那一部分是人家的，然则哪里有东西可以为我们所得？既已没有东西为我所得，当然也没有东西为我所失。我只是为学问而学问，为劳动而劳动，并不是拿学问劳动等做手段来达到某种目的——可以为我们“所得”得。所以老子说：“生而不有，为而不恃。”“既以为人已愈有，既以与人已愈多。”你想，有这种人生观的人，还有什么得失可忧呢？总而言之，有了这种人生观，自然会觉得“天地与我并生，而万物与我为一”，自然会“无人而不自得”。他的生活，纯然是趣味化艺术化。这是最高的情感教育，目的教人做到“仁者不忧”。

怎么样才能不惧呢？有了不惑不忧功夫，惧当然会减少许多了。但这是属于意志方面的事。一个人若是意志力薄弱，便会有丰富的智识，临时也会用不着，便有优美的情操，临时也会变了卦。然则意志怎么会才坚强呢？头一件须要心地光明，孟子说：“浩然之气，至大至刚。行有不慊于心，则馁矣。”又说：“自反而不缩，虽褐宽博，吾不惴焉；自反而缩，虽千万人，吾往矣。”俗话说得好：“生平不做亏心事，夜半敲门心不惊。”一个人要保持勇气，须要从一切行为可以公开做起，这是第一着。第二件要不为劣等欲望之所牵制。《论语》记：子曰：“吾未见刚者。”或对曰伸枨。子曰：“枨也欲，焉刚。”一被物质上无聊的嗜欲东拉西扯，那么百炼成刚也会变成绕指柔了。总之，一个人的意志，由刚强变为薄弱极易，由薄弱返到刚强极难。一个人有了意志薄弱的毛病，这个人可就完了。自己作不起自己的主，还有什么事可做？受别人压制，做别人奴隶，自己只要肯奋斗，终必能恢复自由。自己的意志做了自己情欲的奴隶，那么，真是万劫沉沦，永无恢复自由的余地，终身畏首畏尾，成了个可怜人了。孔子说：“和而不流，强哉矫；中立而不倚，强哉矫。国有道，不变塞焉，强哉矫；国无道，至死不变，强哉矫。”我老实告诉诸君说罢，做人不做到如此，决不会成一个人。但做到如此真是不容易，非时时刻刻做磨炼意志的功夫不可，意志磨炼的到家，自然是看着自己应做的事，一点不迟疑，扛起来便做，“虽千万人吾往矣。”这样才算顶天立地做一世人，绝不会有藏头躲尾左支右绌的丑态。这便是意育的目的，要教人做到“勇者不惧”。

我们拿这三件事作做人的标准，请诸君想想，我自己现时做到哪一件——哪一件稍微有一点把握。倘若连一件都不能做到，连一点把握都没有，嗳哟！那可真危险了，你将来做人恐怕做不成。讲到学校里的教育吗，第二层的情育，第三层的意育，可以说完全没有，剩下的只有第一层的知育。就算知育罢，又只有所谓常识和学识，至于我所讲的总体智慧靠来养成根本判断力的，却是一点儿也没有。这种“贩卖知识杂货店”的育，把他前途想下去，真令人不寒而栗！现在这种教育，一时又改革不来，我们可爱的青年，除了他更没有可以受教育的地方。诸君啊！你到底还要做人不要？你要知道危险呀，非你自己抖擞精神方法自救，没有人救你呀！

诸君啊！你千万不要以为得些断片的智识，就算是有学问呀。我老实不客气告诉你罢，你如果做成一个人，知识自然是越多越好；你如果做不成一个人，知识却是越多越坏。你不信吗？试想想全国人所唾骂的卖国贼某人某人，是有智识的呀，还是没有智识的呢？试想想全国人所痛恨的官僚政客——专门助军阀作恶鱼肉良民的人，是有智识的呀，还是没有智识的呢？诸君须知道啊，这些人当十几年前在学校的时代，意气横历，天真烂漫，何尝不和诸君一样？为什么就会堕落到这样的田地呀？屈原说：“何昔日之芳草兮，今直为此萧艾也！岂其有他故兮，莫好修之害也。”天下最伤心的事，莫过于看着一群好好的青年，一步一步地往坏路上走。诸君猛醒啊！现在你所厌所恨的人，就是你前车之鉴了。

诸君啊！你现在怀疑吗？沉闷吗？悲哀痛苦吗？觉得外边的压迫你不能抵抗吗？我告诉你：你怀疑和沉闷，便是你因不知才会惑；你悲哀痛苦，便是你因不仁才会忧；你觉得你不能抵抗外界的压迫，便是你因不勇才有惧。这都是你的知、情、意未经过修养磨炼，所以还未成个人。我盼望你有痛切的自觉啊！有了自觉，自然会成功。那么，学校之外，当然有许多学问，读一卷经，翻一部史，到处都可以发现诸君的良师呀！

诸君啊，醒醒罢！养足你的根本智慧，体验出你的人格人生观，保护好你的自由意志。你成人不成人，就看这几年哩！

珍惜当下的生命

文／灵继法师

每当夜晚来临的时候，寺院里总是万籁俱静，我时常走向阳台，对首皓月，舒畅情怀，感叹人生：人生虽然有数十寒暑，可是，要除去嗷嗷待哺、懵懂无知的幼年，和垂暮多病、心力交瘁的老年，真正能够发挥智慧、为人类奉献服务的时间，实在是少得可怜。是故古人说“一寸光阴一寸金，金钱难买寸光阴”。

记得晋朝著名的田园诗人陶渊明曾写过一首诗：“盛年不重来，一日难再晨；及时宜自勉，岁月不待人。”古大德也说：“明日复明日，明日何其多，事事待明日，我生已蹉跎。”是的，光阴就宛如白驹过隙，过眼烟云那样，当你稍不留神时，它已悄悄地消逝于历史时空当中，绝不会等待任何人，等待只能让时光蹉跎，要知道时间的大钟上，只写着两个字——现在。因此凡事不能等待，必须着手去做，我相信只要大家能够像鲁迅先生那样，把别人喝咖啡的时间用来学习，将等待的时间用来创造，将闲暇的时间化为精进，就一定可以扭转乾坤，化腐朽为神奇。尤其作为一名年轻人，正逢朝气蓬勃，生气盎然之际，对于时间就更应该兢兢业业，如履薄冰，随时把握，充分利用，切不可让生命虚掷，让岁月空过，等到“白了少年头，空悲切！”那已经太晚了。

人们对于过去，总是恋恋不舍，随时执著，难以放下。对于未来，又充满幻想，不断追求，总觉得未来是多么的光辉灿烂，因而总是不满于现有而无限地向外驰求。一面回恋过去的旧，一面又拼命追求未来的新，显然这二者是一大矛盾，是以“鱼和熊掌二者不可兼得”。不承受过去，就不能开创未来；要开拓未来，又必然要超越过去。人们老是在这恋恋不舍的顾念，跃跃欲试的前进中，结果往往是在什么都可以延迟自在的时候，却被随心所欲的自由蒙蔽，虚掷时光而毫无觉知。因为时间流逝，就像平静的河水那样，不会留下任何一道裂痕与皱纹。其实对于过去，不要回忆的太多，因为过去会像伤感的小说的阅读那样，令你无力自拔，陷入悲伤与压抑之中，在无声无息中消磨你的毅力与斗志。倘若真要回忆的话，那就是在回忆里找回教训的经验与前进的动力。对于未来，也不要幻想的太多，因为未来会像浪漫的影片的欣赏那样，令你身临其境，陷入空虚与渺茫之中，在躁动不安中浪费你的青春与精力。如果真要畅想的话，那就是在畅想中培养坚定的信念与远大的志愿。因此聪明的人，既不缅怀过去，也不憧憬未来，而是及时地把握现在，努力工作，以自己至诚的发心与实际的身心活动，在时间的隧道里，积极地创造广大的利生事业；在时间的齿轮里，走向光彩夺目的明天。

不论你在人间曾经付出多少心血，多少辛苦，切莫将心念停留于过去。过去的留不住，未来的难预测，守住现在，当下即是。也许会因为岁月的无情，将现在的我们打得落花流水、溃不成军，使千年悲悼的泪水汇成暗河，在生活的底蕴悄悄地呜咽。纵然所有的悲欢离合、成败得失，甚至死亡与新生，都沉入时间的长河，但水面却永远是那么地平静与安祥。所以作为一个佛弟子，我们必须理智地看清事实的真相，未来是遥不可及的幻想，过去是杂草丛生的妄念，时间不会因为你的幻想就增加它的厚度，也不会因为你的回忆就增加它的长度。唯有谨守自己当下的本分，时时刻刻在内心深处保持一份清净无染的爱心，才能在短暂的生命旅程中创造永不褪色的人生价值。

佛陀曾告诫我们：“命在呼吸间。”没有人能够挡住死期的来临，也没有人能够永住于世间。虽然时间不能增添一个人的生命，但若能够把握好时间的尺度，却能使我们的生命变得更加有价值，有意义。因此我们就应该去好好地珍惜与利用当下宝贵的时间，使我们无常脆弱的生命，得以充实、提升与净化，从而让我们的人生散发出真善美的光彩，映现出生命的真正的价值。

嘉言集>>>

朱子治家格言

文／朱用纯

《朱子治家格言》又名《朱柏庐治家格言》，是以家庭道德为主的启蒙教材。作者朱用纯（1617—1688年），字致一，自号柏庐，江苏省昆山县人，生于明万历四十五年（1617年）。其父朱集璜是明末的学者。朱柏庐自幼致力读书，曾考取秀才志于仕途。明亡后遂不再求取功名，居乡教授学生，并潜心程朱理学，主张知行并进，一时颇负盛名。康熙皇帝曾多次征召，然均为先生所拒绝。著有《删补易经蒙引》《四书讲义》《劝言》、《耻耕堂诗文集》和《愧纳集》。

《朱子治家格言》通篇意在劝人要勤俭持家安分守己。讲中国几千年形成的道德教育思想，以名言警句的形式表达出来，可以口头传训，也可以写成对联条幅挂在大门、厅堂和居室，作为治理家庭和教育子女的座右铭。因此，《朱子治家格言》很为官宦、士绅和书香门第所乐道，自问世以来流传甚广，被历代士大夫尊为“治家之经”，清至民国年间一度成为童蒙必读课本之一。

《朱子治家格言》仅522字，精辟地阐明了修身治家之道，是一篇家教名著。其中，许多内容继承了中国传统文化的优秀特点，比如尊敬师长，勤俭持家，邻里和睦等，在今天仍然有现实意义，值得我们去肯定，去学习。

原文

黎明即起，洒扫庭除，要内外整洁；既昏便息，关锁门户，必亲自检点。一粥一饭，当思来之不易；半丝半缕，恒念物力维艰。

宜未雨而绸缪，毋临渴而掘井。自奉必须俭约，宴客切勿留连。器具质而洁，瓦缶胜金玉；饮食约而精，园蔬愈珍馐。勿营华屋，勿谋良田。

三姑六婆，实淫盗之媒；婢美妾娇，非闺房之福。童仆勿用俊美，妻妾切忌艳妆。

祖宗虽远，祭祀不可不诚；子孙虽愚，经书不可不读。居身务期简朴；教子要有义方。勿贪意外之财，勿饮过量之酒。与肩挑贸易，勿占便宜；见穷苦亲邻，须加温恤。刻薄成家，理无久享；伦常乖舛，立见消亡。兄弟叔侄，需分多润寡，长幼内外，宜法肃辞严。听妇言，乖骨肉，岂是丈夫，重赀才，薄父母，不成人子。嫁女择佳婿，无索重聘；娶媳求淑女，勿计厚奁。

见富贵而生谄容者，最可耻；遇贫穷而作骄态者，贱莫甚。居家戒争讼，讼则终凶；处世戒多言，言多必失。勿恃势力而凌逼孤寡；勿贪口腹而恣杀生禽。乖僻自是，悔误必多；颓隳自甘，家道难成。

狎暱恶少，久必受其累；屈志老成，急则可相依。

轻听发言，安知非人之谮愬，当忍耐三思；因事相争，焉知非我之不是？须平心暗想。施惠无念，受恩莫忘。凡事当留余地，得意不宜再往。

人有喜庆，不可生嫉妒心；人有祸患，不可生喜幸心。善欲人见，不是真善；恶恐人知，便是大恶。见色而起淫心，报在妻女；匿怨而用暗箭，祸延子孙。家门和顺，虽饔飧不继，亦有余欢；国课早完，即囊橐无余，自得至乐。

读书志在圣贤，为官心存君国。守分安命，顺时听天。为人若此，庶乎近焉。

格言联璧·惠吉

文／山阴金

本文选自山阴金先生所编选的《格言联璧·惠吉》。山阴金先生，姓金，山阴人，清代学者，真实姓名和生平不详，《格言联璧》是他的主要作品。

《格言联璧》一书，按儒家大学、中庸之道，以“诚意”、“正心”、“格物”、“致知”、“修身”、“齐家”、“治国”、“平天下”等主要内容为框架，收集有关这些内容的至理格言，按当时人的阅读习惯分为八类，从个人、家庭到社会、国家，凡所应有，无所不有。作者的用意在于以金科玉律之言，作暮鼓晨钟之警，即用圣贤先哲的至理格言来鞭策启迪童蒙，从小懂得做人的道理、树立远大的人生志向、努力进取、长大以后成为于国于家有用的人。该书说理之切、其举事之赅、其择辞之精、其成篇之简，皆萃古今。每一条事理内涵丰富，广博精微，言有尽而意无穷，先哲的聪明智慧和无限期望尽在这联珠妙语之中。一册在手，揣摩研读，细心体会，必能驾驭人生的真谛，游刃于生活空间，既能修身齐家，又能报效社会，不失为难得的济世良药，人生指南，因而其成书问世后即为宫廷收藏，流传民间，远播海外，成为影响深远、读者众多，历久不衰的蒙学读本。

原文

圣人敛福，君子考祥；作德日休，为善最乐。

开卷有益，作善降祥；崇德效山，藏器学海。

群居守口，独坐防心；知足常乐，能忍自安。

穷达有命，吉凶由人。

以镜自照见形容，以心自照见吉凶。

善为至宝，一生用之不尽。心作良田，百世耕之有余。

世事让三分，天空地阔。心田培一点，子种孙收。

要好儿孙，须方寸中放宽一步；欲成家业，宜凡事上吃亏三分。

留福与儿孙，岂必尽黄金白镪；积德为产业，由来皆美宅良田。

存一点天理心，不必责效于后，子孙赖之；说几句阴骘语，纵未尽施于人，鬼神鉴之。

非读书不能入圣贤之域，非积德不能生聪慧之儿。

多积阴德，诸福自至，是取决于天。尽力农事，加倍收成，是取决于地。善教子孙，后嗣昌大，是取决于人。

事事培元气，其人必寿；念念存本心，其后必昌。

勿为一念可欺也，须知有天地鬼神之鉴察。勿谓一言可轻也，须知有言后左右之窃听。勿谓一事可逞也，须知有子孙祸福之报应。

人心一念之邪，而鬼在其中焉。因而欺侮之，播弄之，昼见于形像，夜见于梦魂，必酿其祸而后已。故邪心即是鬼，鬼与鬼相应，又何怪乎！人心一念之正，而神在其中焉。因而鉴察之，呵护之，上至于父母，下至于儿孙，必致其福而后已。故正心即是神，神与神相亲，又何疑焉！

终日说善言，不如做了一件；终身行善事，须防错了一桩。

物力艰难，要知吃饭穿衣，谈何容易。光阴迅速，即使读书行善，能有几时。

只字必惜，贵之根也；粒米必珍，富之源也；片言必谨，福之基也；微命必护，寿之本也。

作践五谷，非有奇祸，必有其穷；爱惜只字，不但显荣，亦当延寿。

茹素虽佛氏教也，好生非上天意乎。

仁厚刻薄，是修短关；谦卑骄满，是祸福关；勤俭奢惰，是贫富关；保养纵欲，是人鬼关。

造物所忌，曰刻曰巧；万类相感，以诚以忠。

做人无成心，便带福气；做事有结果，亦是寿征。

执拗者福轻，而圆通之人其福必厚；急躁者寿夭，而宽宏之士其寿必长。

“谦”卦六爻皆吉，“恕”字终身可行。

作本色人，说根心话，干近情事。

一点慈爱，不但是积德种子，亦是积福根苗，试看哪有不慈爱的圣贤。一念容忍，不但是无量德器，亦是无量福田，试看哪有不容忍的君子。

好恶之良萌于夜气，息之于静也。恻隐之心发于乍见，感之于动也。

装塑佛像则幽显蒙益，印造经文则法道流通。

费千金而结纳势豪，孰若倾半瓢之粟以济饥饿。构千楹而招徕宾客，何如葺数椽之屋以庇孤寒。

悯济人穷，虽分文升合，亦是福田；乐与人善，即只字词组，皆为良药。

谋占田园，决生败子；尊崇师傅，定产贤郎。

平居寡欲养身，临大节则达生委命。治家量入为出，干好事则仗义轻财。

善用力者就力，善用势者就势，善用智者就智，善用财者就财。

身世多险途，急须寻求安宅。光阴同过客，切莫汩没主翁。

莫忘祖父积阴功，须知文字无权，全凭阴骘。最怕生平坏心术，毕竟主司有眼，如见心田。

天下第一种可敬人，忠臣孝子。天下第一种可怜人，寡妇孤儿。

孝子百世之宗，仁人天下之命。

形若正，不求影之直而影自直；声若平，不求响之和而响自和；德若崇，不求名之远而名自远。

有阴德者，必有阳报；有隐行者，必有显名。

施必有报者，天地之定理，仁人述之以劝人。施不望报者，圣贤之盛心，君子存之以济世。

面前的理路要放得宽，使人无不平之叹；身后的惠泽要流得远，令人有不匮之思。

不可不存时时可死之心，不可不行步步求生之事。

作恶事须防鬼神知，干好事莫怕旁人笑。

吾本薄福人，宜行惜福事；吾本薄德人，宜行积德事。

薄福者必刻薄，刻薄则福愈薄矣；厚福者必宽厚，宽厚则福益厚矣。

有工夫读书，谓之福；有力量济人，谓之福；有明道济世著述，谓之福；有聪明浑厚姿质，谓之福；无是非到耳，谓之福；无疾病缠身，谓之福；无尘俗撄心，谓之福；无兵凶荒歉之岁，谓之福。

从热闹场中出几句清冷言语，便扫除无限杀机；向寒微路上用一点赤热心肠，自培植许多生意。

入瑶树琼林中皆宝，有谦德仁心者为祥。

谈经济外，当谈道义，可以化人；谈心性外，当谈因果，可以劝善。

藏书可以邀友，积德可以邀天。

作德日休，是谓福地；居易俟命，是谓洞天。

心地上无波涛，随在皆风恬浪静；性天中有化育，触处见鱼跃鸢飞。

贫贱忧戚，是我分内事，当动心忍性，静以俟之，更行一切善，以斡转之。富贵福泽，是我分外事，当保泰持盈，慎以守之，更造一切福，以凝承之。

世网那时跳出，先当忍性耐心，自安义命，即网罗中之安乐窝也。尘务不易尽捐，惟不起炉作灶，自取纠缠，即火坑中之清凉散也。

热不可除，而热恼可除，秋在清凉台上。穷不可遣，而穷愁可遣，春生安乐窝中。

富贵贫贱，总难称意，知足即为称意。山水花竹，无恒主人，得闲便是主人。

要足何时足，知足便足；求闲不得闲，偷闲即闲。

知足常足，终身不辱；知止常止，终身不耻。

急行缓行，前程总有许多路；逆取顺取，命中只有这般财。

理欲交争，肺腑成为吴越。物我一体，参商终是兄弟。

以积货财之心积学问，以求功名之心求道德，以爱妻子之心爱父母，以保爵位之心保国家。

移作无益之费以作有益，则事举。移乐宴乐之时以乐讲习，则智长。移信邪道之意以信圣贤，则道明。移好财色之心以好仁义，则德立。移计利害之私以计是非，则养精。移养小人之禄以养君子，则国治。移保身家之念以保百姓，则民安。

做大官底是一样家数，做好人的是一样家数。

潜居尽可以为善，何必显宦？躬行孝弟，志在圣贤，纂辑先哲格言，刊刻广布，行见化行一时，泽流后世，事业之不朽，蔑以加焉？贫贱尽可以积德，何必富贵？存平等心，行方便事，交法前人懿行，训俗型方，自然谊敦宗族，德被乡邻，利济之无穷，孰大于是？！

一时劝人以言，百世劝人以书。

静以修身，俭以养福。入则笃行，出则友贤。

读书者不贱，力田者不饥。积德者不倾，择交者不败。

明镜止水以澄心，泰山乔岳以立身；青天白日以应事，霁月光风以待人。

省费医贫，恬退医躁，独卧医淫，随缘医愁，读书医俗。

以鲜花视美色，则孽障自消；以流水听弦歌，则性灵何害。

征事宜读史，澄心宜静坐。谈道宜访友，福后宜积德。

朝歸高江村詹事[illegible]事以六百金妝之
没歸王儼齋司農[illegible]如其直司農没僕
人扶之来蘇適月[illegible]售者捷轉之維揚
矣計詹事司農品[illegible]脅勢極一時之盛
今不三四十年如[illegible]花飄零雲煙解散
而山人筆墨長留[illegible]世間淘穢華難久
而淡寂者多味外味也雍正戊申觀於
黄鸝坊某氏時六月二日
戊申歲於黄鸝坊某氏閲黄子久富春
山居圖時儼齋王司農家人持卷求售
索直千金吳中無大力者將之維揚後
亦不知丐之矣乙卯秋予寓京師程子

“仁”字解说

仁：会意，形声字。

解：小篆“仁”，从“人”，从“二”。“仁”是二人合而为一，乃亲如一体也。按“二”者有两者相容的仁厚之象，即厚以待人，故能亲。二人能相容相合，故有视人如己之意，本意作“亲”解。孔广居以为：“仁，亲也，·人莫亲于父母，故以二人为意。”又“二”象上为天下为地，盖仁者天地生物之心，而人得以生者。东汉许慎《说文解字》解释“仁”字：“亲也。从人二。忎，古文仁，从千心作。外“尸”内“二”，古文仁，或从尸。”按照《说文解字》本书的解释，这里的“亲”就是亲密之意。清朝段玉裁认为“仁”表示两个人之间的亲密，所以“仁”字“从人二”。梁启超在《中国政治思想史》中，也将“仁”训作“相人偶”。

其义有：

至大至善之道德曰仁。

爱曰仁。仁以爱人。上下相亲，谓之仁。（中庸）

有仁德者亦曰仁。

同情爱护曰仁。如亲亲而仁民，仁民而爱物。

仁者，人也。

仁者心之本体，性也，理也，觉也。如“孝悌也者，其为仁之本与”。

德教，德化，善政曰仁。

教化曰仁。

仁，由一人两横组成。横指土，为薄土，较贫瘠；两横指中土，不厚不薄，正可融生万物；若为三横，则为厚土，厚土埋下，万物无活。所以，仁就是人要有中土一样可融万物之污、可生万物之命、可养万物之灵的美德。

仁，是中国古代一种含义极广的道德范畴。本指人与人之间相互亲爱。孔子把“仁”作为最高的道德原则、道德标准和道德境界。他第一个把整体的道德规范集于一体，形成了以“仁”为核心的伦理思想结构，它包括孝、悌、忠、恕、礼、知、勇、恭、宽、信、敏、惠等内容。其中孝悌是仁的基础，是仁学思想体系的基本支柱之一。他提出要为“仁”的实现而献身，即“杀身以成仁”的观点，对后世产生很大的影响。《论语·颜渊》：“樊迟问仁。子曰：‘爱人’。”又“克己复礼为仁。一日克己复礼，天下归仁焉。”又《卫灵公》：“子曰：‘志士仁人，无求生以害仁，有杀身以成仁。”《庄子·在宥》：“亲而不可不广者，仁也。”清谭嗣同《仁学界说》：“仁为天地万物之源，故虚心，故虚识。”

其实，在孔子提出系统的仁学思想之前的春秋时代，就出现了许多关于仁的思想记载。《诗经·郑风·叔于田》曰：“洵美且仁”《诗经·齐风·卢令》曰：“其人美且仁”，两处提到仁，且都和美字联系一起，显然在这里，仁是仪文美备的意思，有“文质彬彬，然后君子”的意义。《尚书》有“予仁若考，能多才多艺，能事鬼神”，“予仁若考”就是“予仁而巧”，“巧”就是多才多艺，也就是《论语》中所说的：“如有周公之才之美，使骄且吝，其余不足观也已”。《国语·晋语一》：“爱亲之谓仁”，仁体现在父子关系上就是爱亲就是孝。《国语·晋语二》中申生拒绝逃亡说：“仁不怨君”“逃死而怨君不仁”。仁体现在处理国与国关系上，就是保护小国，救助邻国。此外，仁还有其他含义。如《国语晋语二》说“利国之谓仁”。

可见，仁包含的范围是相当广泛的。人若心存善念，则此人心中必有至爱，当能与人和睦相处，化干戈为玉帛。故古人言：“仁者无敌”；或云：“仁者爱人也”。确实，人若有恕人之心，容忍之心，则所到之处，莫不如春风化雨般，处处见一片和煦之气象。故“仁”诚为立身处世之根本。

"义"字解说

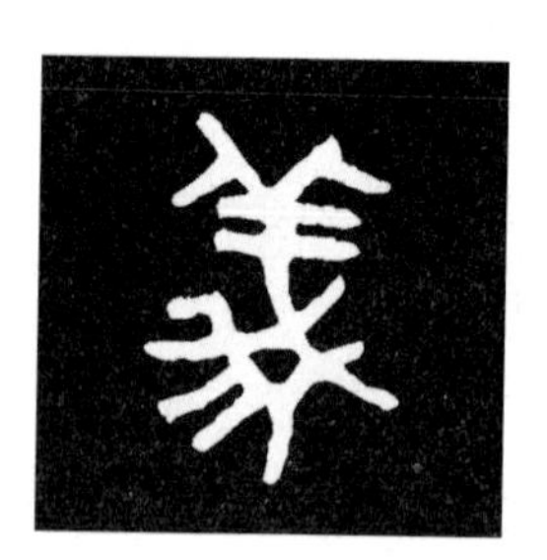

义，会意、形声字。

小篆：義，从"我"，从"羊"；我谓己，羊谓善祥之意；于我所表现之善祥为义。《说文解字》："己之威仪也。从我羊。"乃一己所显现于外的气质、容止等合称之曰义。臣铉等认为，与善同意，故从羊。又说："义，宜也。裁制事物，使各宜也。"。先师孔子最早提出了"义"。孟子则进一步阐棕了"义"。他认为"信"和"果"都必须以"义也，无适也，无莫也，义之与比"。

儒家学说中的义，指高度自觉并且直接体现仁心的高贵品行，故"仁者义之本"。义行者，就是体现仁心，弘扬大爱大公，通常以利他、助人为特色的杰出行为，这种行为具有高度合宜的意义，且多有勇于自我牺牲精神的表现。唐代学者韩愈在《原道》中写道，"博爱之谓仁，行而宜之谓义"，就是这个意思。义人者，就是能将仁心自觉化为实际行动，不以现实礼法水平要求为满足的仁者。

其义为：

1.事之宜曰义。如《论语·为政》"见义不为，无勇也"。

2.天理、正路曰义。如《论语·里仁》"君子喻于义，小人喻于利"。

3.济困救失之美行曰义。如《史记·信陵君列传》"以君子之高义，为能急人之困。"

4.准则、法度曰义。如《左传·庄公二十三年》"朝以正班爵之义，率长幼之序"。

5．礼节、仪式曰义。如《尚书大传》“尚考太室之义，唐为虞宾。”

6．意义曰义。如字义、诗义、文义。

7．善其义而称美之曰义。如《吴志·孙贵传》“舒伯膺兄弟争死，海内义之，以为美谈”。

8．平、公正曰义。如《孔子家语·执辔》“以之礼则国安，以之义则国义”。

9．笃守正义的曰义。如《孟子·尽心》“春秋无义战”。

10．纯尽义务的，公益性的曰义。如义演、义田、义卖。

11．假托名义的曰义。如义母、义齿。

“義”，由“我”和表善祥之意的“羊”组成，意为我善良，深深含着人性本善之义，此正说明“義”乃与生俱有的德行。故《礼记》言“夫义者所以济志也，诸德之发也”。因为义者，德之宜（道德的准则）、事之宜（立身处事的依据）、天理之所宜（顺乎天道自然的法则）。由此可知“义”乃一切道德之根基。

但应如何取义、行义呢？

《论语》云：“见得思义，见利思义，义然后取。”就是说财物来了，利益来了，权位来了，首先要问“应得吗？该得吗？可得吗？”若非取之有道，恐怕后患无穷，更何况佛家讲“财物为五家共有”。是哪五家？

1．官府（如作担保，财产被政府查封没收）

2．水灾

3．火灾（水火无情，瞬间可吞噬所有财物）

4．强盗（富者，永远有盗贼在暗中虎视眈眈其财物）

5．不肖子女（家财万贯，不肖子女一夕间可挥霍尽）

一生中，若能将多余的钱财嘉惠布施于世，或善用权利，造福乡梓、社会，都是最佳的义行。又如《左传》中这样的记述：“君子动则思礼，行则思义，不为利回，不为义疚。”举凡做事，皆要明白是非善恶、晓明利害关系，不以私利为出发点就是行义。作为纯正，处处公道，不作私弊，就是义行。

君子一举一动若能合于天理，顺乎伦常就是一位义人。义人就是美善之人，吉祥之人。愿我们相互勉励，个个皆成为义人。

诗词撷英>>>

二十四孝歌

二十四孝贤古人，几千年来传到今。
道德典范感动人，听我从头唱分明。
《孝感天地》颂虞舜，以德报怨真圣人。
尧帝选贤将位让，嫁配娥皇与女英。
舜居帝位尚耕田，侍亲尽孝起五更。
感动上苍象代耕，乌鸦啄草地耰耘。
《亲尝汤药》汉文帝，父皇过早鹤仙西。
母后悲伤病在床，文帝忧愁寝食废。
昼夜侍奉将母医，亲自煎药先尝味。
重德治国兴礼仪，天佑文景盛世起。
《齿指痛心》歌曾参，孝顺母亲最诚慎。
山中砍柴忽心痛，惊知娘亲急召身。
飞步赶回跪安宁，母咬手指连儿心。
唤儿归家奉客宾，后世儒家尊“宗圣”。
《芦衣顺母》闵子骞，父娶继母生俩男。
继母心偏芦充棉，闵损受虐无怨言。
鞭抽衣破芦花现，父怒休母闵子拦。
母去必将孤三子，留她只我一身寒。
《百里负米》子路君，果敢性直最孝顺。
早年家贫菜充饥，游历四方念双亲。

携米万盅走百里，回家奉养父母亲。
双膝跪地表歉意，天下称孝扬美名。
《鹿乳奉亲》是郯子，父母年高患眼疾。
需吃鹿乳来疗医，他披鹿皮进山去。
装扮鹿仔入群内，取得鹿乳尽孝义。
感动猎人称之奇，倾奉鹿乳送他归。
《戏彩娱亲》莱子老，年过古稀亦尽孝。
为求双亲愉悦乐，常着彩衣扮童少。
戏耍手摇拨浪鼓，堂上送食滑一跤。
恐老伤心顺撒娇，引逗父母哈哈笑。
《卖身葬父》是董永，家穷贫寒孝道深。
养老送终行孝尽，槐荫树下遇仙人。
感其孝顺人忠厚，仙女与他配为婚。
月织三百匹缎锦，赎得董永自由身。
《刻木事亲》是丁兰，纪念父母恩如山。
雕刻木像来供奉，早晚焚香奉茶饭。
进出请示常问安，犹如父母活跟前。
妻烦针戳指流血，丁兰休妻怒冲天。
《行佣供母》孝江革，伺奉寡母甘为佣。
帮人为仆受饥寒，保得老母衣食丰。
战乱背母去避难，几经杀祸因孝遁。
贤良方正封“孝廉”，“五官中郎将”赐身。
《怀橘遗亲》唱陆绩，六岁随父舅家去。
袖中藏橘遗落地，引得一阵哄笑起。
母亲爱好吃橘子，带回两枚尝尝味。
年幼奉母孝出奇，《太玄经注》《易经》注。
《埋儿奉母》名郭巨，父逝独孝养母亲。
家贫如洗穷潦困，生下婴儿分身心。

母死不能再复活，子可再有还能生。
夫妇商挖埋儿坑，不料掘出天赐金。
《扇枕温衾》道黄香，年方九岁没了娘。
伺奉父亲孝心强，江夏黄童世无双。
夏日摇扇枕席凉，冬天先睡温暖床。
贤孝无比又博学，后为太守赈济荒。
《拾葚异器》表蔡顺，采摘桑葚现孝心。
色红味酸自己食，皮乌味甜奉娘亲。
路遇义军问由因，细说衷情众钦敬。
赠给一头大黄牛，又送白米三十升。
《涌泉跃鲤》姜诗妻，庞氏孝心感天地。
为了适从婆口味，担长江水烹鲤鱼。
一个来回十多里，哪管日晒与风吹。
一日归迟丈夫怒，疑为怠慢逐驱去。
庞氏委屈不失孝，姜母命诗接妻回。
庞氏进门院涌泉，每日泉中出鲤鱼。
《闻雷泣墓》是王裒，父死非命不面西。
母亲死后更伤悲，搭棚守墓尽孝仪。
娘亲生前畏响雷，每逢雷雨坟前跪。
口呼“裒儿在这里，娘亲且莫心惊虑”。
《乳姑不怠》唐氏贤，太姑年老牙脱完。
五谷饭菜嚼不烂，唐氏喂奶当婆饭。
婆终交代子孙言，当学她孝我一般。
孝顺与她不怠慢，孙儿南山居高官。
《卧冰求鲤》颂王强，虔诚尽孝美名扬。
继母生病思鲜鱼，水面结冰冻河床。
王祥解带卧冰上，感动神仙来帮忙。
冰溶洞窟鲤跳筐，后居太尉官运昌。

《恣蚊饱血》小吴猛，八岁就知孝双亲。
家道贫穷无帐营，蚊叮父身难安宁。
吴猛见情心不忍，每晚赤身父旁困。
引得蚊子叮自身，蚊饱不再扰父亲。
《扼虎救父》是杨香，一日随父收稻忙。
忽然老虎下山岗，叼走父亲很危亡。
杨香年方十四岁，赤手空拳无寸钢。
急起双手扼虎喉，虎放父身自逃亡。
《哭竹生笋》是孟宗，少时亡父母拉成。
老母病重须鲜笋，奈何此时正寒冬。
竹林求笋无踪影，抱住竹子哭苍穹。
哭的地裂冬生笋，虔诚孝母天感应。
《尝粪忧心》庾黔娄，南齐高士任县令。
一日心惊汗漓淋，知是家父身染病。
辞官回家审父病，尝粪味甘是绝症。
忧心哭天愿替身，父丧守灵三年整。
《弃官寻母》朱寿昌，七岁生母逼离乡。
五十年来无音信，刺指流血写“金刚”。
身在朝中心思娘，得音辞官回故乡。
陕西觅见母与弟，母子欢聚孝高堂。
《涤亲溺器》黄庭坚，身贵权重居高官。
伺奉母亲不怠慢，朝辞晚归问平安。
早起为母倒粪便，晚净溺器送床前。
春夏秋冬不间断，虔诚孝心千古传。
二十四孝古今传，堪称慨模与典范。
人过留名雁留声，唯愿子孙个个贤。
人生在世几十年，谁道忠孝难两全。
孝是根本忠为果，无孝哪来忠与贤。

游子吟

孟郊

慈母手中线，游子身上衣。
临行密密缝，意恐迟迟归。
谁言寸草心，报得三春晖！

解读

“母爱”是人类至纯至真的情感，是人们永远赞颂的主题。自古以来，赞颂母爱题材的诗歌就非常之多，也产生了很多值得人们反复吟唱的佳作。早在《诗经》就有“哀哀父母，生我劬劳。欲报之德，昊天罔极”的诗句，简洁而形象地唱出了人子的心声。但是，把赞颂母爱的诗歌推向一个新的高潮，在诗歌文学史上具有里程碑意义的当属孟郊的这首《游子吟》，千百年来无出其右者。它把人类伟大的母爱置于特定的艺术氛围中，加以弘扬和歌颂，使之脍炙人口，连不识字的妇孺都会记诵不差。

这首抒情小诗歌颂了伟大的母爱，

称得起广泛流传千古不朽之作。而恋母、思乡、念国，似在人们情感上一脉相承而呈现阶梯性或说档次，因此这首小诗，在今天更能激起海外同胞思乡念国的情感，产生特殊的反响，那么，它的思想意义和艺术上的探索也就有更值得注意的东西了。

孟郊一生窘困潦倒，直到五旬才得到一个溧阳县尉的卑微之职。诗人自然不把这样的小官放在心上，仍然放情于山水吟咏，会务则有所废弛，县令就只给他半俸。此诗则是当时之作，亲切而其淳地吟咏了一种普通而伟大的人生美——母爱，因而引起了无数读者的共鸣，千百年来，一直脍炙人口。

深挚的母爱，无时无刻不在沐浴着儿女们，然而对于孟郊这位常颠沛流淳，居无定所的游子来说，最值得回忆的莫过于母子分离的痛苦时刻，此诗写的正是这样的时候，慈母缝衣的普通场景，而表现的，都是诗人深沉的内心情感。开头两句实际上是两个短语而不是两个句子，这样写就从人到物，突出了两件最普通的东西，写出了母子相依为命的骨肉之情。紧接两句写出人的动作和意态，把笔墨集中在慈母身上。行前的此时此刻，老母一针一线。针针线线都是这样的细密，是怕儿子迟迟难归，故而要把衣衫缝得更为结实一点儿罢。其实，老人的内心何尝不是切盼儿子早点平安归来呢！慈母的一片深笃之情，正是在日常生活中最细微的地方流露出来，朴素自然，亲切感人。这里既没有语言，也没有眼泪，然而一片爱的纯情从这普通常见的场景中充溢而出，拨动了每一个读者的心弦，催人泪下，唤起天下儿女们亲切的联想和深挚的忆念。

最后二句以当事者的直觉翻出进一层的深意。诗人的反问句，意味尤为深长。这两句是前四句的升华，通俗形象的比兴，加以悬绝的对比，寄托了赤子炽热的情意，对于春天阳光般厚帐的母爱。区区小草似的儿女怎能报答于万一呢。真有“欲报之行，昊天罔极”之意，感情淳厚真挚。

这是一首母爱的赞歌，在宦途失意的境况下，诗人饱尝世态炎凉，穷愁终身，故愈觉亲情之可贵。此诗清新流畅，淳朴素淡中正见其诗的浓郁醇美。

罗状元醒世诗

其一

急急忙忙苦追求，寒寒暖暖度春秋。
朝朝暮暮营家计，昧昧昏昏为己谋。
是是非非何日了，烦烦恼恼几时休。
明明白白一条路，万万千千不肯修。

其二

终日忙忙无了期，不如退步隐清居。
草衣遮体同绫缎，野菜充饥胜肉鱼。
世事纷纷如电闪，轮回滚滚似云飞。
今天不觉明天事，哪有功夫理是非？

中华文化常识>>>

堂号的由来

历史上的名门望族大多有本家族的“堂号”。高大宽敞的厅堂上，悬挂着书写“堂号”的匾额，每逢年节喜庆之日，还在门前挂起书写着“堂号”的大红灯笼。当地的老百姓谈论某一家族时，喜欢以“某某堂”来称呼。例如：吴昌硕祖家被称为“三让堂吴家”、瞿秋白祖家被称为“八桂堂瞿家”、恽代英祖家被称为“承荫堂恽家”、李四光祖家被称为“立本堂李家”等等。

家族祠堂使用堂号起源于何时，已不可考。但堂号的来源，还是能够依稀辨别出，大致可以上溯到上古的氏族公社时期，每一个氏族大多都有自己的名称和徽号。近一点也可追溯到隋唐时期的文人以堂命名的室名、书斋名和对郡望的推崇。从现有文献看，唐代文人为抒发情怀、展示情趣而喜欢选取若干文字，加上堂字，以作为室名或斋名。这在中唐以后，成为一时风尚，其中著名的有杜牧的“碧澜堂”、元载的“元晖堂”、裴度的“绿野堂”等。宋代更是普遍，据陈乃乾《室名别号索引》记载，宋人使用堂字的室名就有数百个，这其中，有不少就直接被后世作为家族堂号使用，如尤袤“遂初堂”等。在唐代，文人好标郡望，成为一时时尚。郡望也称地望、族望，以致有“爵位不如族望”的说法。曾有位名叫李稹的，官至怀州刺史，在给人写信时，也只称陇西李稹而不称官衔。更有甚者，韩愈的家乡据今人考证为河阳（今河南孟县），但仍自称昌黎，因为这是郡望。郡望也是后世各宗族所标堂号的主要来源。虽然堂号在唐代就已经生性开来，但见诸于家谱的多是清代以后，明代家谱中载明堂号的很少。堂号的产生、发展，多与修族谱、建宗祠、祭祀祖先、宗亲联谊活动同时进行。

堂号，本意是厅堂、居室的名称。因古代同姓族人数世同堂，或同姓支派、分房，集居住一处或相近数处庭堂、宅院之中，堂号就成了这族人的共同徽号。同姓族人为祭祀供奉共同的祖先，在其宗祠、家庙的匾额上题写堂名，因而堂号也含有祠堂名号之含义，是表明家族源流世系，区分族属、支派的标记。堂号不仅书写于宅院厅堂、宗祠祖庙、族谱封面，而且也题写于店铺、字号、书斋别墅、文集书画及日常生活用具（如车舆、灯笼、钱袋、家什）上面，用以区分姓氏族别，作为本族标记。具有深厚的文化内涵和实际意义。堂号是一个姓氏的特殊标识，它能显示姓氏发源的地缘关系。在家谱中，堂号具有联系姓氏与宗族关系的意义，也是后代寻根问祖的重要线索之一。

“堂号”是家族门户的代称，是家族文化重要的组成部分。它产生的宗旨大致有三：一是彰扬祖先的功业道德，二是显示家族宗亲的特点，三是训诫子弟继承发扬先祖之余烈。由于历史文化习俗的影响，人们在谈到和自己同姓氏的历史名人时，往往流露出一种尊崇、自豪之情。许多姓族，为了缅怀祖上的功勋伟业，溯本清源，都把自己家写有堂号的灯笼挂于宅院门口，或者印在器物上，作为区别于他族的标志。

堂号名称一般取自于郡号名或为纪念家族史祖或名人而自创。 一般来说，堂号多取自于郡号名，郡是秦、汉时期对行政区域的建置，郡号名又取自于郡名，或诸侯国名、地方府、州、县名。随着姓氏家族的发展壮大，就出现了以各姓氏名门望族发祥地的郡名作为郡号的由来。 如李氏“陇西堂”、王氏“太原堂”，杨氏“弘农堂”、徐氏“东海堂”、刘氏“彭城堂”、萧氏“兰陵堂”、何氏“庐江堂”、姜氏“天水堂”、戈氏“临海堂”、陶氏“济阳堂”、伏氏 “济南堂”、柳氏“河东堂”、赵氏“天水堂”、黄氏“江夏堂”、周氏“汝南堂”等，都是使用发祥之郡的郡名。

大家族日久人众，或是遇至天灾连年之时，族人就会因迁徙流离，而散布各地。于是就有了在“总堂号”之下，再加入“分堂号”名称的方法。“总堂号”代表家族(姓氏)的发祥地，寓后人以不忘本源，“分堂号”则是族人迁徙至新地，成为当地有名望家族后，以该地的郡号作为堂号，“总堂号”和“分堂号”统称为“郡望”。如黄氏“上谷堂”、王氏“山阳堂”、刘氏“弘农堂”、周氏“河南堂”、赵氏“金城堂”、徐氏“高平堂”等，虽也是郡名，但都是望出之郡，就连知名度最高的王氏“琅琊堂”，也是望出之郡。

堂号名称的另一出处是自创堂号，乃家族中人自立的堂号，该堂号名称一为有别于各姓氏的分支别派，二为铭记祖先或名人的公德事迹或教诲。他们大多都是根据先人的德望、操行、功业、科第、字号、著述、封溢、居住地、室名、书斋名、以及嘉言懿行和传说命名，以示家世显赫，或借以弘扬祖德，启裕后人。例如：卧雪堂：东汉袁安没作官的时候，客居洛阳，很有贤名。一年冬天，洛阳令冒雪去访他。他院子里的雪很深，洛阳令叫随从扫出一条路才进到袁安屋里。袁安正冻得蜷缩在床上发抖。洛阳令问：“你为什么不求亲戚帮助一下？”袁安说：“大家都没好日子过，大雪天我怎么好去打扰人家？”洛阳令佩服他的贤德，举他为孝廉。这就是“卧雪堂”的由来。袁安为人严谨，后来作了楚郡太守。当时楚王谋反，株连了数千人。袁安处理这个案子时，审清问明，释放了4000多人。后来外戚窦氏擅权，袁安守正不屈，所以就有了“守正堂”的堂号。此外还有如陶氏“五柳堂”，取自陶渊明“五柳居士”；郭氏“汾阳堂”，取自唐代郭子仪封为“汾阳郡王”；包氏“孝肃堂”，取自宋代包拯溢号“孝肃”；左氏“三都堂”，取自晋代左思名文《三都赋》等等。

堂号并不是凭空产生的，它是中国传统美德孝道的体现，所以堂号的第一个功用就是缅怀祖先，启迪后人不忘记祖先，它具有一种深刻的教育意义，是中华民族传统美德的最佳体现。在今天，堂号在新的历史条件下，对于中华民族的大团结，对于国人的家庭教育，道德教育，堂号都发挥着极为重要的作用。

中華文化大講堂系列产品目录

序号	书　　名	作　者	开 本	定价／元
1	张居正讲《大学　中庸》	(明)张居正	16K	24.00
2	张居正讲《论语》	(明)张居正	16K	32.00
3	张居正讲《孟子》	(明)张居正	16K	42.00
4	《王凤仪讲人生》	王凤仪	16K	32.00
5	《王凤仪诚明录》	王凤仪	16K	29.80
6	《王凤仪嘉言录》	王凤仪	16K	29.80
7	《王凤仪言行录》	王凤仪	16K	29.80
8	《王凤仪笃行录》	王凤仪	16K	29.80
9	《来自山沟的大智慧》	以志	16K	58.00
10	《家和万事兴》	王元五	16K	29.80
11	《孝经》研习报告	钟茂森	16K	29.80
12	《朱子治家格言》研习报告	钟茂森	16K	25.00
13	《弟子规》研习报告	钟茂森	16K	18.00
14	《太上感应篇》研习报告	钟茂森	16K	18.00
15	《十善业道经》研习报告	钟茂森	16K	18.00
16	《找寻中国精神》	钟茂森	16K	25.00
17	《了凡四训》研习报告	钟茂森	16K	25.00
18	《大学》研习报告	钟茂森	16K	29.80
19	《中华文化大讲堂》第一辑	诚敬和	16K	32.00
20	《中华文化大讲堂》第二辑	诚敬和	16K	32.00
21	《悦心集》	雍正	16K	29.80
22	《太上感应篇直讲》	汇编	32K	5.00
23	《细讲弟子规》	蔡礼旭	大16K	29.80
24	《如何经营幸福人生》	蔡礼旭	大16K	29.80
25	《弟子规讲解》	杨淑芬	16K	19.80

26	《德育故事－小故事真智慧》	蔡礼旭	16K	26.80
27	《集福有方 消灾有道—太上感应篇白话故事》上、下册	秋硕	16K	39.80
28	《和谐家庭 幸福人生—弟子规讲解》	杨淑芬	16K	39.80
29	《德育课本》（1–4 册）	蔡振绅	32K	128.00
30	《改造命运心想事成》－了凡四训讲记	袁了凡／言诚	16K	19.80
31	《如何永恒保有你的富贵》		16K	19.80
32	《弟子规》有声书　书＋CD 光盘	(清)李毓秀	大 32K	10.00
33	《孝经》有声书　书＋CD 光盘		大 32K	10.00
34	《三字经》有声书　书＋CD 光盘		大 32K	10.00
35	《弟子规 三字经 孝经》有声书		32K	15.00
36	《了凡四训》诵读版（有声书）书＋CD	(明)袁了凡	大 32K	10.00
37	《弟子规课本》（书法版）	清如	大 16K	18.00
38	《弟子规描红》	清如	大 16K	18.00

联系方式

电　话：010–65407420　51309162　　传　真：010–65408420

网　址：www.zhwhdjt.com